barcode: U0563910

聚焦浙江

碳达峰碳中和目标下中长期电力发展战略研究

浙江省中长期电力发展战略研究课题组　编著

中国电力出版社
CHINA ELECTRIC POWER PRESS

图书在版编目（CIP）数据

碳达峰碳中和目标下中长期电力发展战略研究：聚焦浙江 / 浙江省中长期电力发展战略研究课题组编著. — 北京：中国电力出版社，2021.12

ISBN 978-7-5198-6354-8

Ⅰ. ①碳…　Ⅱ. ①浙…　Ⅲ. ①电力工业–工业发展战略–研究–浙江　Ⅳ. ①F426.61

中国版本图书馆 CIP 数据核字（2021）第 262712 号

出版发行：中国电力出版社
地　　址：北京市东城区北京站西街 19 号（邮政编码 100005）
网　　址：http://www.cepp.sgcc.com.cn
责任编辑：刘汝青（010-63412382）
责任校对：黄　蓓　郝军燕
装帧设计：赵姗姗
责任印制：吴　迪

印　　刷：北京瑞禾彩色印刷有限公司
版　　次：2021 年 12 月第一版
印　　次：2021 年 12 月北京第一次印刷
开　　本：889 毫米×1194 毫米　16 开本
印　　张：17.25
字　　数：342 千字
定　　价：198.00 元

编辑委员会

参与撰写的人员及单位

综合报告

组　长：唐　瑜　中国能源建设集团浙江省电力设计院有限公司

成　员：

徐　展　中国能源建设集团浙江省电力设计院有限公司

钱晓栋　中国能源建设集团浙江省电力设计院有限公司

周啸波　中国能源建设集团浙江省电力设计院有限公司

孔　竞　中国能源建设集团浙江省电力设计院有限公司

专题报告

浙江产业转型升级和数字经济发展对电力需求影响的分析研究

组　长：黄锦华　国网浙江省电力有限公司

成　员：

张笑弟　国网浙江省电力有限公司

周　林　国网浙江省电力有限公司

孙飞飞　国网浙江省电力有限公司

王曦冉　国网浙江省电力有限公司

张曼颖　国网浙江省电力有限公司

王　坤　国网浙江省电力有限公司

唐　瑜　中国能源建设集团浙江省电力设计院有限公司

周啸波　中国能源建设集团浙江省电力设计院有限公司

浙江电气化水平提升路径研究

组　长：周啸波　中国能源建设集团浙江省电力设计院有限公司
成　员：

唐　瑜　中国能源建设集团浙江省电力设计院有限公司

徐　展　中国能源建设集团浙江省电力设计院有限公司

何英静　国网浙江省电力有限公司

戴　攀　国网浙江省电力有限公司

高　强　国网浙江省电力有限公司

孙轶恺　国网浙江省电力有限公司

周　林　国网浙江省电力有限公司

沈舒仪　国网浙江省电力有限公司

中长期电力需求预测研究

组　长：徐　展　中国能源建设集团浙江省电力设计院有限公司
成　员：

唐　瑜　中国能源建设集团浙江省电力设计院有限公司

黄锦华　国网浙江省电力有限公司

周啸波　中国能源建设集团浙江省电力设计院有限公司

潘　弘　国网浙江省电力有限公司

兰　洲　国网浙江省电力有限公司

周　林　国网浙江省电力有限公司

张全明　国网浙江省电力有限公司

但扬清　国网浙江省电力有限公司

李　帆　国网浙江省电力有限公司

抽水蓄能发展战略研究

组　长：徐　展　中国能源建设集团浙江省电力设计院有限公司

成　员：

唐　瑜　中国能源建设集团浙江省电力设计院有限公司

钱晓栋　中国能源建设集团浙江省电力设计院有限公司

可再生能源发展战略研究

组　长：钱晓栋　中国能源建设集团浙江省电力设计院有限公司

成　员：

李　涛　中国能源建设集团浙江省电力设计院有限公司

王洪江　中国能源建设集团浙江省电力设计院有限公司

唐　瑜　中国能源建设集团浙江省电力设计院有限公司

徐　展　中国能源建设集团浙江省电力设计院有限公司

煤电转型发展战略研究

组　长：蒋庭军　浙江省能源集团有限公司

成　员：

唐　瑜　中国能源建设集团浙江省电力设计院有限公司

徐　展　中国能源建设集团浙江省电力设计院有限公司

钱晓栋　中国能源建设集团浙江省电力设计院有限公司

李雪峰　浙江省能源集团有限公司

王可华　浙江省能源集团有限公司

任晓骏　浙江省能源集团有限公司

李梦初　浙江省能源集团有限公司

虞西拉　浙江省能源集团有限公司

气电发展战略研究

组　长：陈东波　浙江省能源集团有限公司

成　员：

　　　　唐　瑜　中国能源建设集团浙江省电力设计院有限公司

　　　　钱晓栋　中国能源建设集团浙江省电力设计院有限公司

　　　　徐　展　中国能源建设集团浙江省电力设计院有限公司

　　　　陈　云　浙江省能源集团有限公司

　　　　王可华　浙江省能源集团有限公司

　　　　陈　怡　浙江省能源集团有限公司

　　　　孟祥英　浙江省能源集团有限公司

　　　　陈　谦　浙江省能源集团有限公司

　　　　张伟勇　浙江省能源集团有限公司

外来电发展战略研究

组　长：白路镇　浙江省能源集团有限公司

成　员：

　　　　唐　瑜　中国能源建设集团浙江省电力设计院有限公司

　　　　钱晓栋　中国能源建设集团浙江省电力设计院有限公司

　　　　徐　展　中国能源建设集团浙江省电力设计院有限公司

　　　　李雪峰　浙江省能源集团有限公司

　　　　李梦初　浙江省能源集团有限公司

　　　　任晓骏　浙江省能源集团有限公司

　　　　马佳波　浙江省能源集团有限公司

　　　　陈　云　浙江省能源集团有限公司

氢能发展战略研究

组　长：陈　怡　浙江省能源集团有限公司

成　员：

　　　　吕　敏　浙江省能源集团有限公司

　　　　王　峰　浙江省能源集团有限公司

　　　　章　健　浙江省能源集团有限公司

　　　　蒋利娜　浙江省能源集团有限公司

　　　　胡冬梅　浙江省能源集团有限公司

　　　　唐　瑜　中国能源建设集团浙江省电力设计院有限公司

　　　　钱晓栋　中国能源建设集团浙江省电力设计院有限公司

储能发展战略研究

组　长：章　健　浙江省能源集团有限公司

成　员：

　　　　陈东波　浙江省能源集团有限公司

　　　　王君莹　浙江省能源集团有限公司

　　　　李建设　浙江省能源集团有限公司

　　　　孙文江　浙江省能源集团有限公司

　　　　奚　宇　浙江省能源集团有限公司

　　　　唐　瑜　中国能源建设集团浙江省电力设计院有限公司

　　　　钱晓栋　中国能源建设集团浙江省电力设计院有限公司

　　　　李　涛　中国能源建设集团浙江省电力设计院有限公司

综合能源服务发展战略研究

组　长：钱晓栋　中国能源建设集团浙江省电力设计院有限公司

成　员：

唐　瑜　中国能源建设集团浙江省电力设计院有限公司

徐　展　中国能源建设集团浙江省电力设计院有限公司

李建设　浙江省能源集团有限公司

章　健　浙江省能源集团有限公司

陈　怡　浙江省能源集团有限公司

李梦初　浙江省能源集团有限公司

陈　汀　浙江省能源集团有限公司

韦晓丹　浙江省能源集团有限公司

主网架发展战略研究

组　长：张笑弟　国网浙江省电力有限公司

成　员：

孙飞飞　国网浙江省电力有限公司

潘　弘　国网浙江省电力有限公司

但扬清　国网浙江省电力有限公司

高　强　国网浙江省电力有限公司

沈志恒　国网浙江省电力有限公司

郑朝明　国网浙江省电力有限公司

顾益磊　国网浙江省电力有限公司

沈　梁　国网浙江省电力有限公司

邹　波　国网浙江省电力有限公司

郁　丹　国网浙江省电力有限公司

吴　君　国网浙江省电力有限公司

姜　巍　国网浙江省电力有限公司

周啸波　中国能源建设集团浙江省电力设计院有限公司

唐　瑜　中国能源建设集团浙江省电力设计院有限公司

徐　展　中国能源建设集团浙江省电力设计院有限公司

配电网发展战略研究

组　长：王　蕾　国网浙江省电力有限公司

成　员：

戴　攀　国网浙江省电力有限公司

张全明　国网浙江省电力有限公司

朱　超　国网浙江省电力有限公司

黄晶晶　国网浙江省电力有限公司

胡哲晟　国网浙江省电力有限公司

刘曌煜　国网浙江省电力有限公司

章姝俊　国网浙江省电力有限公司

谢颖捷　国网浙江省电力有限公司

程　颖　国网浙江省电力有限公司

陈　涛　国网浙江省电力有限公司

储学立　国网浙江省电力有限公司

郭雨涵　国网浙江省电力有限公司

唐　人　国网浙江省电力有限公司

范敏杰　国网浙江省电力有限公司

周啸波　中国能源建设集团浙江省电力设计院有限公司

唐　瑜　中国能源建设集团浙江省电力设计院有限公司

徐　展　中国能源建设集团浙江省电力设计院有限公司

（注：排名不分先后）

面对当今世界百年未有之大变局，世界新一轮科技革命和产业变革的深入影响，碳达峰碳中和工作加速推进，"一带一路"倡议、长江经济带和长三角一体化发展等国家战略的深入实施，都将对构建绿色低碳、安全高效、智慧经济、多元开放的新型电力系统提出更高的要求。

浙江省中长期电力发展战略研究课题组在前期充分调研浙江省电力发展基本情况的基础上，形成《碳达峰碳中和目标下中长期电力发展战略研究——聚焦浙江》一书。本书分为综合报告和专题报告两大部分，综合报告由电力发展现实基础和面临形势、电力需求预测和战略思路、电力供给、电力消费、电力技术、电力体制、电力合作 7 篇构成，专题报告开展了中长期电力需求和负荷特性预测研究等 13 个专项战略研究。研究期限为 2020—2060 年。

本书在全面分析总结"十三五"浙江省电力行业发展情况的基础上，着重做好新形势的研判、新问题的研究、新技术的应用、新规律的把握、新要求的落实和新业态的落地，提出了 2060 年前浙江省电力发展各阶段的战略定位。"十四五"期间，是深入推进"四个革命、一个合作"能源安全新战略和碳达峰的关键期，也是新型电力系统建设的起步期。2025—2035 年，是碳达峰迈向碳中和的攻坚期，也是建设绿色低碳、安全高效、智慧经济、多元开放的新型电力系统的成熟期。2035—2060 年，是实现碳中和的决胜期，也是建设安全性、稳定性、经济性和环保性协调可持续的新型电力系统的决战期。

前 言

　　本书提出通过电力与数字、建筑、交通和城乡基础设施深度融合发展，将形成"一中心三基地"的战略布局，即全国电力碳达峰碳中和科技产业创新中心、全国清洁能源示范基地、全国新型电力系统示范基地、全国综合能源服务示范基地。

　　本书提出通过努力构建坚强有力的电力安全保障体系、绿色低碳的电力供应体系、节约高效的电力消费体系、智慧创新的电力科技体系、公平有序的市场运行体系、共享优质的社会服务体系、开放共赢的电力合作体系等路径，保障战略目标的实现。

　　由于各种条件的限制，虽然参与前期咨询研究和本书编撰工作的全体人员做出了极大努力，但书中仍可能有疏漏或不足之处，请读者批评与指正。

编著者

2021 年 10 月

目 录

前言

综合报告

专题报告

综合报告

电力发展现实基础和
面临形势篇

一、现实基础

（一）浙江国民经济发展基本情况

1. 经济总量

改革开放以来，浙江在全国率先推进市场化改革，开创了充满活力和特色鲜明的发展之路。尤其是 2003 年实施"八八战略"以来，浙江大地发生了精彩蝶变，从经济大省到经济强省，从对内对外开放到深度融入全球，从基本小康到高水平全面小康，实现了跃升。2020年，浙江 GDP 总量达到 64 613 亿元，"十三五"年均增长 6.5%，已经由高速发展期迈入中速增长期；人均 GDP 突破十万元大关，达到 100 070 元/人（14 508 美元/人，2020 年可比价），为美国的 1/4，为德国、日本的 1/3 左右。

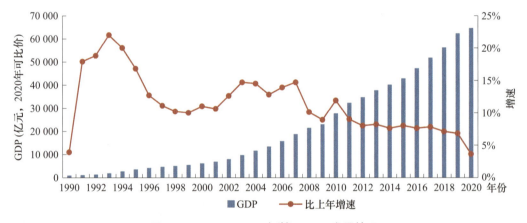

图 1-1　1990—2020 年浙江 GDP 发展情况

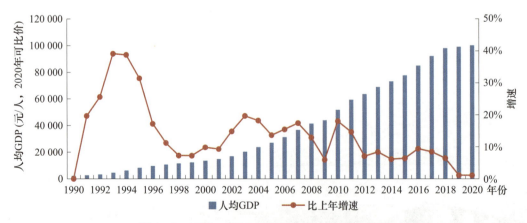

图 1-2　1990—2020 年浙江人均 GDP 发展情况

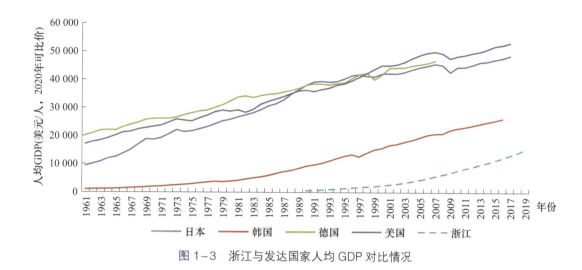

图 1-3 浙江与发达国家人均 GDP 对比情况

从发达国家经济发展经验来看，GDP 增速分为三个阶段。第一个阶段为经济**高速增长期**，增速区间一般在 8%～12%，日本、韩国和德国增速分别为 9.4%、9.6% 和 6.7%。第二个阶段为经济**中速增长期**，日本、韩国、美国和德国分别为 2.9%、5.0%、3.5% 和 2.6%。第三个阶段为经济**低速增长期**，增速一般低于 2%，日本、美国和德国目前处于此阶段。从 GDP 增速来看，浙江正处于由高速增长期向中速增长期过渡的阶段。

表 1-1 浙江与典型发达国家 GDP 增速对比

阶段	高速增长		中速增长		低速增长	
	年份区间	平均增速	年份区间	平均增速	年份区间	平均增速
浙江	1990—2012	11.5%	2013—2020	6.9%		
日本	1960—1970	9.4%	1971—2008	2.9%	2008 至今	0.7%
韩国	1960—1991	9.6%	1992 至今	5.0%		
美国			1960—2007	3.5%	2008 至今	1.4%
德国	1950—1970	6.7%	1970—1990	2.6%	1991 至今	1.5%

2. 产业结构

改革开放以来，浙江产业结构正逐步优化，实现了"二一三""二三一"到"三二一"的跨越，即从典型的农业社会到第二产业占据主导，再到第三产业比重逐步提高。三次产业比重由 1978 年的 38.1:43.3:18.6 转变为 2020 年的 3.3:40.9:55.8。目前浙江的第二产业、第三产业比重与德国、日本等国家 20 世纪 90 年代前后水平较一致，**基本处于工业化后期的发展阶段**，未来第三产业比重将进一步上升。

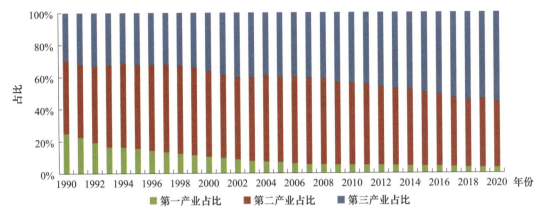

图 1-4　1990—2020 年浙江三次产业结构发展情况

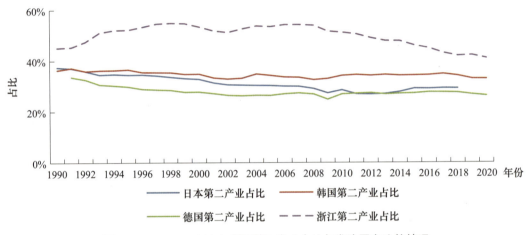

图 1-5　1990—2020 年浙江第二产业占比与发达国家比较情况

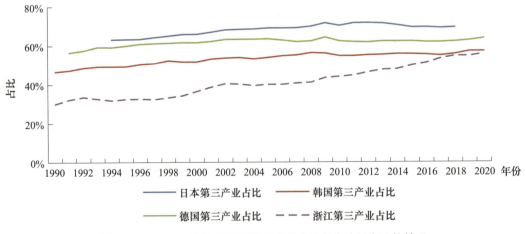

图 1-6　1990—2020 年浙江第三产业占比与发达国家比较情况

3. 城镇化率

浙江城镇化进程分为三个阶段。**第一阶段为城镇化发动阶段（1978—1997 年），浙江以**

"撤县设市"和"整县改市"的方式，城市数量从 3 个迅速增加到 33 个。通过乡镇的"撤扩并"，小城镇数量从 185 个迅速增加到 993 个。**第二阶段**为快速发展阶段（1998—2005 年），在《浙江省城市化发展纲要》引领下，城市化率从 36.8%提高到 56%，城市规模也迅速扩大。**第三阶段**为质量提升阶段（2006 年至今）。2006 年 8 月，时任浙江省委书记习近平同志主持召开全省城市工作会议，在全国首开先河提出建设"新型城市化"，标志着浙江城市化进入了以提升质量为主的发展阶段。至 2020 年，浙江城镇化率达到 72.2%。

横向对比发达国家，日本、美国、韩国分别在 20 世纪 70 年代、80 年代、90 年代完成城镇化，德国于 2000 年后完成城镇化。每个国家由于民俗不同，城镇化率不同，但基本在 75%以上。其中，日本城镇化率最高，为 92.5%；德国最低，为 74.9%。

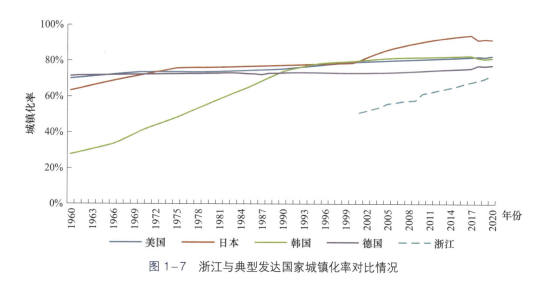

图 1-7 浙江与典型发达国家城镇化率对比情况

综上，浙江目前处于工业化后期发展阶段，经济增长位于中高速增长区间，城镇化水平还有进一步提升空间。预计"十四五"期间，浙江仍将处于工业化后期发展阶段，经济将保持中高速增长；2025 年后，逐步向后工业化阶段过渡，至 2035 年前后进入后工业化阶段，经济发展逐渐降至中低速增长区间，城镇化率逐步达到成熟阶段。

（二）浙江电力发展基本情况

1. 电力需求

（1）全社会用电量

1990—2000 年，浙江全社会用电量由 230 亿千瓦·时上升到 745 亿千瓦·时，年均增长12.5%。2000—2010 年，随着经济迅速发展和人民生活水平不断提高，电力需求呈现持续较高增长，浙江用电量由 745 亿千瓦·时上升到 2821 亿千瓦·时，年均增长 14.2%。进入"十二五"以来，浙江经济保持平稳增长，用电量增速明显放缓，2010—2020 年，浙江用电量由 2821 亿千瓦·时上升到 4830 亿千瓦·时，年均增长 5.5%，其中"十二五"期间增速波动较大，"十三五"前三年增速回到较高水平，三年年均增长 8.4%，2019 年受中美贸易摩擦和凉夏影响、2020 年受新冠肺炎疫情影响增速放缓。

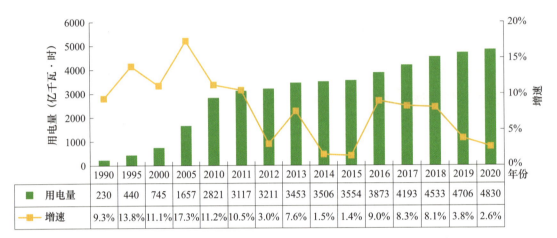

	1990	1995	2000	2005	2010	2011	2012	2013	2014	2015	2016	2017	2018	2019	2020
用电量	230	440	745	1657	2821	3117	3211	3453	3506	3554	3873	4193	4533	4706	4830
增速	9.3%	13.8%	11.1%	17.3%	11.2%	10.5%	3.0%	7.6%	1.5%	1.4%	9.0%	8.3%	8.1%	3.8%	2.6%

图 1-8 1990—2020 年浙江全社会用电量发展情况

图 1-9 2010—2020 年浙江全社会用电量增速和 GDP 增速对比情况

浙江用电量全国占比从 1990 年的 3.8% 上升到 2020 年的 6.4%，其中从 2003 年开始浙江省用电量全国占比开始趋于稳定，基本保持在 6.4%~6.8%。2020 年浙江用电量排名全国第 4 位，仅次于山东、江苏和广东。

（2）全社会最高负荷

1990—2000 年，浙江全社会最高负荷由 378 万千瓦上升到 1160 万千瓦，年均增长 11.9%。2000—2010 年，电力需求持续较高增长，全社会最高负荷由 1160 万千瓦上升到 4560 万千瓦，年均增长 14.7%。进入"十二五"以来，全社会最高负荷增速有所放缓，2010—2020 年，浙江全社会最高负荷由 4560 万千瓦上升到 9268 万千瓦，年均增长 7.4%。

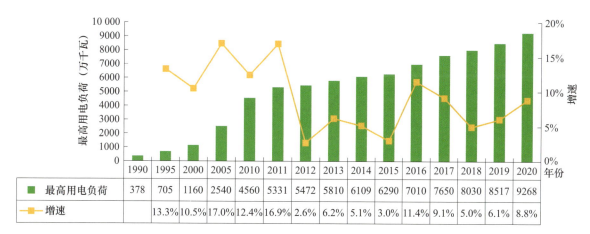

年份	1990	1995	2000	2005	2010	2011	2012	2013	2014	2015	2016	2017	2018	2019	2020
最高用电负荷	378	705	1160	2540	4560	5331	5472	5810	6109	6290	7010	7650	8030	8517	9268
增速		13.3%	10.5%	17.0%	12.4%	16.9%	2.6%	6.2%	5.1%	3.0%	11.4%	9.1%	5.0%	6.1%	8.8%

图 1-10　1990—2020 年浙江全社会最高负荷发展情况

（3）电力消费结构

1990—1999 年，第三产业用电高速增长，年均增长 18.1%，较全社会用电增速高出 6.5 个百分点。居民生活用电也有较快增长，年均增长 13.7%。第二产业用电比重在 3/4 以上，对整体用电走势起主导作用，在"八五"期间，第二产业用电保持两位数增长，"九五"前三年增长有所回落,1998 年下半年开始，随着工业形势复苏和强劲增长拉动了整体用电增长，1990—1999 年第二产业用电年均增长 11.3%，略低于全省水平。三次产业和居民生活用电结构从 1990 年的 5.7:78.4:4.7:11.2 转变为 1999 年的 2.8:76.2:7.8:13.2。

进入新世纪，浙江用电结构也随着经济增长方式转变、产业结构调整力度加大以及各项节能政策措施落实发生了变化。2000—2009 年，第一产业用电比重继续下降；第二产业用电比重呈现先升后降的趋势，年均增长 13.0%，略低于全省用电量增速；第三产业用电比重不断上升，年均增长 14.9%；居民生活用电比重呈现波动趋势，年均增长 11.3%；三次产业和居民生活用电结构从 2000 年的 2.5:76.6:8.1:12.9 转变为 2009 年的 0.6:78.3:9.8:11.3。

2010—2020 年，浙江省工业向"轻型化"转变，经济结构由"二三一"型向"三二一"型转变。第二产业用电比重持续下降；第三产业用电比重不断上升，年均增长 10.1%；居民生活用电比重呈现上升趋势，年均增长 8.0%；三次产业和居民生活用电结构从 2010 年的 0.6:78.2:9.9:11.3 转变为 2020 年的 0.4:70.2:15.1:14.2。

1990—2020 年，第一产业用电比重明显下降，其用电量年均增速仅 1.6%；第二产业用电比重呈波动趋势，基本保持在全社会用电量的 3/4 左右，其用电量年均增长 10.3%，略低于全省用电量平均增长 10.7%的水平；第三产业用电比重明显上升，其用电量年均增长 15.1%，高于全社会用电约 4.4 个百分点；居民生活用电比重平稳上升，其用电量平均增长 11.6%。

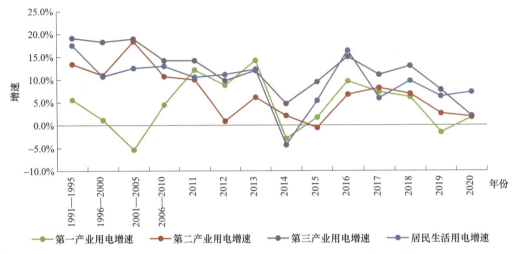

图 1-11　1991—2020 年浙江三次产业和居民生活用电增速情况

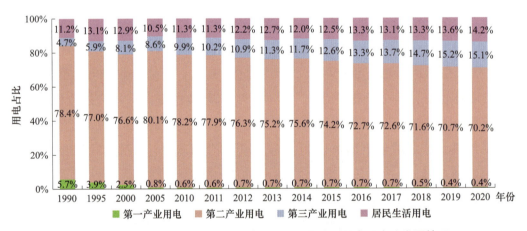

图 1-12　1990—2020 年浙江三次产业和居民生活用电量占比发展情况

从与江苏、山东、广东的对比看，自 1990 年以来，四省第二产业用电占比变化趋势类似，但广东的第二产业用电整体较其他三省明显偏低。2020 年，浙江、江苏、山东的第二产业用电占比分别为 70.2%、71.9%、76.0%[1]，而广东第二产业用电占比为 60.7%。

自 1990 年以来，广东第三产业用电占比保持较高水平，且较平稳，均在 16%的水平上下波动；其他三省的第三产业用电占比总体呈上升态势，但浙江最平稳，其次是江苏，山东上下波动幅度较大。2020 年，浙江、江苏、山东的第三产业用电占比分别为 15.1%、14.8%、11.4%，而广东第三产业用电占比为 20.5%。

---

❶ 山东为 2019 年值，下同。

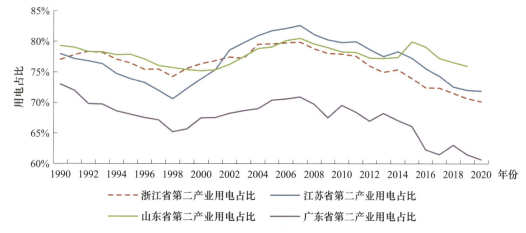

图1-13　1990—2020年浙江与发达省份第二产业用电占比对比情况

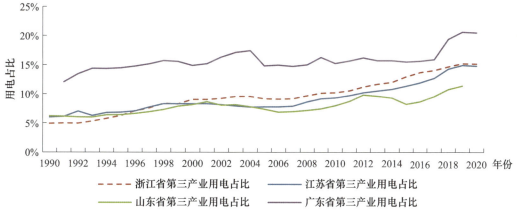

图1-14　1990—2020年浙江与发达省份第三产业用电占比对比情况

（4）人均用电量

2000年以来，浙江省人均用电量增长迅速，2020年达到7480千瓦·时/人，约为2000年的4.7倍，是同期全国人均用电量的1.4倍，目前已和OECD国家的平均水平相当，超过英国、德国，接近日本、法国，约为韩国的66%、美国的56%。

从全球看，人均用电量可以分为以下四个档次。

第一档：年人均用电量10 000千瓦·时/人以上。主要是少数发达国家，比如美国、加拿大、韩国。韩国1990—2000年人均用电量平均增长率达到9.6%，2011年达到10 000千瓦·时/人以上，这与其工业比重始终保持在40%左右以及钢铁、化工、造船等高能耗产业为该国优势支柱产业有关。

第二档：年人均用电量5000~10 000千瓦·时/人，大部分发达国家都在此列。自1990年以来，德国、日本人均用电量一直保持在6000~8500千瓦·时/人，平稳上升中间略有波动；进入2010年后，人均用电量有下降趋势，基本上达到或已经达到饱和。

第三档：年人均用电量 2000～5000 千瓦·时/人，包括金砖国家等新兴市场。

第四档：年人均用电量不足 2000 千瓦·时/人，主要是发展中国家和欠发达地区。

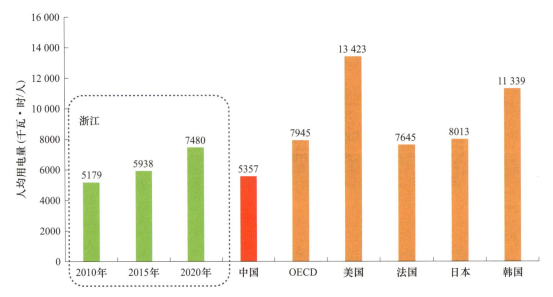

注：中国为 2020 年数据，国外为 2019 年数据。

图 1-15 浙江与世界发达国家人均用电量对比情况

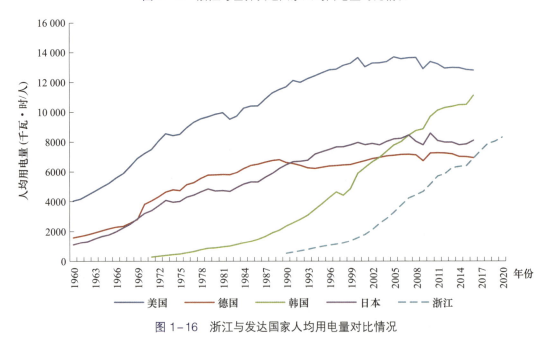

图 1-16 浙江与发达国家人均用电量对比情况

从与江苏、山东、广东的对比看，自 1990 年以来，四省的人均用电量一直处于上升的态势，浙江与江苏一直处于领先水平。2020 年，浙江、江苏、山东、广东的人均用电量分别为 8327、7521、6836、5496 千瓦·时/人。

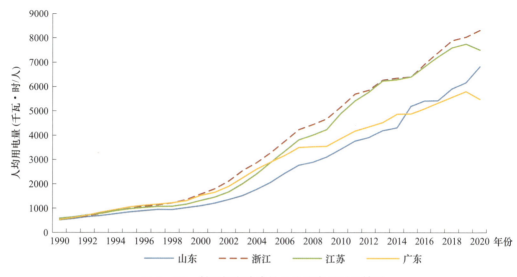

图 1-17 浙江与发达省份人均用电量对比情况

从分行业看，伴随着工业化进程的快速推进，浙江**人均第二产业用电量**已经位于高位，大大超过了发达国家的平均水平，接近电力消费以工业用电为主的韩国，2020 年达到了 5241 千瓦·时/人。随着产业结构的优化调整和节能措施的推进，预计浙江未来第二产业用电增长将逐渐趋缓。

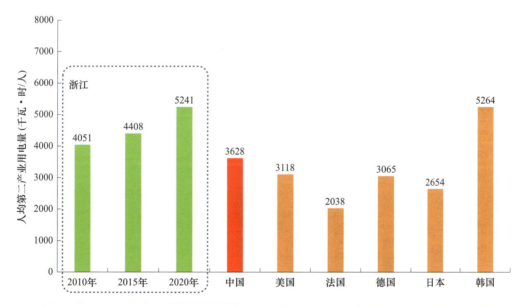

注：中国为 2020 年数据，国外为 2015 年数据。

图 1-18 浙江与世界发达国家人均第二产业用电量对比情况

浙江人均生活用电量和人均第三产业用电量与发达国家相比还有较大的差距。2020 年，浙江**人均第三产业用电量**为 1132 千瓦·时/人，仅为美国的 1/4，不到法国、日本、韩国的1/2；**人均生活用电量**为 1065 千瓦·时/人，约为美国的 1/4，约为法国、德国、日本的 40%～

60%，正逐渐逼近韩国的人均生活用电量。未来随着浙江国民生活水平的不断提高和第三产业的快速发展，居民生活用电量和第三产业用电量将会较快增长，并有较大的发展空间。

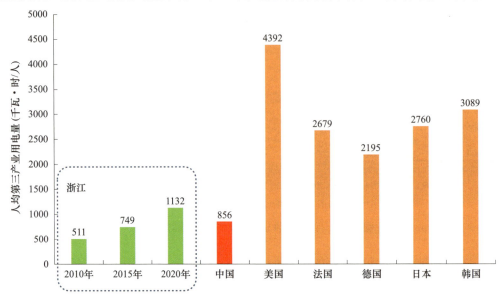

注：中国为 2020 年数据，国外为 2015 年数据。

图 1-19　浙江与世界发达国家人均第三产业用电量对比情况

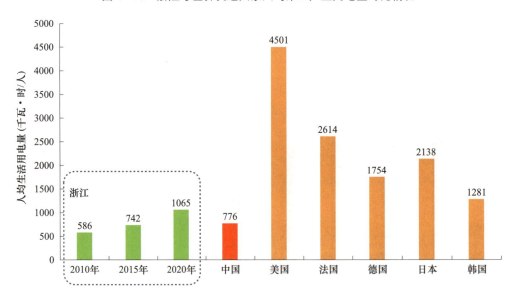

注：中国为 2020 年数据，国外为 2015 年数据。

图 1-20　浙江与世界发达国家人均生活用电量对比情况

2. 负荷特性

（1）年负荷特性分析

2015—2020 年期间，浙江最大调度负荷逐年增长，由 2015 年的 6175 万千瓦增加到 2020

年的 9010 万千瓦，年均增长 7.9%。期间，年负荷率在 69.8%～76.5%之间，季不均衡系数在 79.4%～87.0%之间。年最大峰谷差呈逐步上升趋势，2020 年达到 3276 万千瓦，较 2015 年增加了 1027 万千瓦，最大峰谷差率在 34.3%～40.2%之间。

图 1-21 2015—2020 年浙江年最大负荷及峰谷差

最大负荷利用小时数呈先增后减变化，先从 2015 年的 5467 小时上升至 2018 年的 5671 小时，之后连续下降至 2020 年的 5220 小时。尖峰负荷持续时间与夏季气温呈现较高相关性。**夏季出现高温天气的年份尖峰负荷持续时间长**，即 2016—2018 年和 2020 年，97%以上、95% 以上、90%以上尖峰负荷持续小时数的范围分别为 22～35 小时、43～62 小时、124～264 小时；出现"凉夏"天气的 2015 年和 2019 年尖峰负荷持续时间较短，97%以上、95%以上、90%以上尖峰负荷持续小时数范围分别为 16～19 小时、34～46 小时、75～179 小时，约是夏季出现高温的年份的 1/3～1/2。

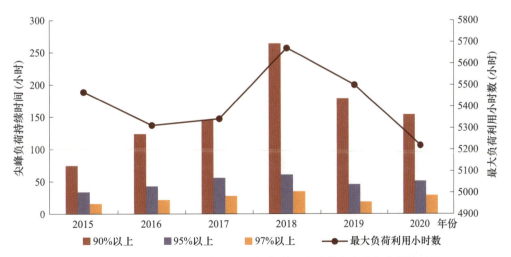

图 1-22 2015—2020 年浙江最大负荷利用小时数和尖峰负荷持续时间

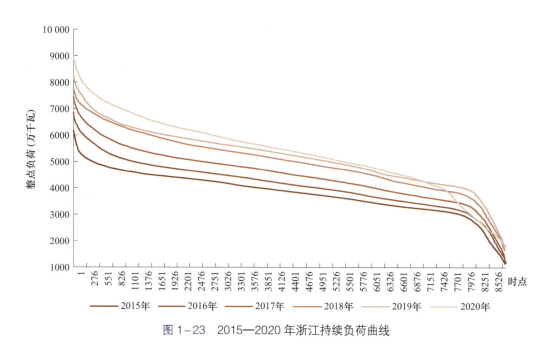

图1-23 2015—2020年浙江持续负荷曲线

（2）月负荷特性分析

浙江分月负荷呈现明显的季节性特征，气温变化已成为影响全省最大负荷波动的主要因素。7月、8月受夏季高温的影响，负荷达全年最大值，而且存在较多的空调降温负荷，其约占最大负荷的25%；6月、9月负荷相对较小，存在部分空调降温负荷，其约占最大负荷的9%；4月、5月、10月、11月负荷数值相近，历年数值的增加主要是由生产和生活活动需求增长引起的，一般作为基础负荷；12月负荷受低温产生的采暖负荷和年末经济增长特性等影响，常出现"翘尾"现象，采暖负荷约占最大负荷的9%；年最小负荷一般出现在包含春节假期的1月或2月。在"十三五"期间，浙江月最大负荷的季节性特征未有明显改变。

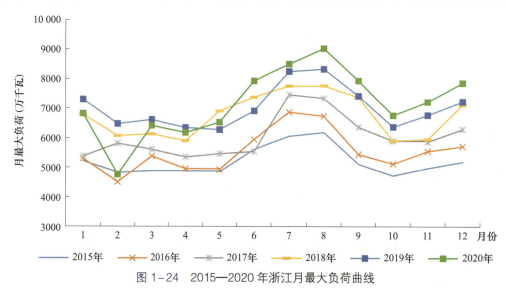

图1-24 2015—2020年浙江月最大负荷曲线

从月最大峰谷差变化曲线来看，2015—2020 年，浙江峰谷差受季节性影响明显，夏季受高温影响，白天空调负荷大于夜晚，峰谷差达年内峰值；其次是冬季受低温影响，峰谷差也较大。在"十三五"期间，峰谷差的季节性特征也未有明显变化。

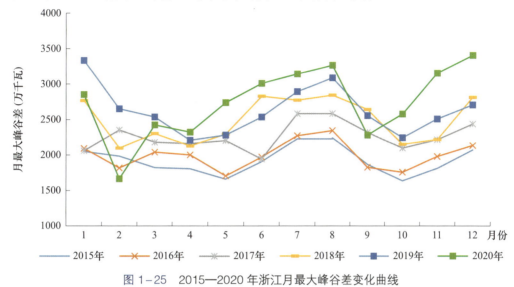

图 1-25　2015—2020 年浙江月最大峰谷差变化曲线

从月不均衡系数曲线来看，2015—2020 年期间，浙江月不均衡系数相对较高，春季往后在 80%~95%之间波动。分月来看，2 月，月不均衡系数最低，原因是春节假期之后企业复工较迟以及部分企业停产检修等；3 月、4 月，随着企业生产正常，月不均衡系数恢复至较高水平；夏季出现高温的年份，夏季月不均衡系数呈现"6 月低、7 月和 8 月高"的特征，夏季出现"凉夏"时，6—8 月不均衡系数都较低；9—12 月，不均衡系数较 3 月、4 月低，但总体平稳。在 2015—2020 年期间，月不均衡系数的季节性特征无明显规律。

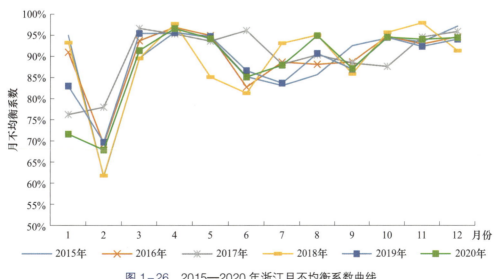

图 1-26　2015—2020 年浙江月不均衡系数曲线

（3）典型日负荷特性分析

2015—2020年期间，浙江四季日最大负荷出现早、午高峰时段较为一致，均在9点～11点和13点～16点。其中，早高峰尖峰突出，午高峰尖峰较不明显，春冬的午高峰峰值在16点，夏秋的在14点。四季的**晚高峰呈现不一样的特征**：春冬的晚高峰不明显，在18点～19点负荷相对较高，之后快速下降；夏秋季的晚高峰多在21点～23点。日最大负荷的**低谷时段多出现在3点～5点**，秋季向后延长1个小时至6点，冬季向前延长1个小时至2点。日**最大负荷多出现在10点**，但夏季最大负荷个别年份出现在14点。秋冬季16点左右出现日间第二峰值。日最小负荷多出现在4点，不同季节呈现不一样的变化：春、夏季日最小负荷出现时点在4点左右；秋季日最小负荷多出现在5点。夏、秋季的早、午高峰负荷较为突出，主要原因是天气炎热，空调负荷增多等。春、秋季负荷曲线较为相似且较为平滑，早高峰负荷较为突出，晚高峰较早，主要由于气候寒冷，日照时间短，有一定的采暖负荷。

表1-2　浙江四季典型日负荷的主要高峰和低谷时段统计

季节	早高峰	午高峰	晚高峰	低谷时段	最大负荷出现时点	最小负荷出现时点
春季	9点～11点	13点～16点	18点～20点	3点～5点	10点	4点或5点
夏季	9点～11点	13点～16点	21点～23点	3点～5点	10点为主，也有14点	4点或5点
秋季	9点～11点	13点～16点	21点～23点；20点～22点	3点～6点	14点为主，早期有10点	5点
冬季	9点～11点	13点～16点	18点～20点	2点～5点	10点	4点或5点

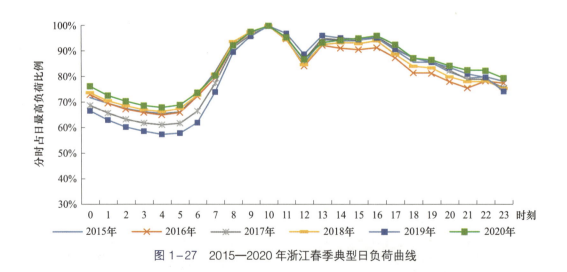

图1-27　2015—2020年浙江春季典型日负荷曲线

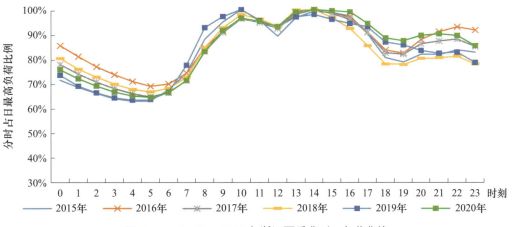

图 1-28　2015—2020 年浙江夏季典型日负荷曲线

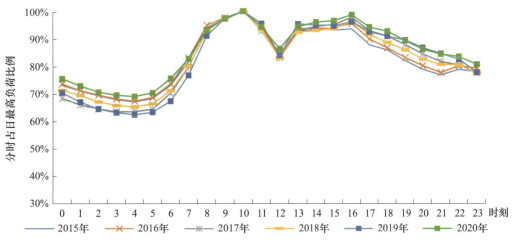

图 1-29　2015—2020 年浙江秋季典型日负荷曲线

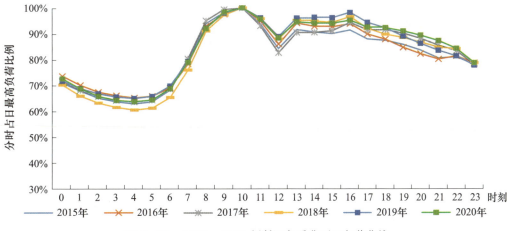

图 1-30　2015—2020 年浙江冬季典型日负荷曲线

3．电力生产及运输

（1）电力装机容量与结构

"十三五"以来，先后建成仙居抽水蓄能电站等重大电力项目，开工三澳核电一期；白鹤滩—浙江特高压直流工程等项目前期工作稳步推进。截至 2020 年底，全省电力总装机容量达到 10 142 万千瓦（含华东统调机组 1196 万千瓦，其中浙江分得电力 746 万千瓦），"十三五"期间年均增长 4.3%。浙江省境内电源装机约占全国的 5%，排全国第 9 位。全省境内装机中，煤电 4738 万千瓦，占比 46.7%；气电 1256 万千瓦，占比 12.4%；核电 911 万千瓦，占比 9.0%；常规水电 713 万千瓦，占比 7.0%；抽水蓄能 458 万千瓦，占比 4.5%；风电 186 万千瓦，占比 1.8%；光伏发电 1517 万千瓦，占比 15.0%；生物质发电 240 万千瓦，占比 2.4%；余能利用机组及其他 123 万千瓦，占比 1.2%。

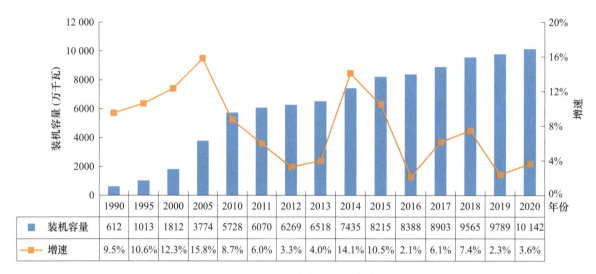

年份	1990	1995	2000	2005	2010	2011	2012	2013	2014	2015	2016	2017	2018	2019	2020
装机容量	612	1013	1812	3774	5728	6070	6269	6518	7435	8215	8388	8903	9565	9789	10 142
增速	9.5%	10.6%	12.3%	15.8%	8.7%	6.0%	3.3%	4.0%	14.1%	10.5%	2.1%	6.1%	7.4%	2.3%	3.6%

图 1-31 1990—2020 年浙江境内电力装机容量

（2）人均装机容量

1990—2020 年，浙江省人均装机容量由 0.14 千瓦/人上升到 1.57 千瓦/人左右，年均增速为 8.8%。

（3）发电量与结构

2020 年，浙江省境内电源发电量 3521 亿千瓦·时，同比下降 0.6%。2020 年，浙江省境内常规水电 146 亿千瓦·时，占比 4.1%；抽水蓄能 63 亿千瓦·时，占比 1.8%；煤电 2102 亿千瓦·时，占比 59.7%；气电 161 亿千瓦·时，占比 4.6%；核电 712 亿千瓦·时，占比 20.2%；风电 36 亿千瓦·时，占比 1.0%；光伏发电 131 亿千瓦·时，占比 3.7%；生物质发电 111 亿千瓦·时，占比 3.2%；余能利用发电 58 亿千瓦·时，占比 1.6%。

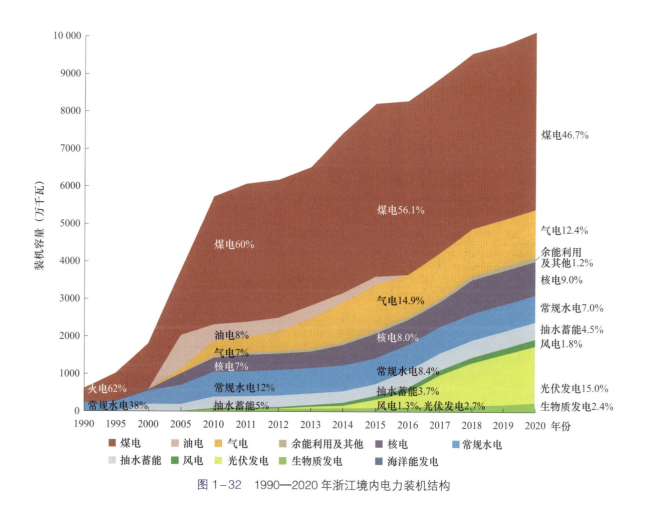

图 1-32　1990—2020 年浙江境内电力装机结构

	1990	1995	2000	2005	2010	2011	2012	2013	2014	2015	2016	2017	2018	2019	2020 年份
人均装机容量	0.14	0.23	0.39	0.76	1.05	1.11	1.14	1.19	1.35	1.48	1.50	1.57	1.67	1.67	1.57
增速	8.4%	9.8%	10.9%	14.3%	6.8%	5.7%	3.0%	3.6%	13.9%	9.9%	1.2%	4.9%	5.9%	0.4%	2.7%

图 1-33　1990—2020 年浙江人均装机容量

图 1-34　1990—2020 年浙江境内发电量

年份	1990	1995	2000	2005	2010	2011	2012	2013	2014	2015	2016	2017	2018	2019	2020
发电量	209	407	697	1456	2568	2790	2847	2941	2913	2971	3190	3350	3508	3544	3521
增速	9.6%	14.3%	11.4%	15.9%	12.0%	8.7%	2.0%	3.3%	-0.9%	2.0%	7.4%	5.0%	4.7%	1.0%	-0.6%

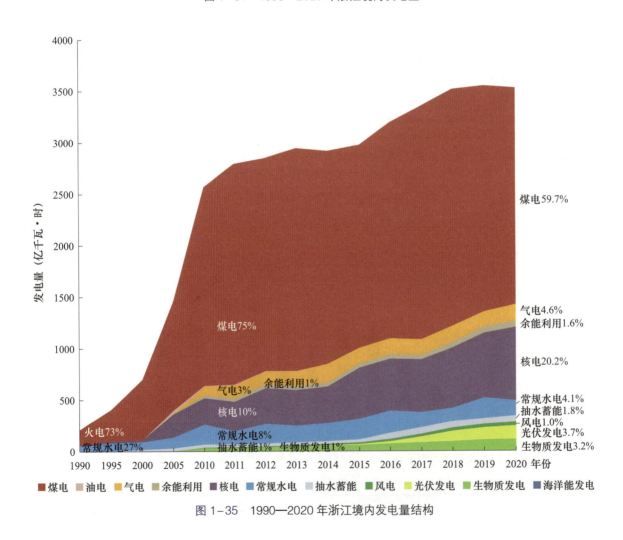

图 1-35　1990—2020 年浙江境内发电量结构

（4）发电利用小时数

2020 年，浙江省 6000 千瓦及以上发电企业的发电设备利用小时数为 3887 小时。其中，火电利用小时数为 3888 小时（其中，统调煤电利用小时数为 4454 小时；统调气电利用小时数为 1283 小时）；水电利用小时数为 1745 小时；核电利用小时数为 7838 小时；风电利用小时数为 2131 小时；光伏发电利用小时数为 998 小时。

图 1-36　1990—2020 年浙江发电利用小时数

（5）外来电力和电量

2020 年浙江省外来电力最高负荷 3364 万千瓦左右，外来电量 1787 亿千瓦·时左右，分别约占全社会最高负荷和用电量的 36% 和 37%。

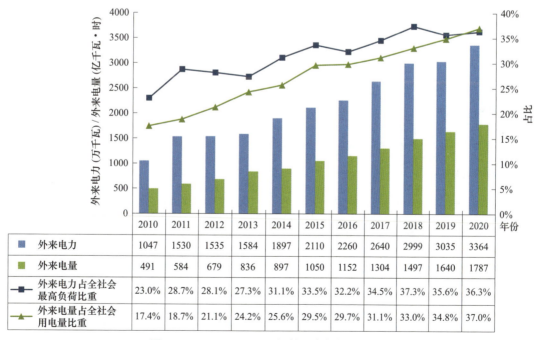

	2010	2011	2012	2013	2014	2015	2016	2017	2018	2019	2020
外来电力	1047	1530	1535	1584	1897	2110	2260	2640	2999	3035	3364
外来电量	491	584	679	836	897	1050	1152	1304	1497	1640	1787
外来电力占全社会最高负荷比重	23.0%	28.7%	28.1%	27.3%	31.1%	33.5%	32.2%	34.5%	37.3%	35.6%	36.3%
外来电量占全社会用电量比重	17.4%	18.7%	21.1%	24.2%	25.6%	29.5%	29.7%	31.1%	33.0%	34.8%	37.0%

图 1-37　2010—2020 年浙江外来电力和电量

（6）电网发展规模

截至 2020 年底，浙江电网已基本建成以"两交两直"特高压为核心，以"东西互供、南北贯通"的 500 千伏双环网为骨干，以沿海电源群为支撑的坚强主网架。全省通过芜湖—安吉 2 回、安吉—练塘 2 回及莲都—福州 2 回共 6 回特高压交流线路，汾湖—三林 2 回、瓶窑—武南 2 回、瓶窑—广德 1 回、富阳—河沥 2 回及金华—宁德 2 回共 9 回 500 千伏线路与上海市、江苏省、安徽省及福建省电网相连。浙江电网以钱塘江为自然分割，形成南北电网，通过 1000 千伏安吉—兰江 2 回、500 千伏富阳—萧浦 2 回和乔司—涌潮 2 回共 6 回过江线路相联。

截至 2020 年底，浙江电网拥有 1000 千伏变电站 3 座，变电容量 1800 万千伏·安，线路总长度 1185 千米；±800 千伏换流站 2 座，换流容量 1600 万千瓦，线路（含过境）总长度 526 千米；500 千伏变电站 52 座，变电容量 12 265 万千伏·安，线路总长度 9676 千米，±500 千伏过境输电线路总长度 472 千米；220 千伏公用变电站 351 座，变电容量 16 064 万千伏·安，线路总长度 21 041 千米；110 千伏公用变电站 1498 座，变电容量 15 096 万千伏·安，线路总长度 27 357 千米。

表 1-3 2014—2020 年浙江电网发展情况

电压等级	电网规模	2014 年	2015 年	2016 年	2017 年	2018 年	2019 年	2020 年
1000 千伏	变电站数目（座）	3	3	3	3	3	3	3
	变电容量（万千伏·安）	1800	1800	1800	1800	1800	1800	1800
	线路长度（千米）	1185	1185	1185	1185	1185	1185	1185
±800 千伏	变电站数目（座）	1	1	2	2	2	2	2
	变电容量（万千伏·安）	800	800	1600	1600	1600	1600	1600
	线路长度（千米）	412	412	526	526	526	526	526
500 千伏	变电站数目（座）	36	39	42	42	46	50	52
	变电容量（万千伏·安）	7665	8505	9205	9505	10 405	11 815	12 265
	线路长度（千米）	7708	8426	8626	8821	8884	8844	9676
220 千伏	变电站数目（座）	284	292	304	317	329	334	351
	变电容量（万千伏·安）	11 238	11 943	12 678	13 706	14 526	15 257	16 064
	线路长度（千米）	15 240	16 250	16 813	17 474	18 554	19 109	21 041

电压等级	电网规模	2014 年	2015 年	2016 年	2017 年	2018 年	2019 年	2020 年
±200 千伏	变电站数目（座）	5	5	5	5	5	5	5
	变电容量（万千伏·安）	100	100	100	100	100	100	100
	线路长度（千米）	146	146	146	146	146	146	146
110 千伏	变电站数目（座）	1168	1214	1280	1335	1402	1449	1498
	变电容量（万千伏·安）	11 027	11 671	12 519	13 132	13 948	14 477	15 096
	线路长度（千米）	20 366	22 816	24 016	24 840	26 465	27 291	27 357

4. 节能减排

（1）单位 GDP 电耗

1990—1998 年，浙江单位 GDP 电耗总体上呈下降趋势，平均每年下降 33.7 千瓦·时/万元，年均下降 3.6%。但是 1999 年以来，随着一些高能耗企业的投产，单位 GDP 电耗又有所上升，直到 2007 年，由于国家节能减排政策的实施，单位 GDP 电耗开始回落。1999—2007 年，单位 GDP 电耗总体上呈上升趋势，平均每年上升 29.6 千瓦·时/万元，年均上升 3.3%。2008—2020 年，单位 GDP 电耗呈波动向下趋势，2020 年浙江省单位 GDP 电耗为 747 千瓦·时/万元。

从发达国家单位 GDP 电耗发展情况看，美国自 1960—1977 年保持缓慢增长，后一直维持在 0.4 千瓦·时/美元的水平，比较平稳，偶有波动；德国 1970—1985 年保持增长，1990 年后虽时有波动，但总体呈下降趋势；日本自 1960—1970 年缓慢上升后，一直比较平稳地维持在 0.2 千瓦·时/美元的水平；韩国在工业化过程中，单位 GDP 电耗一直是呈现上升态势，1995—2017 年间增长了 37%左右，2012 年之后开始呈逐步下降趋势。

横向对比，韩国单位 GDP 电耗相对较高，与其高耗能支柱产业有关，工业用电比重一直在 50%左右，近年来韩国单位 GDP 电耗已突破 0.4 千瓦·时/美元；而德国、日本单位 GDP 电耗一直处于较低水平，近年来由于推行了一系列节能减排政策，单位 GDP 电耗降至 0.2 千瓦·时/美元及以下，较韩国平均水平低 50%左右。美国的生活用电水平及商业用电水平较高，因此单位 GDP 电耗高于德国、日本等国。

从分产业看，1990 年浙江省第二产业产值单耗为 2249 千瓦·时/万元。随着产业结构调整和市场环境变化，部分能耗高的小企业相继关停，国营大中型企业也进行了改制和转产，1990—1998 年，第二产业的产值单耗总体上呈大幅下降趋势。1998 年浙江省第二产业产值单耗为 1192 千瓦·时/万元。但是 1999 年以后，随着浙江省一些高能耗企业的投产，第二产业

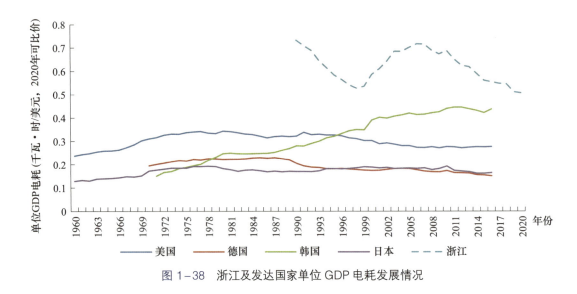

图 1-38 浙江及发达国家单位 GDP 电耗发展情况

的产值单耗又有所上升。2007 年，浙江省的第二产业产值单耗为 1623 千瓦·时/万元。2007 年以后，第二产业产值单耗呈现下降趋势，中间年份略有波动，2020 年第二产业产值单耗为 1283 千瓦·时/万元。总体而言，2020 年与 1990 年相比，第二产业产值单耗有所下降，平均每年下降 32.2 千瓦·时/万元。

1990 年浙江省的第三产业产值单耗为 129 千瓦·时/万元。20 世纪 90 年代，第三产业的发展尚处于起步阶段，随着城市和社会的发展、人们消费需求的逐步提升、服务行业的前景广阔，第三产业的产值、用电比例进一步增长，产值单耗小幅上升，并逐步趋于稳定。2020 年浙江省第三产业产值单耗为 203 千瓦·时/万元，与 1990 年相比，年均增长 2.5 千瓦·时/万元。

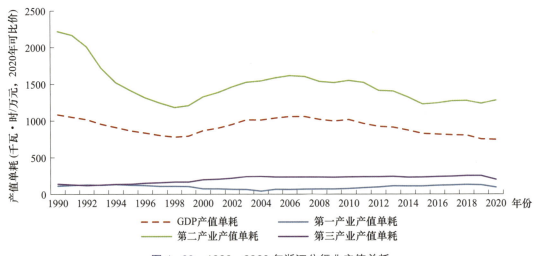

图 1-39 1990—2020 年浙江分行业产值单耗

（2）供电标准煤耗

2020 年，浙江省 6000 千瓦及以上电厂供电标准煤耗为 296 克/（千瓦·时）。全省 6000 千瓦及以上电厂供电标准煤耗呈逐步降低态势，2020 年较 1990 年下降 125 克/（千瓦·时），年均下降 4.2 克/（千瓦·时）。

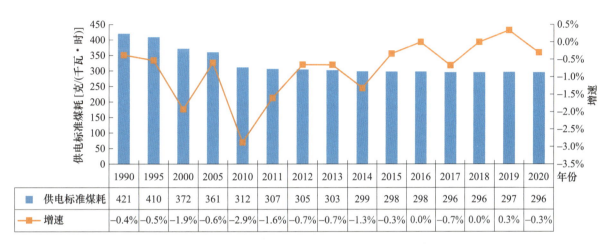

	1990	1995	2000	2005	2010	2011	2012	2013	2014	2015	2016	2017	2018	2019	2020
供电标准煤耗	421	410	372	361	312	307	305	303	299	298	298	296	296	297	296
增速	-0.4%	-0.5%	-1.9%	-0.6%	-2.9%	-1.6%	-0.7%	-0.7%	-1.3%	-0.3%	0.0%	-0.7%	0.0%	0.3%	-0.3%

图 1-40　1990—2020 年浙江 6000 千瓦及以上电厂供电标准煤耗

（3）线损率

2020 年，浙江省综合线损率为 3.71%。全省综合线损率呈逐步降低态势，2020 年较 1990 年下降 5.41 个百分点。

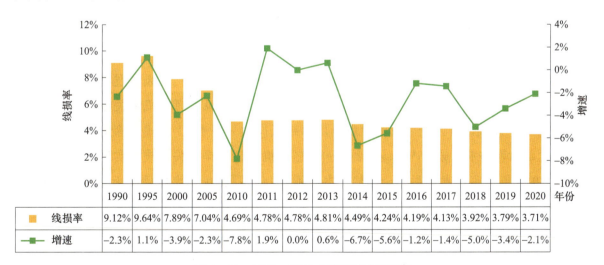

	1990	1995	2000	2005	2010	2011	2012	2013	2014	2015	2016	2017	2018	2019	2020
线损率	9.12%	9.64%	7.89%	7.04%	4.69%	4.78%	4.78%	4.81%	4.49%	4.24%	4.19%	4.13%	3.92%	3.79%	3.71%
增速	-2.3%	1.1%	-3.9%	-2.3%	-7.8%	1.9%	0.0%	0.6%	-6.7%	-5.6%	-1.2%	-1.4%	-5.0%	-3.4%	-2.1%

图 1-41　1990—2020 年浙江综合线损率

（4）大气污染物排放

全省大型燃煤机组超低排放改造全部完成，地方燃煤热电超低排放改造基本完成。电力行业二氧化硫、氮氧化物等污染物排放均明显下降。2019 年，浙江火电机组**二氧化硫**排放总量为 3.2 万吨, 同比下降 31.9%。单位发电量二氧化硫排放强度为 0.079 克/（千瓦·时）, 同比下降 29.2%, 其中, 省统调火电机组二氧化硫排放强度为 0.052 克/（千瓦·时）, 同比上升 1.5%。**氮氧化物**排放总量为 6.3 万吨, 同比下降 13.7%。单位发电量氮氧化物排放强度为 0.155 克/（千瓦·时）, 同比下降 11.6%, 其中, 省统调火电机组氮氧化物排放强度为 0.122 克/（千瓦·时）, 同比下降 3.2%。**烟尘**排放总量为 1.0 万吨, 同比下降 41.2%。单位发电量烟尘排放强度为 0.024 克/（千瓦·时）, 同比下降 39.7%, 其中, 省统调火电机组烟尘排放强度为 0.006 克/（千瓦·时）, 同比下降 8.2%。

表 1-4 浙江火电机组大气污染物排放情况

污染物	二氧化硫			氮氧化物			烟尘		
	2017 年	2018 年	2019 年	2017 年	2018 年	2019 年	2017 年	2018 年	2019 年
全省排放量（万吨）	5.1	4.7	3.2	6.5	7.3	6.3	1.5	1.7	1.0
全省排放强度[克/（千瓦·时）]	0.130	0.112	0.079	0.167	0.175	0.155	0.04	0.04	0.024
其中：统调机组	0.054	0.051	0.052	0.128	0.126	0.122	0.008	0.007	0.006

5. 科技与产业

核电领域, 浙江制造的核电管材、核电自动控制系统、密封材料、风机和阀门等优势产品广泛用于国内核电建设项目; 依托三门核电一期工程推进全球首台 AP1000 机组的工程实践。**光伏发电领域**, 全省形成硅料、硅片、电池、组件、原辅材料等全产业链, 成为国内第二大光伏生产基地, 3 家企业跻身世界十大光伏组件制造企业行列。**风力发电领域**, 省内风电整机制造企业约占全国风电机组市场 5%以上的份额。**低风速风电机组关键技术实现产业化。清洁煤电领域**, 省内企业首创燃煤电厂"超低排放"技术、"湿式电除尘器"和"低低温电除尘器"等技术位居国内市场份额前列。**燃煤机组超低排放关键技术实现规模化应用成果获得 2017 年国家技术发明奖一等奖。电网领域, 舟山 500 千伏联网输变电工程海底海缆**设计、制造达到世界领先水平。**数字化领域**, 电网、综合能源服务的数字化、智能化转型不断加快, 电力大数据在疫情期间得到广泛应用。

6. 体制机制

电力市场化改革持续发力。完成省级电力管理职能调整优化, 实现了电力规划、建设、运行、需求侧"一条龙"管理。"十三五"期间, 浙江完成市场化交易电量 6326 亿千瓦·时, 降低企业用电成本 170 亿元。作为全国改革试点省之一, 浙江率先启动电力现货市场结算试运行; 有序放开钢铁、煤炭、建材、有色金属等六个行业开展售电市场交易。成交全国首笔绿色电力交易。110 家售电主体应运而生，浙江电力市场管理委员会正式成立，浙江电力交易中心股改顺利完成。11 个增量配电业务试点项目启动实施。三澳核电成为全国首个民营入股核电项目。

7. 电力合作

随着"一带一路"倡议实施，浙江与国际重点区域的能源电力合作进一步深化。2018年，浙江能源集团着力构建集团海外项目开发体系，累计跟踪项目近 40 个，其中电力领域项目涵盖煤电、水电、风电、光伏发电、垃圾发电等方面。浙江与国内能源资源富集区域合作进一步深入。2016 年 9 月，灵绍特高压直流输电工程建成投运。2018 年 9 月，国家能源局明确 800 万千瓦白鹤滩水电落点浙江，浙江省"十四五"电力保障工作取得重大成果。长三角能源电力合作积极推进，落点安徽的吉泉直流于 2019 年开始向浙江送电。浙江省政府陆续与国家电投、中国华能、中国能建等电力央企签订政企战略合作协议。

二、面临的机遇和挑战

（一）面临的机遇

面对当今世界百年未有之大变局，世界新一轮科技革命和产业变革同浙江省经济转型升级交汇融合，碳达峰碳中和工作加快推进，"一带一路"倡议、长江经济带和长三角一体化发展等国家战略的深入实施，都将对浙江省电力发展提出新要求、注入新动力、拉动新引擎、提供新路径、赋予新使命。

碳达峰碳中和目标对浙江省电力绿色发展提出新要求。深刻领会和全面贯彻习近平生态文明思想，切实推进碳达峰碳中和工作，紧紧围绕"生态＋电力"的发展方向，积极构建以新能源为主体的新型电力系统和绿色电力市场体系，加快实施可再生能源、核电和清洁电力入浙专项行动，提升能源终端电气化水平，实现电力行业从高碳转向低碳、从以化石能源为主转向以非化石能源为主，推动产业结构、生产方式、生活方式转向绿色低碳和节约高效，助力美丽中国先行示范区和国家清洁能源示范省高水平创建，为全国电力行业绿色低碳转型发展提供示范样本。

新一轮科技革命和产业变革将为浙江省电力创新发展注入新动力。电力是能源、信息、交通和建筑高度融合发展的关键纽带，通过"大云物移智链"与能源电力技术的深度融合发展，加快推进智慧互联电力新型基础设施建设，以多跨场景应用为重要抓手推动全省电力数字化转型，实现电力系统源网荷储一体化和多能互补，有效提升能源利用效率，实现非化石能源友好接入和消纳，为浙江率先实现碳达峰提供新动力。

电力体制改革将为浙江省电力协调发展拉动新引擎。深入推进电力领域市场化改革，推动形成科学的电价机制，完善现货市场机制，稳妥推进增量配电改革试点，探索建立融合电力市场、热力市场、天然气市场等多种能源的综合能源市场。探索推动电力市场与碳交易市场深度融合，发挥市场高效配置资源优势，通过碳约束倒逼电力结构优化，挖掘减排空间。

电力治理能力现代化将为浙江省电力共享发展提供新路径。坚持把人民对美好生活的向往作为奋斗目标，加强配电网等城乡电力基础设施建设，保障城乡居民电、热、冷、气等多样化能源需求；优化电力营商环境，提升电力普遍服务水平；推进电力生产消费的绿色低碳转型，共建美好生态环境，让电力改革发展成果在生态文明建设中发挥的重要作用更多更公平地惠及全体人民，赋能浙江共同富裕示范区建设。

一批国家战略实施将为浙江省电力开放发展赋予新使命。国家战略红利的加快释放将持续促进浙江省电力高水平开放合作。积极参与"一带一路"电力开放合作，将给浙江能源产业开启技术、装备、工程走出去带来重要机遇；长江经济带电力开放合作有助于加强浙江与四川等能源富集省（区）的战略合作，加快推动产业转移与能源资源合作开发；长三角能源一体化合作将有力推动浙江和周边省市电力基础设施的互联互通，不断完善区域电力协调互动合作机制。

（二）面临的挑战

1. 面临电力安全保障与环境约束的双重挑战

随着能源革命深入推进，电力高质量发展要求更加突出，供需格局将发生深刻变化，绿色转型任务愈发艰巨，电力安全仍面临多重挑战，新旧风险交织并存。"十四五"期间，受区外来电等项目进度滞后、省内发电用煤消费总量受限等因素影响，全省电力电量保障难度较大，尤其是面对极端气候等突发事件的电力系统应急保障能力亟待加强。为推动实现碳达峰碳中和目标，国家严格管控长三角地区煤炭使用量，省内统调发电用煤控制任务艰巨，浙江省以煤电为主的电源结构亟待优化。

2. 面临电力绿色发展与成本降低的双重挑战

浙江清洁能源示范省创建工作进入攻坚期，但受内陆上风电发展滞后、海上风电建设受用海制约、风电光伏补贴退坡、核电前期工作推进难度较大等因素影响，电力绿色低碳发展任重道远。同时，电力降成本也对可再生能源、气电、分布式能源发展提出了挑战，新形势下能源电力供应侧成本上升与需求侧期望成本较低的矛盾日渐显现。

3. 面临电力系统"三高"与安全稳定的双重挑战

随着新能源、特高压直流等大规模替代传统电源，电动汽车、分布式能源、储能等交互式用能设备广泛应用，高比例可再生能源、高比例外来电、高比例电力电子设备的"三高"特征突显，传统电力系统的调频、调压能力不足，电力系统的安全性、调节性和灵活性都将面临挑战。电网短路电流水平持续偏高，电网安全、网架结构和运行方式也有待进一步优化。

4. 面临科技业态创新与传统模式的双重挑战

"大云物移智链"等数字化、智能化技术与电力工业尚未实现深度融合，储能、氢能，以及碳捕集、利用与封存等能源电力领域关键技术有待进一步突破。虚拟电厂、智慧车联网等新业态还需进一步挖掘实践。电力、热力、燃气等不同供能系统集成互补和梯级利用程度不高，多能互补的综合效益尚待充分发挥。电力负荷峰谷差逐年增大，系统调峰能力存在不足。集中式与分布式结合、源网荷储协调互动、高度感知、智能高效的新型电力系统尚未形成。电力需求侧资源未被充分挖掘，电网运行面临安全依赖冗余、提效手段匮乏等问题。

电力需求预测和
战略思路篇

三、发展趋势与需求预测

（一）浙江经济社会发展趋势

1. GDP 总量

通过对发达国家发展历程的比较，结合浙江经济发展基础与未来环境变化，判断未来浙江 GDP 增速将趋缓，经济发展逐步进入平稳增长时期。但浙江作为一个省区，可依托国内市场与资源的优势较多，同时第二产业比重仍居较高水平，绿色石化和先进制造业具备增长后劲，数字经济和产业转型有望推动第三产业进一步增长。

预计"十四五"期间，浙江仍将处于工业化后期发展阶段，经济将保持中高速增长；2025年后，逐步向后工业化阶段过渡，至 2035 年左右进入后工业化阶段，经济发展逐步降至中低速增长区间。预计推荐方案中，"十四五""十五五""十六五"，以及 2036—2060 年，浙江 GDP 年均增速分别为 5.5%、4.5%、3.5%、1.8%。

表 3-1 浙江中长期国民经济发展趋势预计

GDP 增速	"十四五"	"十五五"	"十六五"	2036—2060 年
高方案	6.5%	5.5%	4.5%	2.8%
中方案（推荐方案）	5.5%	4.5%	3.5%	1.8%
低方案	4.5%	3.5%	2.5%	0.8%

2. 产业结构

中长期浙江省第三产业比重将会继续升高，而第二产业比重缓慢下降。选取与中国转型道路相似的韩国及实现工业化的德国、日本为对标国家，韩国在人均 GDP 为 1.4 万～2.5 万美元/人时，第二产业比重在 35%左右波动，第三产业比重在 62%左右波动。预测浙江省 2035年人均 GDP 为 2.5 万～3 万美元/人，产业结构接近上述水平。而德国在人均 GDP 接近 4 万美元/人时，第二产业比重约为 30.5%，第三产业比重约为 69.0%；日本在人均 GDP 接近 4万美元/人时，第二产业比重为 26%～27%，第三产业比重在 70.0%以上。预估至 2060 年，浙江省人均 GDP 在 4 万～5 万美元/人，由此界定浙江省 2060 年第二产业下限约为 26%、第三产业上限约为 70%。浙江省 2025 年、2030 年、2035 年、2060 年的产业结构的预判结果如下所示。

表 3-2　浙江中长期产业结构调整趋势预计

产业结构	2020 年	2025 年	2030 年	2035 年	2060 年
第一产业	3.3%	3.2%	3.1%	3.1%	2%
第二产业	40.9%	38.8%	36.9%	34.9%	28%
第三产业	55.8%	58.0%	60.0%	62.0%	70%

3. 人口

2020 年，浙江常住人口为 6457 万人。初步预计 2025 年、2030 年、2035 年、2060 年，浙江常住人口分别达到 6700 万、7000 万、7100 万、7100 万人（维持 2035 年水平）。

4. 城镇化率

2020 年，浙江城镇化率为 72.2%。发达国家在完成城镇化进程后，城镇化率基本都在 75% 以上。参照韩国，综合其他国家的城镇化率，预计 2025 年、2030 年、2035 年、2060 年，浙江城镇化水平分别达到 75%、78%、80%、85% 左右。2035 年以后，城镇化率逐步达到成熟稳定阶段。

（二）浙江电力需求总体发展趋势

根据浙江经济发展现状和趋势分析，浙江中长期电力需求发展总体呈现以下五个趋势。

（1）电力需求将从中速增长逐步转向饱和波动

未来十年，浙江先进制造业将逐步替代传统产业，第三产业快速发展，人民生活水平稳步提高。"十四五"期间，第二产业用电仍有一定增长动力，第三产业及居民生活用电快速增长，全省电力需求仍将维持刚性中速增长态势。2025 年至 2035 年，第三产业和居民生活用电将成为主要增长点，整体电力需求逐渐转为低速增长。2035 年以后，电力需求基本达到饱和后呈现波动态势。

（2）用电结构呈现第三产业、居民生活用电占比将显著提升，第二产业比重将不断降低

用电结构上，浙江用电增长，已经由原先的第二产业用电增长为主转变为第二产业、第三产业以及居民生活用电增长并重，2025 年之后，将逐步转变为以第三产业和居民生活用电增长为主。

注：国外为 2019 年数据。

图 3-1　浙江与发达国家人均用电量对比

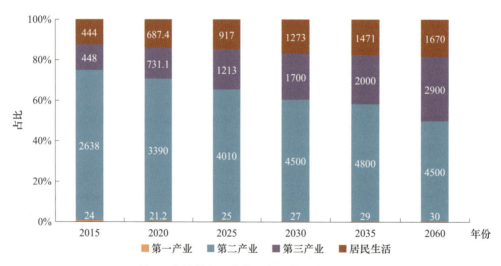

图 3-2　浙江用电结构发展趋势初步判断（单位：亿千瓦·时）

（3）在一定时期内重化工等世界级先进制造业集群发展将持续推动第二产业用电增长

当前，浙江第二产业进入转型升级攻坚期，从产业规划发展来看，绿色化工、汽车及零部件、现代纺织、新一代信息技术等世界级先进制造业集群和高端装备、生物医药、新材料等战略性新兴产业集群蓬勃发展将持续拉动第二产业用电增长。预计未来五年，浙江第二产业新增用电量 620 亿千瓦·时左右，至 2025 年达到 4010 亿千瓦·时左右，"十四五"年均增速为 3.4%左右。其中：舟山绿色石化、镇海炼化扩建、大榭石化扩建等石化特大型项目陆续建成及化工下游精深加工产业链的延伸，预计将拉动新增用电量 300 亿千瓦·时以上；仅近两年已开工的高端装备、生物医药、新材料、汽车及零部件、集成电路等领域重大产业项目新增用电量 180 亿千瓦·时左右；后续随着万亿产业集群的集聚，预计"十四五"期间再新增用电量 140 亿千瓦·时左右。2025 年后，浙江开始向后工业化阶段过渡，第二产业用电趋于稳定后并将伴随结构优化、能效提高及部分耗能产业转移而有所降低，第二产业用电量在 2035 年达到 4830 亿千瓦·时峰值后，2060 年逐步降低到 4550 亿千瓦·时左右。

图 3-3 浙江第二产业用电量发展预测

（4）数字经济、电动汽车、轨道交通和商业服务业的快速发展将推动第三产业用电高速增长

预计未来五年浙江第三产业新增用电量 480 亿千瓦·时左右，至 2025 年达到 1210 亿千瓦·时左右，"十四五"年均增速为 10.6%左右。其中：2025 年全省交通领域用电量增至 180 亿千瓦·时左右，包括电动汽车预计用电量达到 80 亿千瓦·时左右，铁路、都市圈市域铁路和城市轨道交通等新增建设规模 4000 千米以上，预计用电量达到 100 亿千瓦·时左右；近年来浙江省不断加大新型基础设施建设投资，2025 年实现全省 5G 基站突破 20 万个，以建设国家级区域型数据中心集群为目标，重点实施浙江云计算数据中心等项目，数字经济产业预计新增用电量 100 亿千瓦·时以上；商业和其他领域服务业人均用电量将从 2020 年的1060 千瓦·时/人（仅为日本、法国、德国的 1/2，韩国的 2/5，美国的 1/4）提升到 2025 年的 1300 千瓦·时/人左右，预计新增用电量 200 亿千瓦·时以上。2025 年后，第三产业电气化水平仍将继续提升，预计 2035 年、2060 年电动汽车用电量分别达到 360 亿、900 亿千瓦·时左右；轨道交通用电量分别达到 140 亿、160 亿千瓦·时左右；商业服务业用电量分别达到1500 亿、1840 亿千瓦·时左右，至 2060 年，浙江省商业服务业的人均用电量达到 2600 千瓦·时/人以上，与法国、日本当前水平相当。

图 3-4　浙江第三产业用电量发展预测

（5）城镇化进程加速和人民生活水平提升将推动居民生活用电仍保持较快增速

2020 年，浙江人均生活用电量为 1065 千瓦·时/人，不到美国的 1/4，约为法国、德国、日本的 40%～60%，还有巨大的提升空间。未来浙江居民生活用电将呈递进式发展，2025 年之前，保持较快增速，人均居民生活用电量达到 1370 千瓦·时/人左右；至 2035 年，达到 2070 千瓦·时/人，与日本当前水平相当，之后维持平稳微增。

图 3-5　浙江居民生活用电量发展预测

（三）浙江中长期电力电量需求预测结果

1. 电力电量预测结果

采用产业和居民用电分析对标法、产值单耗法、人均用电量法、经济电力传导法等预测方法分别对浙江 2025—2060 年的用电量进行预测。采用最大负荷利用小时数法、经济电力传导法等预测方法分别对浙江 2025—2060 年的最高负荷进行预测。

	2020	2025	2030	2035	2060
■ 全社会用电量	4830	6165	7500	8300	9100
用电量增速	6.3%	5.0%	4.0%	2.0%	0.4%
■ 最高负荷	9268	12 430	15 500	17 000	18 500
最高负荷增速	8.1%	6.0%	4.5%	1.9%	0.3%

图 3-6 浙江电力电量需求预测结果（推荐方案）

表 3-3 浙江电量预测结果 单位：亿千瓦·时

方案	预测方法	年份					增长率			
		2020	2025	2030	2035	2060	"十四五"	"十五五"	"十六五"	2036—2060
高方案	产值单耗法	4830	6472	8199	9455	11 787	—	—	—	—
	人均用电量法	4830	6298	7700	8662	9656	—	—	—	—
	经济电力传导法	4830	6130	7650	8520	9460	—	—	—	—
	电量综合	4830	6300	7850	8880	10 300	5.5%	4.5%	2.5%	0.6%

方案	预测方法	年份					增长率			
		2020	2025	2030	2035	2060	"十四五"	"十五五"	"十六五"	2036—2060
中方案（推荐方案）	产业和居民用电分析对标法	4830	6180	7520	8330	9150	—	—	—	—
	产值单耗法	4830	6199	7541	8342	9161	—	—	—	—
	人均用电量法	4830	6164	7490	8307	9088	—	—	—	—
	经济电力传导法	4830	6120	7450	8220	9000	—	—	—	—
	电量综合	4830	6165	7500	8300	9100	5.0%	4.0%	2.0%	0.4%
低方案	产值单耗法	4830	5933	6934	7358	7154	—	—	—	—
	人均用电量法	4830	6030	7280	7952	8520	—	—	—	—
	经济电力传导法	4830	6100	7240	7790	8630	—	—	—	—
	电量综合	4830	6020	7150	7700	8100	4.5%	3.5%	1.5%	0.2%

表 3-4　浙江最大负荷预测结果　　　　　　　　　　　　单位：万千瓦

方案	预测方法	年份					增长率			
		2020	2025	2030	2035	2060	"十四五"	"十五五"	"十六五"	2036—2060
高方案	最大负荷利用小时数法	9268	12 353	15 545	17 760	21 020	—	—	—	—
	经济电力传导法	9268	13 050	16 860	18 640	20 180	—	—	—	—
	最大负荷综合	9268	12 700	16 200	18 200	20 600	6.5%	5.0%	2.4%	0.5%
中方案（推荐方案）	最大负荷利用小时数法	9268	12 088	14 851	16 600	18 571	—	—	—	—
	经济电力传导法	9268	12 770	16 150	17 400	18 430	—	—	—	—
	最大负荷综合	9268	12 430	15 500	17 000	18 500	6.0%	4.5%	1.9%	0.3%
低方案	最大负荷利用小时数法	9269	11 804	14 158	15 400	16 531	—	—	—	—
	经济电力传导法	9268	12 420	15 240	16 100	16 270	—	—	—	—
	最大负荷综合	9268	12 110	14 700	15 750	16 400	5.5%	4.0%	1.4%	0.16%

2. 负荷特性预测结果

从浙江的用电构成来分析浙江负荷特性的变化，当前第二产业仍占主导地位，其中制造业的用电量约占第二产业用电量的 80% 以上，表明制造业是浙江省负荷增长的主体，对负荷特性的影响较大。浙江省将立足现有产业基础，聚焦万亿产业大力培育新的发展动能，强化技术改造着力修复传统动力，积极发展现代制造服务业，推动制造业与生产性服务业有机融合，加快形成新型产业体系。随着产业结构的调整优化，第二产业的用电量将持续下降，以服务业为主导的第三产业和居民生活用电比重逐年上升，从而将引起季节性负荷的大幅上升，电网负荷率进一步降低，峰谷差进一步加大。

在分析现状用电负荷特性的基础上，依据经济发展规划和产业结构调整以及三次产业和居民生活用电增长趋势，进行浙江省负荷特性预测。

表 3-5 浙江电网年负荷特性预测

月份	1	2	3	4	5	6	7	8	9	10	11	12
2020 年	80%	77%	80%	79%	81%	87%	96%	100%	94%	84%	85%	87%
2022 年	81%	78%	81%	80%	82%	88%	96%	100%	94%	85%	86%	88%
2025 年	82%	79%	82%	81%	83%	88%	97%	100%	95%	85%	86%	88%

表 3-6 浙江电网典型日负荷特性预测

时刻	2020 年		2022 年		2025 年	
	夏季	冬季	夏季	冬季	夏季	冬季
0	79%	72%	78%	70%	77%	69%
1	75%	68%	73%	66%	72%	65%
2	72%	66%	70%	64%	69%	63%
3	69%	64%	67%	62%	66%	61%
4	67%	63%	65%	61%	64%	60%
5	67%	63%	65%	61%	64%	60%
6	69%	65%	67%	63%	66%	62%
7	77%	70%	76%	68%	75%	67%
8	90%	83%	89%	82%	89%	82%
9	93%	92%	93%	92%	93%	92%
10	95%	94%	95%	94%	95%	94%

续表

时刻	2020 年		2022 年		2025 年	
	夏季	冬季	夏季	冬季	夏季	冬季
11	94%	94%	94%	94%	94%	94%
12	87%	86%	86%	85%	86%	85%
13	95%	93%	95%	93%	95%	93%
14	100%	100%	100%	100%	100%	100%
15	95%	96%	95%	96%	95%	96%
16	91%	93%	90%	93%	90%	93%
17	85%	92%	84%	92%	84%	92%
18	79%	90%	78%	89%	77%	89%
19	79%	90%	78%	89%	77%	89%
20	80%	88%	79%	87%	78%	87%
21	81%	86%	80%	85%	79%	85%
22	84%	85%	83%	84%	83%	84%
23	81%	82%	80%	81%	79%	81%

四、浙江中长期电力发展战略总体思路

（一）战略定位

将"绿色低碳、安全高效、智慧经济、多元开放"的理念贯穿电力发展的各领域、全过程，努力构建坚强有力的电力安全保障体系、绿色低碳的电力供应体系、节约高效的电力消费体系、智慧创新的电力科技体系、公平有序的市场运行体系、共享优质的社会服务体系、开放共赢的电力合作体系。

聚焦安全保障。强化安全底线思维，加快建设一批支撑性、保障性电源，依托长三角一体化发展，促进与区域内外的电力供需两端的谈判交流，提升作为全国最大电力消费区域的话语权和定价权，加强区域内互联互通、互保互济能力，建立更为开放和稳定的电力供需格局，构建多元稳定的电力保障体系，极大地提升全省电力安全保障能力。

聚焦绿色低碳。依托国家清洁能源示范省建设，加快优化电力结构，壮大清洁能源产业，稳步推进可再生能源规模化发展，安全高效发展核电，合理引入外来电，合理布局综合能源系统、储能和氢能等新业态，积极探索未来城市、未来社区的绿色低碳新应用。坚持节约优先，大力推进电力需求侧响应，倡导绿色低碳的生产生活方式，推动形成人与自然和谐共生的电力发展新格局。

聚焦效率提升。统筹电力供给与电力消费协调发展、不同的电源品种增量协调发展、省内电力生产与省外电力供应协调发展、各级电网协调发展，加强电力系统调峰能力建设，实现电力供应侧和消费侧智慧互动，提升能源系统协调性和整体效率。

聚焦创新驱动。大力推进科技创新、体制创新、管理创新、模式创新等全方位创新。推动物联网、大数据、人工智能与电力深度融合，培育新增长点，形成新动能。深化电力体制改革，加快电力市场体系建设，完善市场监管体制，着力构建市场机制有效、微观主体有活力、宏观调控有度的电力体制，不断增强创新力和竞争力。

聚焦民生保障。坚持把人民对美好生活的向往作为奋斗目标，加快电力民生保障工程建设，加快实施农村电网和配电网建设改造、电动汽车充电基础设施等电力惠民工程，切实提高供电服务质量，让人民群众更好地享受到优质、高效、便捷的供电服务。按照生态文明建设对电力发展的新要求，努力降低电力生产消费对生态环境的影响，满足人民日益增长的优美生态环境需要。

聚焦开放共赢。牢牢把握"一带一路"建设和长三角一体化发展重大国家战略的机遇，构建全方位、深层次的电力合作新格局，整合资金、装备、设计、工程等领域优势力量，推动国际、国内电力产能和装备制造合作，增强电力领域的国际竞争优势。

（二）指导思想

坚持以习近平新时代中国特色社会主义思想为指导，坚决贯彻党的十九大和十九届二中、三中、四中、五中、六中全会精神，准确把握新发展阶段，深入贯彻新发展理念，加快构建新发展格局，忠实践行"八八战略"，奋力打造"重要窗口"，全面落实碳达峰碳中和目标和"四个革命、一个合作"能源安全新战略，以安全保障为底线，以结构优化为主线，以节能降耗为重点，以改革创新为动力，构建绿色低碳、安全高效、智慧经济、多元开放的新型电力系统，为浙江高质量发展和共同富裕示范区建设奠定坚实的基础。

（三）战略目标

总体上，统筹兼顾安全稳定、经济高效和环境友好三大目标，加快形成电力高质量发展局面，建设"一中心三基地"战略布局，即全国电力碳达峰碳中和科技产业创新中心、全国清洁能源示范基地、全国新型电力系统示范基地、全国综合能源服务示范基地。

2025 年电力发展目标：绿色低碳、安全高效、智慧经济、多元开放的新型电力系统初步构建，资源节约型、环境友好型、智慧互动型的电力供给和消费格局基本形成，电力科技创新体系、现代电力产业体系、现代电力市场体系和电力合作共赢体系基本建立。电力需求保持中速增长，全省最高负荷、用电量分别达到 12 430 万千瓦、6165 亿千瓦·时，两者"十四五"年均增长分别为 6.0%、5.0%。电力保障能力显著增强，浙江境内电力装机容量达到13 717 万千瓦左右，人均装机容量 2 千瓦/人左右，外购电力 4757 万千瓦左右，占全社会最高负荷比重达 38%左右，500 千伏及以上变电容量 22 400 万千伏·安左右。电力结构优化取得进展，清洁能源装机比重从 2020 年的 52%逐步提高到 2025 年的 60%左右，其中非化石能源装机比重从 2020 年的 40%左右逐步提高到 2025 年的 46%左右，非化石能源电力消纳比重达到 40%以上。煤电装机比重从 2020 年的 47%左右持续下降到 2025 年的 39%左右。电能利用效率和电力节能减排全国领先，全省煤电平均供电煤耗控制在 290 克标准煤/（千瓦·时）以内，电力领域大气主要污染物排放进一步降低，电力碳排放逐步达到峰值。电网综合线损率进一步下降。电力科技装备产业规模倍增，电力产业数字化水平不断提升，电力智联网、智慧电厂、氢能、储能等新业态蓬勃发展。电力民生保障能力提升，人均居民生活用电量达1300 千瓦·时/人以上，实现城乡用电服务均等化，全省综合供电可靠率达到 99.977%以上。

2035 年电力发展目标：绿色低碳、安全高效、智慧经济、多元开放的新型电力系统成熟运行，资源节约型、环境友好型、智慧互动型的电力供给和消费全国示范标杆建成，电力科技创新体系和现代电力产业体系达到世界先进水平，现代电力市场体系和电力合作共赢体系逐步完善。电力需求逐步转向低速增长，全省最高负荷、用电量分别达到 17 000 万千瓦、8300 亿千瓦·时。电力保障供应多元低碳，浙江境内电力装机容量达到 19 950 万千瓦左右，人均装机容量 2.8 千瓦/人左右，外购电力占全社会最高负荷比重达 30%左右，500 千伏及以上变电容量 30 000 万千伏·安左右。清洁能源装机比重在 78%左右，煤电装机比重持续下降到 22%左右，非化石能源电力消纳比重达到 70%以上。电能利用效率和电力节能减排世界先进，电力领域大气主要污染物排放和碳排放持续下降。电力科技装备产业和电力产业数字化具有国际知名度。人均居民生活用电量达 2100 千瓦·时/人，较目前翻一番。

2060 年电力发展目标： 电力安全性、稳定性、经济性和环保性协调可持续的新型电力系统全面建成，电力需求基本达到饱和后呈现波动态势，电力保障绿色低碳且能力充裕，电力供给侧和消费侧完全智慧互动，电力科技和效率达到世界领先水平，电力与自然和谐共生发展。全省最高负荷、用电量分别达到 18 500 万千瓦、9100 亿千瓦·时。电力保障供应多元低碳，浙江境内电力装机容量达到 21 000 万千瓦左右，人均装机容量 3.0 千瓦/人左右，外购电力比重降至 28%左右。清洁能源装机比重高达 84%左右，非化石能源电力消纳比重达到 80%以上。

表 4-1　浙江省中长期电力发展主要目标

指标	2020 年	2025 年	2030 年	2035 年	2060 年
全社会用电量（亿千瓦·时）	4830	6165	7500	8300	9100
最高电力负荷（万千瓦）	9268	12 430	15 500	17 000	18 500
浙江境内电力装机容量（万千瓦）	10 142	13 717	17 334	19 950	21 000
外购电力（含华东）（万千瓦）	3364	4757	5133	5133	5133
500 千伏及以上变电容量（含换流容量，万千伏·安）	15 665	22 400	27 900	30 000	32 600
非化石能源装机比重	39.7%	45.6%	59.2%	67.7%	74.1%
非水可再生能源装机比重	19.2%	27.0%	32.7%	33.2%	39.3%
煤电装机比重	46.7%	39.2%	28.7%	21.8%	15.9%
非化石能源电力消纳比重	34%	41%	58%	71%	80%
煤电（万千瓦）	4738	5370	4976	4352	3343
气电（万千瓦）	1256	1956	1956	1956	1956
抽水蓄能（万千瓦）	458	798	1518	2238	2358
水电（万千瓦）	713	728	728	728	728

续表

指标	2020年	2025年	2030年	2035年	2060年
风电（万千瓦）	186	641	1341	1841	2341
生物质发电（万千瓦）	240	300	310	340	350
光伏发电（万千瓦）	1517	2762	4012	4412	5512
海洋能发电（万千瓦）	0.58	0.58	0.58	30.58	60.58
余能综合利用发电（万千瓦）	121	130	130	130	130
其他电源（万千瓦）	911	1031	2361	3921	4221

电力供给篇

五、构建绿色低碳的电源保障体系

（一）浙江电源发展思路

贯彻"绿色低碳、安全高效、智慧经济、多元开放"的电源发展理念，努力建设多元稳定的电力安全保障体系和绿色低碳的电力供应体系。

1. 推进多元稳定的电力安全保障体系建设

加强省内电源自给和调节能力，新增支撑性供电能力以核电、抽水蓄能、外来电或清洁火电为主。在确保电力运行安全的前提下，合理引进区外电力。依托长三角一体化发展，加强区域内互联互通、互保互济能力。构建多元稳定的电力保障体系，提升全省电力安全保障能力。

2. 推进绿色低碳的电力供应体系建设

大力发展清洁能源，推动非化石能源跨越式发展，是优化浙江能源结构、实现绿色发展的必由之路。依托国家清洁能源示范省建设，壮大清洁能源产业，推动可再生能源规模化发展，大力发展海上风能、分布式光伏，因地制宜开发生物质能，开展海洋能等其他可再生能源利用的示范推广。安全高效发展核电，做好核电厂址保护，有序推进核电项目建设。合理布局综合能源系统、储能和氢能等新业态，积极探索未来城市、未来社区的绿色低碳新应用。

3. 推进电力生产布局优化

因地制宜、合理布局电力生产供应。沿海地区，充分利用厂址和区位优势，发展核电、海上风电和分布式可再生能源。内陆地区，发展抽水蓄能和分布式可再生能源。根据电力缺口区域和网架结构，优选新增外来电力落点。加快电力输送网络转型，持续优化电网主网架，提高系统运行效率，提升系统抵御严重故障能力。

（二）浙江电源建设方案

浙江作为东部地区重要的能源消费大省，随着能源消费总量的增长和电力在能源消费中的比重不断提高，应对气候变化和生态环保约束日益趋紧，推进能源生产和消费革命的需求迫切，电源结构向绿色、低碳、多元转型发展势在必行。浙江已把促进能源清洁高效发展，创建国家清洁能源示范省确立为能源发展战略。

浙江地理位置和地址条件优良，清洁能源发展的市场环境较好，适合发展核电、抽水蓄能、光伏发电、风电、海洋能等清洁能源。为满足全省电力需求增长，提高浙江非化石能源消费比重，还需考虑新增区外来电入浙。同时，还应进一步优化调整煤电内部结构，推动气电分布式项目和综合能源服务发展，探索氢能等其他未来能源。

1. 区外来电建设方案

（1）白鹤滩水电送浙特高压直流

±800千伏白鹤滩至浙江特高压直流工程计划于2023年建成投产，输送容量800万千瓦，增加全省供电能力约752万千瓦。

（2）入浙第四回特高压直流

为保障浙江"十四五"后期及长期电力供应安全，在当前已有宾金直流、灵绍直流和白鹤滩直流三条输浙特高压直流的基础上，需提前谋划从甘肃、青海、山西、陕西等能源资源富集省择一向浙江送电，新建入浙第四回特高压直流通道输送容量800万千瓦，增加全省供电能力约752万千瓦。

（3）福建核电送浙

"十四五"期间福建省电力存在富余，浙江具有输入福建核电的区位和网架优势，且福建电力长期送浙也符合国家电力优先就近平衡原则，应积极争取福建电力长期送浙250万千瓦。

2. 抽水蓄能建设方案

有序推进抽水蓄能电站建设和前期工作。"十四五"期间，建成340万千瓦，其中长龙山210万千瓦、宁海70万千瓦、缙云60万千瓦，推动永嘉、文成、山川、浦江、柯城、蛟垅、江山、三门、龙泉、青田、庆元、遂昌、松阳、景宁、永安、梅山港、乌溪江混合式、紧水滩混合式等纳入国家《抽水蓄能中长期发展规划（2021—2035年）》"十四五"重点实施项目的前期工作。"十五五"期间，建成720万千瓦以上，其中宁海70万千瓦、缙云120万千瓦、衢江120万千瓦、磐安120万千瓦、泰顺120万千瓦、天台170万千瓦。"十六五"期间，建成360万千瓦以上。

3. 煤电建设方案

考虑我国以煤炭为主的能源资源禀赋，从能源电力安全角度考虑，今后很长一段时间，煤电仍然是浙江主力支撑电源的地位不会改变。实现总煤量和碳排放总量控制下的煤电高质量清洁发展，是保障浙江省能源供应的重要抓手。煤电后续发展，一是兜底保障电力供应安全，"十四五"期间建设632万千瓦左右的高效清洁煤电作为兜底电源；二是对于服役到期机组，建议以在省内按照等容量、减煤量新建煤电替代为主，研究推进30万千瓦级煤电机组的有序替代方案；三是推进煤电耦合生物质、风电、光伏等可再生能源，转向综合能源供应商；**四是**中长期部分煤电机组承当调峰电源；**五是**探索大型燃煤电厂开展碳捕集与封存（CCS）技术应用，降低煤电碳排放。

表 5-1　浙江具备建设条件沿海煤电扩建厂址

序号	电厂名称	所在地	建设规模（万千瓦）
1	浙能乐清发电厂三期	温州乐清	2×100
2	浙能六横发电厂二期	舟山六横	2×100
3	神华国华舟山电厂三期	舟山定海	2×66
4	华能玉环发电厂三期	台州玉环	2×100
5	大唐乌沙山发电厂二期	宁波象山	2×100
6	浙能台州第二发电厂二期	台州三门	2×100
7	华润苍南发电厂二期	温州苍南	2×100
8	华能长兴发电厂二期	湖州长兴	2×100
9	浙能兰溪发电厂二期	金华兰溪	2×100
10	国华宁海发电厂三期	宁波宁海	2×100
11	北仑发电厂四期	宁波北仑	2×100
12	嘉兴发电厂四期	嘉兴平湖	1×100
	合计		2232

4. 光伏发电建设方案

光伏发电的整体规模将进一步增长，但受补贴、建设要素等制约，以及技术更迭发展，光伏发电的内部结构将发生变化。"十四五"期间，分布式光伏以整县（市）推进规模化开发为重点，集中式光伏以高质量推广生态友好型"光伏+"为重点。预计到 2025 年前后地面集中式光伏装机发展将达峰，2035 年前后传统分布式光伏发展将达峰，传统光伏在服役期满后陆续退出，并由光伏建筑一体化、光伏交通等应用形式逐步替代。至 2060 年，光伏+储能普及利用，光伏建筑一体化充分发展应用，并涌现一批光伏路面、光伏汽车等新应用。预测光伏发电装机规模如下所示。

表 5-2　浙江光伏发电中长期装机发展　　　　　　　　　　　　单位：万千瓦

项目	2020 年	2025 年	2030 年	2035 年	2060 年
光伏发电装机总容量	1517	2760	4010	4410	5510
其中：地面集中式光伏	462	780	780	580	340
传统分布式光伏	1055	1970	3130	3230	1490
光伏建筑一体化和光伏交通	0	10	100	600	3680

5. 风电建设方案

一是大力发展海上风电，打造海上风电全产业链，建设海上风电产业、运维、科研及整机组装。二是转变陆上风电发展思路，逐步推进退役风电场转型升级，加快发展沿海风电，重点布局园区分散式风电。风电机组向大容量、低风速和高塔筒的方向发展，开展 120 米及以上高度的风资源普查评估工作。预测风电装机规模如下所示。

表 5-3　浙江风电中长期装机发展　　　　　　　　　　　　　　　　单位：万千瓦

项目	2020 年	2025 年	2030 年	2035 年	2060 年
风电装机总容量	186	641	1341	1841	2341
其中：陆上风电	141	141	141	241	441
海上风电	45	500	1200	1600	1900

6. 气电建设方案

充分发挥气电过渡支撑作用，协同推进电力和天然气改革，稳步增加气电发电量，因地制宜推广天然气分布式能源，鼓励依托 LNG 接收站、天然气干线等选址建设高效燃机项目。"十四五"期间，新增天然气发电机组 700 万千瓦以上（含天然气分布式能源）。

7. 其他可再生能源电力建设方案

根据浙江省可再生能源品种丰富的实际，有序推进农村水电增效扩容改造，多途径探索开发潮汐能、潮流能、波浪能、生物质能等各种可再生能源。

（三）浙江电力电量平衡结果

按最高负荷在考虑负荷备用率 10%，并通过需求侧响应削峰 5% 测算，如果上述电源方案按期建成投产，2025 年、2035 年、2060 年电力供需基本平衡。受电源建设周期影响，2022 年仍面临一定电力缺口，需要考虑进一步加强需求侧管理力度或通过临时双边交易解决。远期随着核电项目陆续投产，煤电机组将逐步承当调峰电源。

表 5-4　浙江中长期电力电量平衡结果

项目		2021 年	2022 年	2023 年	2024 年	2025 年	2030 年	2035 年	2060 年
电力 （万千瓦）	最高负荷	9800	10 480	11 150	11 790	12 430	15 500	17 000	18 500
	浙江境内机组装机容量	10 644	11 136	12 008	12 897	13 718	17 334	19 950	21 001
	省内机组装机容量	9448	9940	10 812	11 701	12 522	16 138	18 754	19 805
	其中：统调装机	6681	6921	7541	8163	8718	11 074	13 120	12 836

续表

项目		2021年	2022年	2023年	2024年	2025年	2030年	2035年	2060年
电力（万千瓦）	非统调装机	2767	3019	3271	3538	3804	5064	5634	6968
	省内机组出力	6633	7022	7461	8164	8419	11 193	13 279	14 750
	其中：统调出力	5571	5876	6236	6848	7013	9166	11 062	11 066
	非统调出力	1062	1146	1225	1316	1406	2027	2217	3684
	外购电力	3423	3423	4381	4381	4757	5133	5133	5133
	其中：华东省内直属机组分得容量	739	739	739	739	739	739	739	739
	区外来电电力	2685	2685	3643	3643	4019	4395	4395	4395
	总计供电能力	10 056	10 445	11 842	12 546	13 176	16 326	18 412	19 883
	电力盈亏（备用率10%，削峰5%）	−234	−559	135	166	125	51	647	550
电量（亿千瓦·时）	全社会用电量	5192	5450	5690	5930	6165	7500	8300	9100
	省内发电量	3322	3580	3647	3784	3999	4977	5777	6577
	其中：煤电	2267	2241	2178	2165	2152	1488	758	277
	气电	280	420	500	590	765	800	800	800
	外购电量	1870	1870	2043	2146	2166	2523	2523	2523
	其中：华东省内直属机组分得电量	391	391	443	443	443	443	443	443
	区外来电购电量	1479	1479	1600	1703	1723	2080	2080	2080
煤电利用小时数（小时）		4780	4730	4240	4030	4010	2990	1740	830

六、构建智慧互联的电力互联网

（一）浙江电网发展思路

为切实发挥大电网资源配置的枢纽平台作用，引导省内电源结构和布局优化，支撑清洁能源协调发展和全额消纳，助力碳电协同优化和碳达峰碳中和目标实现，浙江省将加快构建"一环四直"特高压电网，构筑长三角电力支撑中枢，促进跨区电力互通、备用共享、运行联动，畅通省内"东西互供、南北贯通"电力配置格局，优化完善"强臂强环"500千伏电网，以控制主网短路电流水平、提升电网的利用效率为导向，合理划分供电区域，供区间精简电网联络、供区内强化电网结构。考虑电网方案如下：

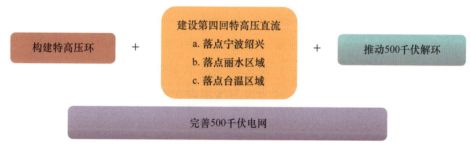

图6-1 浙江电网方案

（二）浙江电网建设方案

1. 强化骨干网架

（1）2025年网架方案

构建特高压交流环网。为解决浙江电网短路电流、重要断面潮流超限，负荷中心供电能力、区域电网稳定水平、第四直流接纳能力不足，长三角核心区支撑通道缺乏等问题，建设特高压交流环网工程，工程包括新建宁绍、台温特高压交流站，建设吴江—宁绍—台温—莲都特高压交流通道，远期可环入福建电网。

完善500千伏电网。容量安排上，为满足负荷增长需求，强化城市核心区适度提前布点，适应大湾区发展及重大活动保供电、新能源送出、电厂关停等需求，建设杭州江南变电站、建德变电站、临平变电站，宁波杭湾变电站、丽水丽西变电站、台州滨海变电站、金华潘村变电站、湖州长兴变电站、嘉兴秀北变电站、温州瑞安变电站等10座变电站新建工程，建设妙西等20座变电站主变扩建工程。

　　网架调整上，浙北电网重点结合白鹤滩接入，优化完善网架，并控制短路电流，确保外来电受入、疏散和消纳。浙中电网重点结合特高压交流环网宁绍站和沿海电源建设，优化宁波电网，适时开断沿海通道；理顺绍兴中北部电网，解决绍兴换流站送出不均衡问题；满足宁台舟沿海电源接入需求，缓解舟山联网北通道海缆和宁海—天一通道输送压力。浙西南电网重点建设丽西、浙西南网架优化加强工程，满足浙西南新能源发展送出、消除福建电力输浙瓶颈；优化抽水蓄能电站接入，确保发挥其作用。浙东南电网重点结合特高压环网和沿海电源建设，解决台温电网送受电限制和暂稳问题；结合滨海变电站新建工程，进一步加强台温沿海环网。

专栏　特高压交流网架完善

　　华东电网从"十二五"开始确定了发展特高压交流电网的路线，目前已形成了"一环一纵"特高压交流电网。浙江特高压交流电网呈"T"字形，位于华东"一纵"。白鹤滩建成后省内共3回直流，呈"强直弱交"特征。

　　现有特高压电网存在问题包括：**一是无法满足以新能源为主体的新型电力系统构建要求**。碳达峰碳中和目标下，浙江省将大力发展省内新能源、实施"风光倍增计划"，沿海核电、海上风电将成为满足浙江省电力供应的主体，同时通过第四回特高压直流全力争取我国西北风光优质稀缺清洁电源受入。高比例新能源、高比例外来电的接入，需要以浙江特高压交流环网建成为前提。**二是无法满足长三角能源一体化发展要求**。从2020年寒潮保供来看，大电网跨区支援是保供电的重要手段，现有省际输送能力已基本用足。"十四五"期间，浙江仍需华东乃至跨区域更多电力支援，迫切需要增加省际和过江通道送电能力。**三是无法发挥已建特高压通道能力**。现有特高压网架由于串接4个特高压交流站，导致供电可靠性不足且无法发挥特高压通道应有的输电能力。长链位于浙江西部，无法保障东部多个负荷中心的输受电需要。

　　建设特高压交流环网：**一是有力支撑浙江省碳达峰碳中和目标实现**。为丰富的海上风电开发提供接入点和送出通道，提升省内高比例新能源消纳能力；形成"强交强直"电网，保障入浙第四回特高压直流工程，确保高比例外来电状态下的安全稳定运行。**二是打造长三角能源互联互供平台**。强化浙江主网架在华东的枢纽地位，打造安全互联、开放互济的高承载电力输送大动脉，浙江与华东电网互供能力再提升600万千瓦以上，满足长三角一体化发展需求。**三是解决浙江主网架相关重大问题**。包括兰江、金华、瓯海等枢纽厂站短路电流问题，钱塘江过江断面、浙南送出断面、台温电网对外交换断面潮流受限问题，萧绍电网转供能力不足和台温电网电压稳定问题。

（2）2035 年网架方案

建设入浙第四回特高压直流工程。 入浙第四回特高压直流浙江省内考虑以下三个方案：

方案一，落点宁波绍兴区域。宁绍区域落点可考虑宁波余姚西部、绍兴上虞东部相关区域范围，换流站通过 500 千伏电压等级或 500 千伏和 1000 千伏两个电压等级接入系统。

方案二，落点丽水区域。丽水区域落点可考虑尽量靠近交流特高压莲都站相关区域范围，换流站通过 2 回 1000 千伏特高压线路接入莲都变电站。

方案三，落点台温区域。台温区域落点可考虑台州仙居、黄岩，温州永嘉相关区域范围，换流站通过 2 回 1000 千伏特高压线路接入台温变电站。

专栏　直流方案初步分析

1）送电电压等级

建设入浙第四回特高压直流工程，从输电距离上看，甘肃输电通道路径长度约 2400 千米，青海输电通道路径长度约 3000 千米，宁夏输电通道路径长度约 1900 千米，陕西输电通道路径长度约 1600 千米，山西输电通道路径长度约 1800 千米。

因此，除青海至浙江直流线路路径长度较长，达到 3000 千米左右，其余省份至浙江直流线路路径长度在 1600～2400 千米之间。因此，山西、陕西、宁夏、甘肃 4 省至浙江特高直流电压等级宜选择 ±800 千伏电压等级，青海至浙江特高压直流考虑 ±800 千伏和 ±1100 千伏电压等级进行比选。

直流电压等级	±800 千伏	±1100 千伏
经济输电距离（千米）	1100～2400	2400～4500
输送容量（万千瓦）	800～1000	1200

2）输电容量

从送端基地来看，各综合能源基地能源资源丰富，开发潜力大，可满足 800 万千瓦以上电力送出要求。从受端来看，浙江省电力市场空间具备接纳 800 万千瓦以上电力的能力。从输送电压等级来看，±800 千伏直流送电容量为 800 万～1000 万千瓦，±1100 千伏直流送电最大可达 1200 万千瓦。

因此，山西、陕西、宁夏、甘肃 4 省至浙江特高压直流均考虑 ±800 千伏，送电 800 万千瓦；青海至浙江特高压直流按 ±800 千伏、送电 800 万千瓦和 ±1100 千伏、送电 1200 万千瓦考虑。

推动 500 千伏电网解环。浙江特高压交流电网在布点安吉、吴江（嘉兴）、宁绍、温州、莲都、兰江 6 座特高压交流站后，对内形成坚强口字形双环网，具备了分层分区实施的条件。远景年北、中、南三片电网在特高压主变扩建并完成目标网架构建后应贯彻分层分区目标，落实三片电网的 1000/500 千伏解环方案。

2. 打造现代配网

（1）实现城乡配网均等化

以共同富裕为引领，加快配电网高质量均衡发展。建设"高质量"配电网，促进配电网质效提升；建设"均衡"配电网，推进城乡、区域电网协调发展；建设"高品质"配电网，提升配电网整体水平。"十四五"期间，在杭州、宁波打造坚强局部电网，持续提升中心城市配电网安全可靠水平，满足杭州亚运及火车西站等重大活动、重大项目保电需求。围绕共同富裕示范区建设，推进农村电网巩固提升工程，加速城镇电网提档升级改造，有效解决电网"卡脖子"问题。到 2025 年，综合供电可靠率 99.977%，综合电压合格率 99.992%，农网户均配变容量 5.6 千伏·安，智能电表实现 100% 覆盖。

（2）改造提升电力系统灵活性

以低碳转型为目标，提升配电网接入和消纳能力。积极应对高比例外来电安全接入、高比例新能源全额消纳，分解落实新能源接入和消纳任务，深入开展配电网接入和消纳能力评估，结合新能源布局，优化调整供电网格。提升电力系统电压、频率调节支撑能力，推动调度运行智能化扁平化。提高新能源消纳储存能力，促进多种能源综合协调经济高效运行，探索多种能源联合调度机制。推进配电网由单一的电能分配网络向汇聚全类型源荷储资源、实现能源供需安全高效匹配的综合性平台升级。探索远海风电柔性直流输电等新技术应用，提升新能源接入的经济性和友好性。

（3）发挥数字电网枢纽平台作用

加快配电自动化有效覆盖，提升配电网自愈能力。推广新型智能终端，提高配电网可观可控水平。完善"主干电网+中小型区域电网+配网及微网"，构建坚强的电力物联网平台入口，实现新型电力系统的广泛互联；建设高度感知、双向互动电网，创新发展储能、氢能、新型电力电子等技术实现新能源的友好接入，推进电网和电动汽车充电网深度融合，实现新型电力系统的灵活柔性；建设新一代电力调控系统，推进交流、直流各电压等级电网协调发展，实现新型电力系统的安全可控。

（4）持续推进高弹性配电网建设

在网格优化调整的基础上，以网格为基本单位，构建网格内部标准互联、网格间适度弱联，局部光储柔直、新能源微网运行的网格"生命体"。全新设计适应能源互联的配电网目标网架，合理安排过渡方案，用好变电站出线间隔和廊道资源，打造供电可靠、结构坚强的配电网络。以目标网架为引领，以网架标准化提升为切入点，持续开展网架提升工程。致力于运行效能、自愈能力和互动能力的全面提升，进一步推进"高承载、高效能、高自愈、高互动"的高弹性配电网建设。"十四五"期间，以多场景示范为引领，由点及面，全面推进高弹性配电网建设。

七、系统推进新型电力系统建设

通过数字信息技术和电力技术的深度融合，推动电力系统变革转型，加快建设能够支撑高比例新能源消纳和高比例清洁外来电接入的新型电力系统。

（一）高比例可再生能源的电力结构优化展望

若前述电源方案按计划投产，在推动光伏、风电等新能源规模化发展的同时，合理推动支撑性、基础性电源建设。煤电装机比重将逐步由 2020 年的 46.7%下降到 2025 年的 39.2%、2030 年的 28.7%、2035 年的 21.8%和 2060 年的 15.9%，电力供应向低碳化转变；非化石能源装机比重稳步上升，成为浙江主力电源，合计比重由 2020 年的 39.7%上升到 2030 年的 59.2%、2035 年的 67.7%和 2060 年的 74.1%。

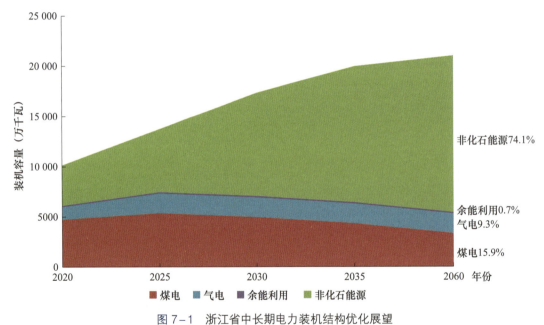

图 7-1　浙江省中长期电力装机结构优化展望

表 7-1　浙江省中长期电力装机发展　　　　　　　　　　　单位：万千瓦

项目	2020 年		2025 年		2030 年		2035 年		2060 年	
	装机	占比	装机	占比	装机	占比	装机	占比	装机	占比
浙江境内总装机	10 142	100.0%	13 717	100.0%	17 334	100.0%	19 950	100.0%	21 001	100.0%
1. 水电	713	7.0%	728	5.3%	728	4.2%	728	3.6%	728	3.5%
2. 抽水蓄能	458	4.5%	798	5.8%	1518	8.8%	2238	11.2%	2358	11.2%

项目	2020 年		2025 年		2030 年		2035 年		2060 年	
	装机	占比	装机	占比	装机	占比	装机	占比	装机	占比
3. 煤电	4738	46.7%	5370	39.2%	4976	28.7%	4352	21.8%	3343	15.9%
4. 气电	1256	12.4%	1956	14.3%	1956	11.3%	1956	9.8%	1956	9.3%
5. 光伏发电	1517	15.0%	2762	20.1%	4012	23.1%	4412	22.1%	5512	26.2%
6. 风电	186	1.8%	641	4.7%	1341	7.7%	1841	9.2%	2341	11.1%
7. 生物质发电	240	2.4%	300	2.2%	310	1.8%	340	1.7%	350	1.7%
8. 海洋能发电	0.58	0.0%	0.58	0.0%	0.58	0.0%	30.58	0.2%	60.58	0.3%
9. 余能综合利用	121	1.2%	130	0.9%	130	0.7%	130	0.7%	130	0.6%
10. 其他电源	911	9.0%	1031	7.5%	2361	13.6%	3921	19.7%	4221	20.1%
清洁能源装机	5280	52.1%	8215	59.9%	12 225	70.5%	15 466	77.5%	17 525	83.5%
非化石能源装机	4024	39.7%	6259	45.6%	10 269	59.2%	13 510	67.7%	15 569	74.1%
可再生能源装机	2656	26.2%	4431	32.3%	6391	36.9%	7351	36.8%	8991	42.8%

（二）充分发挥电网资源配置平台作用

电网连接能源生产和消费，是能源资源转换利用的枢纽和基础平台。从全局统筹谋划高弹性电网发展，积极提高电网的资源配置能力、安全保障能力和灵活互动能力，发挥电网在能源资源配置中的核心平台作用。从能源生产环节看，适应可再生能源大规模开发利用，统筹提高电网大范围优化配置资源能力，提升系统电压、频率调节支撑能力，促进各种能源综合协调经济高效运行。从终端消费环节看，拓宽电能替代广度和深度，建设覆盖社会各领域的多元用能即插即用系统，积极推进工业、交通、居民生活等重点领域电能替代，充分适应电动汽车、电加热、电采暖、分布式能源系统等各种能源利用方式发展需求，提升电网安全稳定控制能力和灵活性、智能化水平，构建以用户为中心的双向互动高安全性电力系统。

（三）提升电力系统灵活调节能力

在电源侧。 推动应急备用和调峰电源建设，因地制宜发展天然气调峰电站，鼓励在有条件的区域推广建设分布式能源多联供项目，强化天然气分布式与智能能源网络融合。深化煤电灵活性改造，提升电力系统调节能力。探索远海风电柔性直流输电等新技术应用，提升新能源接入的经济性和友好性。提升可再生能源功率预测精度，与储能设施相辅，降低入网功率的不确定性。

在电网侧。打造以特高压电网为核心，以 500 千伏为骨干，以输配协调发展、运行安全灵活、网源荷储友好互动为特征的坚强智能电网。推进配电网由单一的电能分配网络向汇聚全类型源荷储资源、实现能源供需安全高效匹配的综合性平台升级，提高配电网承载力和灵活性，适应分布式电源广泛接入和多元化负荷发展需求。发展以消纳新能源为主的微电网、局域网、直流配电网，实现与大电网兼容互补，完善与大电网互动模式，提升系统效能。

在需求侧。建立完善包括市场模式、响应规则、技术架构、数据管理等在内的需求响应体系，探索灵活多样的市场化交易模式。推动电力终端设施数字化改造，使电力用户配合激励政策，优化用电方式，实现削峰填谷。整合分散需求响应资源，释放商业和一般工业负荷的用电弹性。引导大工业负荷参与辅助服务市场。开展电动汽车灵活充电，探索开展一批"虚拟电厂"示范。力争到 2025 年，浙江省级电网削峰能力达到最高负荷的 5% 左右。

在储能侧。加快抽水蓄能电站建设，发挥抽水蓄能电站运行灵活、反应快速、安全经济的特点，提高电力系统调峰填谷、调频调相、备用和黑启动等能力。加快新型储能应用推广，重点支持集中式较大规模（容量不低于 5 万千瓦）和分布式平台聚合（容量不低于 1 万千瓦）新型储能项目建设，为电力系统提供容量支持及调峰能力。"十四五"力争实现 200 万千瓦左右新型储能示范项目发展目标。

（四）加快电力源网荷储融合互动

供给侧实现多能互补优化。通过人工智能、大数据、云计算等技术提高新能源功率预测能力，探索多种能源联合调度机制。在全省开展创建多能互补试点行动，创建一批风光储一体化、风光水（储）一体化、风光火（储）一体化试点。与送端省份积极实施存量"风光水火储一体化"提升，以及增量"风光水火储一体化"共建，新增跨省输浙直流可再生能源电量比例 50% 以上，灵绍直流可再生能源电量比例 30% 以上。

消费侧促进电热冷气多元深度融合。积极促进电热冷气水多类能源互补，构建结构优化、循环利用、节能高效、智慧互动的能源循环体系，打造智慧电网、气网、水网和热网等输配网络，统一建设综合能源资源智慧服务平台，通过电、气、冷、热间能量流的交互实现多种能源形式的互联互通互补，提高能源资源利用效率和基础设施利用率。

提升终端用能低碳化电气化水平。全面深入拓展电能替代，推动工业生产领域扩大电锅炉、电窑炉、电动力等应用。积极发展电力排灌、农产品加工、养殖等农业生产加工方式。实施港口岸电、空港陆电改造，推广公交等专用电动汽车。因地制宜推广空气源热泵、水源热泵、蓄热电锅炉等新型电采暖。推广商用电炊具、智能家电等设施，提高餐饮服务业、居民生活等领域电气化水平。

加快源网荷储一体化和多能互补发展。按照顶层设计、分类实施、分步推广的原则，在全省开展创建源网荷储一体化和多能互补工程，创建一批市（县）级、开发区（园区）、城区（社区）源网荷储一体化试点，创建一批风光储一体化、风光水（储）一体化、风光火（储）一体化试点，力争形成 100 个试点项目。以源网荷储一体化、多能互补等关键技术为基础，结合绿电交易、碳排放权等新型交易模式，开展创建低碳示范区行动。

（五）推动电力系统数字化转型

加快提升电力系统实时感知、广泛互联、灵活柔性、安全可控水平，推进源网荷储协调发展，支撑高比例新能源全额消纳和高比例清洁外来电安全接入。"十四五"期间，浙江省新增电源的 80%以上是可再生能源和清洁低碳能源，加快推进智慧电厂和可再生能源集中智慧调控建设；发挥数字电网枢纽平台作用，加快电力物联网和智慧调度平台建设，构建智能终端全覆盖、电网状态全感知的双向互动电网，提升电网智慧决策能力和快速执行能力；负荷侧聚合海量可调节资源支撑实时动态响应；创新发展储能、氢能、新型电力电子等技术实现新能源的友好接入。

（六）加快电力与交通等领域深度融合

以信息化为纽带，加快电力与交通、建筑、工业等领域深度融合发展。推进各领域清洁智慧用能，因地制宜发展分布式能源、微网、储能、电动汽车智能充放电、需求侧响应等智慧高效用能模式，推动工业、交通、建筑等用能场景的智慧化和绿色化提升。加快充（换）电基础设施发展。将充电设施作为推动智慧城市、智慧交通、智慧能源融合发展的契合点，构建全省充电设施统一监管平台，打造车—桩—电网—互联网—多种增值业务的充电基础设施全省一张网。联合上海、江苏和安徽等省市，拓展形成覆盖周边、布局优化、便捷智能的长三角充电基础设施服务网络。到 2025 年，全省建成公共领域充换电站 6000 座以上，公共充电桩 8 万个以上（其中智能公用充电桩 5 万个以上）、自用充电桩 35 万个以上，力争建成 1～2 条无线充电线路。

电力消费篇

八、不断提升电气化水平

通过能源生产侧新能源发电比例不断提升、能源消费侧电能占终端能源消费中的比重不断提升，实现电气化水平不断提升，涉及农业生产、工业生产、交通运输、居民生活等众多领域。

（一）农业生产领域

1. 农业电排灌及农业机械

2019 年浙江省有效灌溉面积为 140.543 亿米^2，除涝面积 55.759 亿米^2，农业排灌柴油机数量 7.32 万台，总计机械动力 35.42 万千瓦，其他还拥有耕作机械动力 227.9 万千瓦、收获机械动力 110.47 万千瓦、植保机械动力 52.46 万千瓦、运输机械动力 128.65 万千瓦、渔业机械动力 448.57 万千瓦等；农用柴油总计使用量 190.5 万吨。若考虑采用电力取代柴油动力，取柴油折标系数 1.4571 千克标准煤/千克，电力当量折标系数 0.1229 千克标准煤/（千瓦·时），并取柴油机的效率值为 0.4、电水泵和电动机的效率值为 0.8，可估算出理论可行替代电量潜力约为 113 亿千瓦·时。考虑到农用柴油用量中渔船用量占比高（估测可达到 80%～90%），该部分难以进行电力替代；电排灌虽有较好的环境效益，但是电水泵设备一次性投资较高，且需要电源，使用灵活性较差；而农用器械的电力替代目前尚无相应产品。因此，考虑到农业生产的实际情况，暂认为到 2025 年完成 1.0% 替代量，替代电量约为 1.1 亿千瓦·时；2035 年及以后完成 3% 替代量，替代电量约为 3.4 亿千瓦·时。

2. 农业电烤茶

2019 年浙江省茶叶产量为 17.72 万吨。茶叶制作需要大量的电动机械，加上茶叶对温度、湿度要求较高，需配置空调，一般茶农用户制茶机械功率在 25～30 千瓦，电制茶每斤茶叶消耗 2.5 千瓦·时电量，制茶工艺全部采用电制茶可实现理论电能替代潜力为 8.86 亿千瓦·时。考虑当前浙江制茶工艺中电制茶已达到 60% 以上，至 2025 年完全替代剩余的非电制茶总量，预计届时可替代电量约为 3.3 亿千瓦·时。

（二）工业生产领域

在工业生产领域主要的电能替代技术有工业电锅炉和电窑炉。工业电锅炉主要应用领域为纺织、食品加工、造纸、橡胶、建筑等领域及部分供暖、热水，工业电窑炉主要应用领域为钢铁、铸造、陶瓷、玻璃、水泥等行业。

"十三五"期间，浙江省全力攻坚高污染燃料"五炉"淘汰改造，截至 2017 年底浙江省累计淘汰燃煤锅炉 45 276 台，禁燃区完成 100%，2019 年完成燃煤锅（窑）炉改造 410 台。

伴随燃煤锅炉的淘汰改造，煤炭在终端能源消费中的比重日益降低，已由 2010 年的 13.8% 降至 2019 年的 7.0%。2019 年，浙江省煤炭消费 13 677 万吨，其中 84.3% 用于发电、供热、炼焦、煤炭洗选、煤制品加工等二次转化投入，较 2015 年提高 7.1 个百分点。

若考虑进一步实施工业窑炉淘汰改造，将全部燃煤窑炉 "煤改气" 或者 "煤改电"，可减少煤炭工业终端消费 2147 万吨。假设将其中的 30% 改为电锅炉，按照电力当量折标系数 0.1229 千克标准煤/（千瓦·时），原煤折标系数 0.7143 千克标准煤/千克，工业燃煤锅炉热效率值取 0.65、工业电锅炉热效率值取 0.95，则估算出理论替代电量约为 256 亿千瓦·时，可在 2025 年之前完成替代。

（三）交通运输领域

1. 电动汽车

截至 2019 年底，浙江省机动车保有量达 1877.89 万辆；汽车达到 1661.99 万辆，其中载客汽车 1508.3 万辆、载货汽车 147.47 万辆、其他车辆 6.22 万辆；私人乘用车保有量为 1459.91 万辆。

根据浙江省汽车保有量历史数据，2000—2010 年，浙江省汽车保有量增长迅速，10 年间平均增速 32.6%，而后增速逐渐放缓，2012—2018 年基本稳定在 10% 左右，之后增速继续放缓。

图 8-1　浙江汽车保有量发展情况

汽车保有量预测方法主要有弹性系数法和千人汽车保有量法等，其中弹性系数法主要适用于中短期预测，千人汽车保有量法适用于中长期预测。

汽车保有量的增长与人口、人均收入水平、社会经济发展水平、交通条件等密切相关，并遵循从高速到低速、逐渐趋于缓和的规律。众多国家汽车发展过程表明，经济水平是推动汽车发展的主要因素。汽车弹性系数是汽车增长率与 GDP 增长率的比值，是反映汽车发展与国民经济发展之间关系的一个宏观指标。"十五"期间、"十一五"期间、"十二五"期间平均汽车弹性系数分别为 3.49、1.81、1.91，"十三五"期间平均汽车弹性系数为 1.46，呈逐步降低趋势。预计"十四五"期间平均汽车弹性系数在 0.8 左右。

千人汽车保有量反映一个国家的人均 GDP 和汽车保有量之间的关系。一般来说，人均收入水平和汽车保有量之间存在显著正相关，但汽车保有量的增长不会一直随着人均收入的增长而提高。浙江省千人汽车保有量增长非常迅速，2000 年、2010 年分别为 7、100 辆/千人，至 2020 年，浙江省千人汽车保有量达到 274 辆/千人。而美国、德国、日本、韩国在 2018 年汽车保有量分别为 837、589、591、400 辆/千人。预计远景 2060 年浙江省千人汽车保有量接近日本、德国现有水平，达到 500 辆/千人。

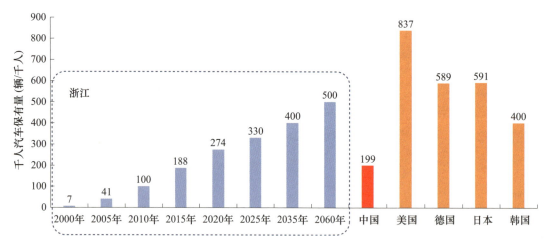

注：中国为 2020 年数据，国外为 2018 年数据。

图 8-2 浙江与发达国家千人汽车保有量对比及预测

采用弹性系数法和千人汽车保有量法对浙江未来汽车保有量进行初步预测，具体结果如下所示。

表 8-1 浙江汽车保有量预测结果　　　　单位：万辆

项 目	2015 年	2016 年	2017 年	2018 年	2025 年	2035 年	2060 年
	实际数据				预测		
弹性系数法					2200	—	—
千人汽车保有量法	1123.6	1258.4	1396.7	1533.7	2211	2840	3550
综合预测					2200	2840	3550

近年来，电动汽车已呈爆发式增长，截至 2020 年底，全国新能源汽车保有量达 492 万辆，与 2019 年相比，增加 111 万辆，增长 29.2%；其中，纯电动汽车 400 万辆，占新能源汽车总量的 81.3%。浙江省电动汽车保有量超过 43 万辆，较 2015 年新增 40 万辆以上，其中，电动乘用车 30 万辆以上，电动公交车 2 万辆以上，电动货车及其他特殊电动车辆发展成效显著。

由于电动汽车的发展还处于初期阶段，因此对未来的发展预测具有较大的不确定性，因此考虑电动汽车替代常规燃油汽车高、中、低三种情景来对其用电量进行初步估测，具体替代率预测如下所示。

表 8-2 浙江电动汽车替代率预测

情景	2020 年	2025 年	2035 年	2060 年
高方案		18%	50%	90%
中方案	2.42%	12%	40%	80%
低方案		6%	30%	70%

针对电动汽车高、中、低三种替代情景，按照如下所示各类电动汽车行驶特性，对未来浙江省电动汽车的用电量进行初步预测。2025 年浙江省电动汽车用电量约为 42 亿～125 亿千瓦·时，2035 年用电量约为 270 亿～450 亿千瓦·时，2060 年浙江省电动汽车用电量约为780 亿～1000 亿千瓦·时。

表 8-3 各类电动汽车行驶特性

车辆类型	年均行驶里程（千米）	百千米油耗（升）	百千米电耗（千瓦·时）	数量占比
大中型载客汽车	30 000	25	50	1%
小型载客汽车	15 000	10	15	89%
中、轻型载货汽车	40 000	25	50	5%

表 8-4 浙江电动汽车用电量预测 单位：亿千瓦·时

情景	2025 年	2035 年	2060 年
高方案	125	448	1007
中方案	83	358	895
低方案	42	269	783

2. 轨道交通

至 2019 年，浙江省铁路营运里程 2805 千米、城市轨道交通 281 千米。根据轨道交通"十三五"规划，"十三五"期间浙江建设及规划轨道交通项目 56 项，总计建设规模 3967 千米。根据对目前在建和规划轨道交通项目用电设施的调研以及用电量初步估算，预计至 2025 年浙江省轨道交通将达到用电量 100 亿千瓦·时以上，远景达到饱和运力时用电量达到 160 亿千瓦·时。

3. 港口岸电

浙江省主要沿海港口有宁波—舟山港、温州港、台州港和嘉兴港，2019 年总货物吞吐量达 135 364 万吨；主要内河港口为京杭运河沿线杭州港、湖州港和嘉兴港，2019 年内河港口总货物吞吐量为 39 681 万吨。

浙江省积极构建省市县三级岸电建设推进机制，搭建岸电智能服务平台，推广岸电新技术，2019 年新增码头岸电设施 84 套，累计建成岸电设施 834 套；宁波舟山港高压岸电服务网络初步形成，大型船舶岸电供给能力全国领先。目前，浙江省拥有沿海港口泊位 1084 个，其中万吨级以上泊位 235 个。根据相关规划，全省主要港口 90% 的港作船舶、公务船舶靠泊使用岸电；50% 的集装箱、客滚和邮轮专业化码头具备向船舶供应岸电的能力。考虑每套岸电系统年实现替代电量 100 万千瓦·时左右，则沿海港口岸电理论可行替代电量潜力为 10 亿千瓦·时以上。

（四）居民生活领域

1. 居民采暖

近年来，随着人民生活水平的逐步提升，人们对生活品质的要求也日益提高，同时受人类活动的负面影响，全球气候变化加剧，我国南方极寒天气出现频率加大，人们对供暖的需求越来越迫切，浙江省冬季居民供暖负荷也逐年攀升。浙江省居民供暖负荷主要以分散式供暖为主，供暖方式有空调、燃气供暖、电采暖（包括空气源热泵、电暖器、发热电缆、电热地暖、碳晶、石墨烯发热器件等）等，空调、小型电暖器是当前主要的供暖方式。

浙江省的供暖时期一般为 12 月、1 月和 2 月，居民家庭每天的供暖时间一般为 3～4 小时。同时根据统计资料，2019 年浙江省人均住房面积为 54.9 米²/人。因此，若假设浙江省有 40% 的家庭冬季采用空调或者小型电暖器进行采暖，年平均供暖天数 40 天，每天供暖时间 3 小时，人均供暖面积 10 米²/人，空调和小型电暖器取暖平均功率为 100 瓦/米²，则初步推算浙江省居民取暖用电量约为 27.5 亿千瓦·时，约占当前全省居民年总用电量的 4.3%。

由于空调、小型电暖器等设备采暖舒适性较差，随着生活水平的提高、消费的升级换代，更多的家庭冬季采暖，电热地暖等舒适性更强但耗电量更大的供暖方式增加将成为趋势，采暖用电量整体将呈上升趋势。远景若考虑 50% 以上的家庭采用电取暖，年平均供暖天数提高至 60 天，每天供暖时间 8 小时，人均供暖面积 15 米²/人，电取暖平均功率为 120 瓦/米²（电热地暖功率为 100～140 瓦/米²），则初步推算远景浙江省居民取暖用电量约为 270 亿千瓦·时以上。

2. 家用电器

随着我国及浙江省消费需求不断升级，传统品类的家电渗透率已达到较高水平，但是新式小家电的需求方兴未艾，发展非常迅速。

根据统计数据，浙江省传统大家电保有量已经快进入饱和阶段，传统的冰箱、洗衣机、电视机和空调 4 大件在 2018 年保有量分别达到 104、91、173、193 台/百户，分别为日本 2015 年水平的 89%、88%、91% 和 81% 左右，继续提升的空间较为有限。

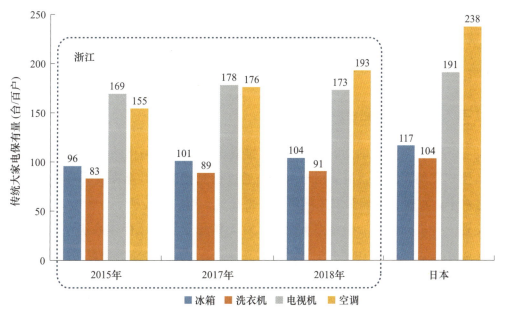

注：日本为 2015 年数据。

图 8-3 传统大家电保有量对比

新式小家电主要包括厨电中的洗碗机、烤箱/蒸箱、料理机、粉碎机和吸尘器/扫地机器人、烘干机、家庭音响、智能马桶及智能家居系统等，在我国正处于普及发展阶段，渗透率较低。根据统计数据，2018 年我国每百户洗碗机拥有量仅为 1.4 台，而 2016 年日本为 23 台，德国高达 72 台；我国吸尘器拥有量为 20 台，而韩国为 81 台，日本为 96 台，德国为 98 台；我国微波炉为 39 台，而日本、韩国高达 95 台；我国烘干机仅为 2.7 台（含洗烘干一体机），而日本为 25 台，德国为 40 台，英国高达 59 台。种种数据说明，随着人民生活水平的继续提高、消费的转换升级，未来浙江省新式小家电还有非常大的普及发展空间，居民人均生活用电量也有相当大的提升空间。

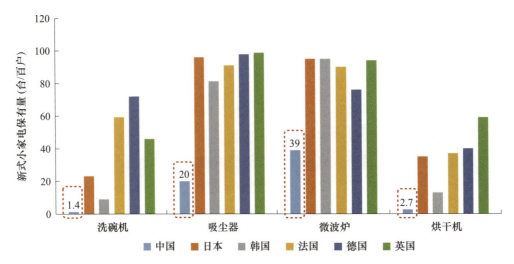

注：中国为 2018 年数据，其他国家为 2016 年数据。

图 8-4 新式小家电保有量对比

（五）电气化与信息化融合发展

在推动各领域再电气化的同时，还应加速推进电气化与信息化的深度融合。支持新产业、新业态、新模式发展，提高新消费用电水平。通过信息化手段，全面提升终端能源消费智能化、高效化水平，发展智慧能源未来城市、未来社区，推广智能楼宇、智能家居、智能家电，发展智能交通、智能物流。加强终端用能电气化、信息化安全运行体系建设，保障电力消费安全可靠。

九、加快推进电力需求侧响应

（一）需求侧响应的作用和意义

近年来，浙江用电需求保持较快增长，夏季电力供需形势持续呈紧平衡状态，用电峰谷差逐年拉大，季节性、区域性电力紧缺时有发生，电力保供压力不断增大。主要呈现以下特点：一是负荷尖峰时长有限，2016—2018 年和 2020 年，97% 以上、95% 以上、90% 以上尖峰持续小时数的范围分别为 22～35、43～62、124～264 小时；出现"凉夏"天气的 2015 年和 2019 年尖峰持续时间较短，97% 以上、95% 以上、90% 以上尖峰持续小时数范围分别为 16～19、34～46、75～179 小时。二是季节差异特点显著，夏季空调负荷逐年上升，缺乏有效的调控手段。三是风电、光伏等可再生能源快速增长，其间歇性、波动性的固有特点对电网调节能力提出了更高要求。四是区外电力入浙比例逐步增加，"两交两直"特高压混网运行，既增加了电网调峰压力，又对保障大电网安全稳定运行、对提升快速应急响应能力提出了更高要求。

通过实施电力需求响应，运用经济杠杆，引导电力用户提高电能精细化管理水平，通过主动开展需求响应，对缓解电网运行压力、保障工业生产、优化能源配置都具有十分重大的意义。

（二）需求侧响应的目标

需求响应工作坚持"安全可靠、公平开放"的原则，逐步建立完善需求响应体系，形成全社会最高负荷的 3%～5% 的需求响应能力，当电网备用容量不足、局部过载或是峰谷差过大时，通过引导用户开展需求响应实现移峰填谷，减小峰谷差，提高电网负荷率和运行效率。同步引导用户优化用电负荷，推行企业电能管理系统建设，开展用户电力负荷优化，提高电能管理水平。

到 2025 年，全省形成 620 万千瓦左右的需求响应能力；到 2035 年，全省形成 850 万千瓦左右的需求响应能力；到 2060 年，全省形成 930 万千瓦左右的需求响应能力。

（三）全面推进需求侧响应工作

1. 完善需求响应体系

各级政府和电力公司共同健全完善电力需求侧管理工作机制。建立完善包括市场模式、响应规则、技术架构、数据管理等在内的需求响应体系，探索灵活多样的市场化交易模式，实现用电与电网之间的互联互通互动，促进电力资源优化配置，推动负荷管理科学化、用电服务个性化。

2. 完善需求响应举措

继续发挥市场机制的调节作用，引导电力用户根据激励政策，优化用电方式，实现削峰填谷，挖掘用电低谷的填谷响应需求，缓解电网调峰压力。进一步深化需求响应的深度和广度，加快完善多主体、多模式、多场景的需求响应业务模式。扩展需求响应资源，逐步吸纳非工空调、储能等多类型负荷，推广智能用电小区、智能用电楼宇、智能用电园区以及能效电厂等示范项目。试点负荷集成商代理参与的业务模式，显著扩大需求响应实施主体。充分运用大数据、智能电器、楼宇空调控制系统等技术，推进非工空调节电移峰改造，逐步实现部分用电负荷集中调控。

3. 建设电力需求侧管理平台

加强负荷管理系统主站和终端的运行与维护，并将其纳入电力需求侧管理平台建设，为需求响应试点运行打下坚实基础。确保负荷实际监测能力达到本地区最大用电负荷的 90% 以上。各地需求响应全过程纳入电力需求侧管理平台，实现信息化管理。要充分发挥电力需求侧管理平台的技术监控手段，开展企业需求响应执行效果评估，推动形成科学、有序、安全、节约的现代用能管理体系。

十、深入开展各领域节能行动

围绕工业、建筑、交通等领域，加大节能节电工作力度，提高电力利用效率，倡导合理用能的生活方式和消费模式，加快形成能源节约型社会。

（一）工业领域节能节电

推进工业结构性节电，调整工业用能结构和方式，促进能源资源向工业高技术、高效率、高附加值领域转移，推动工业部门能耗尽早达峰。重构工业生产和组织方式，全面推进工业绿色制造。加快工艺流程升级与再造，以绿色设计和系统优化为重点，促进能效提升。推行企业循环式生产、产业循环式组合、园区循环式改造，推进生产系统和生活系统循环链接。充分利用工业余热余压余气，鼓励通过"能效电厂"工程提高需求侧节能和用户响应能力。

（二）建筑领域节能节电

充分释放建筑节能节电潜力，结合"未来社区"建设，大力发展绿色建筑。建立健全建筑节能标准体系，提高建筑节能标准，推广超低能耗建筑，提高新建建筑能效水平。加快既有建筑节能改造，对重点城市公共建筑及学校、医院等公益性建筑进行节能改造，推广应用绿色建筑材料。全面优化建筑终端用能结构，大力推进可再生能源建筑应用。

（三）交通领域节能节电

全面构建绿色低碳交通运输体系。优化交通运输结构，发展城市轨道交通运输，加快零距离换乘、无缝衔接交通枢纽建设。倡导绿色出行，深化发展公共交通和慢行交通，提高出行信息服务能力。推进现有码头岸电设施改造，新建码头配套建设岸电设施，鼓励靠港船舶优先使用岸电。加快发展第三方物流，优化交通需求管理，提高交通运输系统整体效率和综合效益。

（四）树立节能消费观

倡导合理用能的生活方式和消费模式，推动形成勤俭节约的社会风尚。发挥宣传引导作用，组织好各项节能宣传活动，倡导低碳生活、低碳经济，强化全社会节电意识，加快形成人与自然和谐发展的能源电力消费新格局。发挥公共机构典型示范带动作用。培育节约生活新方式，引导消费者购买各类节能环保低碳产品，推广绿色照明和节能高效产品。完善公众参与制度，发挥社会组织和志愿者作用，引导公众有序参与能源消费各环节。

十一、创新发展综合能源服务

（一）构建绿色智慧综合能源系统

通过能源领域管理创新和技术创新，充分统筹可再生能源与常规能源、分布式能源（含天然气、光、风等各种能源）系统与城市热网、电网，建立集能源供给、能源网络、能源负荷、能源储运、调度控制、智慧应用、商业模式于一体的绿色智慧综合能源系统，实现各种能源品种之间的协调规划、优化运行、协同管理、交互响应和互补互济，既能够满足区域内热、电、冷、气等多元化用能的需求，更能够有效地提升能源利用效率，促进能源可持续发展。

（二）鼓励发展综合能源服务商

鼓励发展提供热、电、冷、气、垃圾和污水无害处理等综合能源服务商，结合"未来社区"，在社区、商业综合体、产业园区内，通过综合能源系统，打造拥有智能电网、智能燃气网、水网、城市供热网、储能、电动充电设施等多种能源基础设施的综合能源服务商，同时还可以开展余热回收、污水再利用、沼气利用、垃圾和污水无害处理等服务。

电力技术篇

十二、打造电力产业科技创新中心

紧密跟踪我国及世界能源电力各领域的产业和技术发展方向，积极推动能源电力技术的研发创新，做优做强核电、风电、光伏等传统优势产业，创新发展氢能与燃料电池、先进储能、能源互联网等新兴产业。

采取"龙头企业＋首席科学家"模式，聚集培养一批具有国际视野的领军人才和核心团队，聚集一批创新能力极强的能源电力全过程领域的创新型企业，突破一批关键技术、核心技术、共性技术及颠覆性技术，努力实现高端引领、辐射带动的目标，争取成为能源电力领域的引领者、风向标。

1. 核电领域

在第三代压水堆技术全面处于国际领先水平的基础上，推进快堆及先进模块化小型示范工程建设，实现超高温气冷堆、熔盐堆等新一代先进堆型关键技术设备材料研发的重大突破。

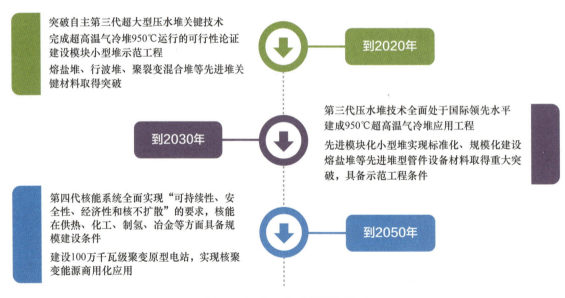

图 12-1 核电技术发展路线图

2. 风电领域

开展 200～300 米高度的大型风电系统成套技术、100 米及以上风电叶片等大型高空风电机组关键技术研究。突破远海风电场设计和建设管件技术，研制具有自主知识产权的 10 兆瓦级以上海上风电机组及配套设备。研发基于大数据和云计算的海上风电场集群运控并网系统，保障海上风电资源高效、大规模、可持续开发利用。

形成200~300米高空风力发电成套技术
掌握自主知识产权的10兆瓦级以下大型风电机组设计制造技术
形成海上风电工程技术标准

到2020年

推广并应用200~300米高空风力发电成套技术突破10兆瓦级以上大型风电机组设计制造技术
掌握风电场集群的调度运行控制技术

到2030年

突破30兆瓦级超大型风电机组管件技术
掌握不同海域规模化风电开发成套技术
形成完整的风能利用自主创新体系和产业体系

到2050年

图 12-2　风电技术发展路线图

3. 光伏领域

开展更高效、更低成本晶体硅电池产业化关键技术开发，研究铜铟镓硒、碲化镉等薄膜电池技术产业化，大幅提高电池效率。探索钙钛矿等新型高效太阳能电池，开展电池组件生产及示范应用。

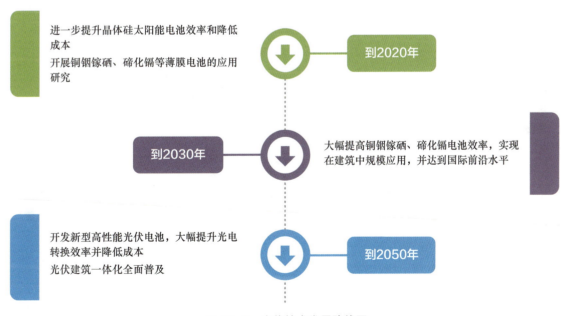

进一步提升晶体硅太阳能电池效率和降低成本
开展铜铟镓硒、碲化镉等薄膜电池的应用研究

到2020年

大幅提高铜铟镓硒、碲化镉电池效率，实现在建筑中规模应用，并达到国际前沿水平

到2030年

开发新型高性能光伏电池，大幅提升光电转换效率并降低成本
光伏建筑一体化全面普及

到2050年

图 12-3　光伏技术发展路线图

4. 氢能与燃料电池领域

推进氢气制储运的关键材料和技术以及加氢站等方面的研发与攻关。研究氢气/空气聚合物电解质膜燃料电池（PEMFC）技术、甲醇/空气聚合物电解质膜燃料电池（MFC）技术，解决新能源动力电源的重大需求。

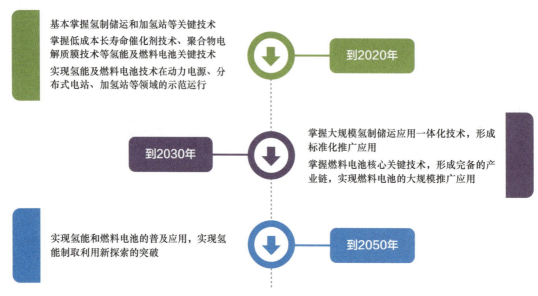

图 12-4　氢能与燃料电池技术发展路线图

5. 先进储能领域

研究面向可再生能源并网、分布式及微电网、电动汽车应用的储能技术，掌握储能技术各环节的关键核心技术，推进示范验证。

图 12-5　先进储能技术发展路线图

6. 能源互联网领域

推动能源智能生产、传输技术创新，重点研究多能协同能源网络、能源路由器等核心装备，促进能源智能消费技术创新，推动基于大数据的智慧精准能源供需管理，探索需求侧管理等能源互联网衍生应用。

初步建立能源互联网技术创新体系基础架构
能源与信息深度融合相关应用技术取得突破，并示范应用
初步建立开放的能源互联网技术标准、认证和评估体系

到2020年

到2030年

建成完善的能源互联网技术创新体系
形成具有国际竞争力的能源互联网核心技术装备和发展模式
形成完善的能源互联网技术标准、认证和评估体系
形成具有国际竞争力的能源互联网支撑系统和服务体系

建成国际领先的能源互联网技术创新体系
建成基础开发、共享协同的能源互联网生态体系

到2050年

图 12-6　能源互联网技术发展路线图

十三、布局一批能源电力产业基地

结合浙江省电力相关产业分布，布局一批能源电力产业基地。做大做强宁波、湖州储能与动力电池产业基地，杭州、温州风机整机及核心配套装备产业基地，海盐核电关联产业基地，嘉兴光伏产业高新园区和桐庐富春水电基地，推进平湖、舟山海上风电产业基地和苍南三澳核电关联产业基地建设，支持丽水建设绿色能源基地。建设氢能产业基地。

电力体制篇

十四、稳步推进电力体制改革

（一）浙江电力体制改革的主要进展

2017 年 9 月，浙江省政府印发了《浙江省电力体制改革综合试点方案》。近年来，浙江省电力体制改革持续发力。

电力普通直接交易规模不断扩大。2021 年放开制造业 10 千伏及以上电压等级企业参与普通直接交易，省内外 30 家发电主体参与了年度电力普通直接交易市场竞价，完成交易电量 1500 亿千瓦·时，度电成本下降 3 分/（千瓦·时），20 多万家用户参与了年度电力直接交易，可降低全省企业用电成本 40 亿元以上。

电力现货市场连续季度结算试运行。2021 年 3—5 月，完成电力现货市场长周期季度连续结算试运行。省内共 94 家统调发电企业 217 台发电机组参与，首次将新能源、储能纳入模拟结算试运行。全季度市场内出清总电量 682.33 亿千瓦·时，其中燃气出清电量 59.94 亿千瓦·时，实现燃气增发的目标。日前和实时市场均价分别为 379.38 元/（兆瓦·时）和 396.90 元/（兆瓦·时）。

售电市场进一步突破。按照"方向不变、时间加快、谋划提前"的原则，保持政策的连贯性、稳定性，严格执行国家输配电价政策。多措并举，进一步优化售电市场工作方案，提高用户参与度。售电市场规模扩大至 600 亿千瓦·时左右，放开全行业 110 千伏及以上用户参与，助推中长期交易与现货市场稳妥衔接。

深化绿电市场化交易试点。2021 年 5 月，浙江省发展改革委会同浙江能源监管办联合印发《关于开展 2021 年浙江省绿色电力市场化交易试点工作的通知》（浙发改能源〔2021〕149 号），进一步深化浙江省绿色电力市场化交易。9 月，率先参与国家发展改革委组织的首场全国绿色电力试点交易，62 家浙江企业参与，合计成交电量 30 075 万千瓦·时，充分体现了浙江电力市场和主体的活跃程度。

完成交易中心第二轮股改。浙江省新增引入省内民营企业、重要电力用户等在内的股东 9 家，电网占股降至 40%。审议并批复股改后《浙江电力交易中心有限公司章程》，实现浙江电力交易中心独立规范运行。

（二）电力体制改革总体目标

根据《浙江省电力体制改革综合试点方案》，浙江电力体制改革工作将确立适合浙江的电力市场模式，培育多元化市场主体，建立以电力现货市场为主体、电力金融市场为补充的省级电力市场体系。

到 2022 年，优化现货市场交易机制，提高市场出清价格灵敏度；逐步扩大市场范围，促进市场主体多元化；有序放开零售市场竞争，建立需求侧和可再生能源市场参与机制；丰富合约市场交易品种，完善市场风险防控体系，基本形成较为完备的电力市场体系，逐步过渡到浙江中期电力市场。

2022 年以后，开展电力期权等衍生品交易，建立健全电力金融市场体系；完善需求侧参与机制，促进供需平衡和节能减排；探索建立容量市场，科学引导电源投资，形成成熟的电力市场体系，建成浙江目标电力市场。

（三）深入推进电力体制改革

1. 健全电力市场体系

完善以电力中长期交易为主、现货交易为补充的省级电力市场体系。推动电力市场与碳交易市场深度融合，发挥市场高效配置资源优势，通过碳约束倒逼电力结构优化。推动制定适应高比例可再生能源、外购电、核电等主体参与的中长期、现货电能量市场交易机制，推动开展绿色电能交易。推进辅助服务、电力需求响应等多市场机制深度融合，加快实现现货市场连续不间断结算试运行。探索建立电力市场、热力市场、天然气市场等多种能源市场融合的综合能源市场。试点开展电力期权等衍生品交易，探索研究电力金融市场机制。探索建立容量市场，科学引导电源投资，形成成熟的电力市场体系。

2. 扩大市场参与范围

培育多元化市场主体，制定适应风光等可再生能源、抽水蓄能、新型储能、虚拟电厂等新兴市场主体参与的交易机制，有利于推进以新能源为主体的新型电力系统建设。推进建立源网荷储一体化和多能互补项目协调运营和利益共享机制。进一步研究完善应急备用和调峰电源市场化运作机制，保障应急备用和调峰电源合理收益。

3. 完善价格形成机制

持续推进输配电价改革，逐步实现发电侧和售电侧电价市场化。持续深化核电、气电等上网电价市场化改革，完善风电、光伏发电价格形成机制，落实新出台的抽水蓄能价格机制，建立新型储能、虚拟电厂等价格机制。持续推进增量配电网业务改革试点，完善增量配电网配电价格的形成机制。完善针对高耗能、高排放行业的差别电价，阶梯电价等绿色电价政策。完善居民阶梯电价制度，引导节约用电。

十五、创新电力科学管理模式

（一）优化整合全省能源管理体制

浙江省通过开展能源管理机构整合工作，建立了省市县三级的能源规划、建设、运行职能全方位统筹和能源供给、消费全过程管理，实现从"整合"到"融合"，从"合并"到"合力"，率先在全国建立全过程、全体系、高效能的能源电力管理机制。

（二）全面推进能源管理数字化转型

建设涵盖能源全品种、全周期的能源基础数据库平台，构建能源预测预警分析系统、能源规划决策支持系统、能源项目和工程管理系统以及能源"双控"管理系统，实现"一平台、四系统"能源数字化管理。建立健全电力监测预警体系，加强电力系统安全稳定运行监测，实现省市县三级共享共用。因地制宜推进园区级、城市级、行业级"源网荷储"一体化管理平台建设，强化共性技术的平台化服务及商业模式创新，促进各级各类平台融合发展。

不断提升数字化智能化应用服务水平。推进电力产业数字化智能化升级，积极开展电网、电厂等领域智能化建设。推动分布式能源、微电网、多能互补等智慧能源与智慧城市、园区协同发展。以电力大数据作为核心生产要素，打通电源、电网、负荷、储能各环节信息，实现电源侧全面可观、精确可测、高度可控，电网向能源互联网升级，负荷侧聚合海量可调节资源支撑实时动态响应；持续服务政府决策，强化电力大数据与经济运行监测分析关联融通；广泛服务社会治理，加强水电气等公共事业领域数据联动，打造能源大数据商业化应用生态圈，构建电力数据在民生、征信、金融、环保、智慧城市、未来社区等多领域的合作和应用。

加强能源市场监管，包括能源相关法律法规、规划、政策、标准、项目、专项资金落实情况监管，电网等垄断环节监管，确保行业规范有序公平发展。强化红线意识和底线思维，健全能源安全监管工作机制，落实安全生产责任制。加强节能监察，强化认真开展主要用能设备能效监察、行业节能专项监察等。建立健全能源监测预警体系，切实强化能源电力运行分析和动态监测，加强能源电力运行态势和市场状况监测分析。

持续推动供电服务数字化转型，推广"零上门、零审批、零投资，省力、省时、省钱"的"三零三省"办电服务，低压非居民用户全过程办电时间压减至 10 天内。全面实现居民"一证通办""刷脸办电"、企业"一证办电"，提升客户的便利性、满意度和获得感，打造全国电力营商环境最优省。

电力合作篇

十六、全方位参与国际能源合作

（一）务实推进和参与"一带一路"电力合作

随着"一带一路"倡议实施，浙江与国际重点区域特别是"一带一路"国家的能源电力合作进一步深化，积极开拓中亚、南亚、东欧等新兴市场，实现资源、技术、装备、资金、项目等全方位合作。加强统筹谋划和政策支持，创新对外投资合作方式，简化境外投资管理，推进境外投资合作便利化。加快推进国际产能和装备制造合作，继续推动浙江能源集团等企业以投资、资产重组、联合开发、总承包等多种方式参与海外能源电力项目建设，大力发展对外承包工程，带动成套设备、技术、标准、服务走出去，实现由产品输出向产业输出转变，以国际产能合作带动传统产业转型升级。健全走出去服务保障体系，完善政府、银行、信保、企业四位一体的支持保障措施。强化涉外风险防控，加强出口信用保险服务，维护境外投资权益。

（二）大力提升"引进来"质量和效益

坚持引资、引技、引智有机结合，全面提高利用外资综合效益。积极参与国际技术研究、技术转让等活动，鼓励省内电力企业、科研机构、高校加强与世界 500 强及行业领军企业、国际知名科研院校的战略合作和产业对接，加快引进和消化吸收可再生能源装备及工程技术、分布式能源、电动汽车、节能环保、智能电网等先进技术。优化利用外资方式，鼓励以增资扩股、股权融资、债权融资、风险投资及融资租赁等多渠道利用外资，引导外资重点投向新能源、电力领域高端制造业等，支持外资企业参与电力基础设施建设。

十七、持续深化国内能源合作

（一）加强与能源富集省份和央企的合作

持续发挥浙江在市场、资金、技术等方面的优势，继续深化与甘肃、青海、陕西、山西、四川、宁夏等能源富集省份的战略合作，积极引进稳定安全可靠的外来电。初步规划到 2025 年，外来电力 4757 万千瓦，其中区外电力 4019 万千瓦（入浙第四回特高压直流单极投运），外来电力和区外电力占全社会最高负荷比重分别达到 38% 和 32% 左右。外来电量和区外电量占全社会用电量比重分别达到 35% 和 28% 左右。

到 2035 年，外来电力 5133 万千瓦，其中区外电力 4395 万千瓦，外来电力和区外电力比重分别达到 30% 和 26% 左右。外来电量和区外电量比重分别达到 30% 和 25% 左右。

到 2060 年，外来电力和区外电力维持不变，外来电力和区外电力比重分别达到 28% 和 24% 左右。外来电量和区外电量比重分别达到 28% 和 23% 左右。

继续加强与中央大型能源企业的战略合作，推进与中核、中广核、国家电投在核电领域的合作，推进与五大发电集团在可再生能源开发领域的合作，推进与国家电网公司在外购电力输浙、能源互联网建设等方面的合作，推进与中国能源建设集团在能源电力投资、设计、建设和运营等方面的合作，争取更多的国家战略能源项目尤其是清洁能源项目落户浙江。

（二）推动长三角一体化电力合作建设

在充分利用长三角地区扎实的电力合作基础上，进一步巩固区域内外电网结构，强化基础设施的互联互通和体制机制的互保互济，实现区域电力保障安全可靠。

1. 深化新能源领域合作

充分调动长三角地区技术创新和产业支撑优势，积极推广绿色低碳的新能源和可再生能源，加强能源先进技术和装备的研发与应用，实现能源利用的清洁化、低碳化和绿色化，改善区域环境质量。一是有序发展抽水蓄能电站。在满足浙江电网中长期负荷发展需要和调峰需求的同时，提高华东电网的整体调峰能力。二是支持浙江海上风电建设，做好送出通道、市场消纳等省间协调配合工作。三是共同推进新能源领域技术和装备合作。利用长三角新能源技术产业优势，加强海上风电、陆上风电、光伏发电、核电、储能、分布式能源、氢能、新能源汽车、综合能源服务等新能源领域技术和装备合作，形成配套完善、分工合理、技术先进、各具特色的新能源产业链，力争成为长三角区域产业转型、创新发展的重要抓手，积极抢占全球新能源产业制高点。

2. 推进区域电网互保互济建设

不断深化长三角地区电力合作。一是完善长三角区域内电网主干网架结构。加快推进浙江和福建省际联络线增容改造工程工作。二是利用区域技术创新优势，积极开展区域大容量柔性输电等关键技术研究。开展智能电网需求管理和动态响应试点。共同开展长三角地区智慧能源网技术攻关和发展研究强化功能布局。三是提升区域电力互保互济能力。通过省网互联，发挥电力错峰、多源互济、互为备用等资源优化配置的作用，完善长三角地区特高压故障事故备用分摊机制，增强电网抵御事故的能力和运行可靠性。四是加快区域电力互通项目建设，在现有 10 回直流输入通道的基础上，持续深化跨区电力合作，进一步推动跨区域电力通道建设。

专题报告

电力发展专项战略篇

十八、浙江产业转型升级和数字经济发展对电力需求影响的分析研究

（一）产业转型和数字经济综述

改革开放 40 多年来，中国经济实现跨越式发展，经济总量跃居世界第二，三次产业结构在调整中不断优化：工业逐步迈向中高端，服务业成长为国民经济第一大产业。浙江亦凭借体制创新的先发优势，实现了从农业主导经济向工业化经济，从比较封闭型经济向外向型、开放型经济的转变，成为全国发展速度最快的地区之一。

2008 年金融危机爆发后，主要经济体经济增长形势和全球经济格局发生深刻变化。在国际新环境、新形势下，中国传统粗放型增长方式的弊端日趋凸显，人口红利逐步消退、技术扩散已临边界、资本回报边际下降等客观因素驱使中国加快转变发展方式，产业转型升级刻不容缓。发达国家经验表明，政策引导、目标明确和技术助力是产业成功转型、持续升级的关键所在。在以"数字经济"为标志的第四次科技革命背景下，中国已制定并发布了一系列产业转型和数字经济发展政策，将通过明晰的发展定位和切实的政策实践来实现发展突破和阶段跨越。

1. 国家政策引导

（1）产业转型

产业转型升级是产业从价值链中低端向中高端的上升过程，从高污染高能耗产业向低污染低能耗产业升级，从粗放型产业向集约型产业升级，是经济竞争力全面提升和迈上新台阶的关键。《中国制造 2025》中指出，要把握新一轮科技革命和产业变革的历史机遇，从自主创新能力、资源利用效率、产业结构水平、信息化程度、质量效益等方面提高制造业实力，向产业价值链高端延伸。以《中国制造 2025》的发布为标志，中国确立了以制造业转型升级为核心，以信息化与工业化深度融合为重要路径，以三次产业相互促进、协调发展为目标的产业转型升级战略。从 2015 年以来国家发布的一系列产业转型升级政策来看，**中国产业转型目标明确、路径明晰：一方面，通过资源配置引导、共性技术攻坚等加速培育"互联网＋"及"战略性新兴产业"**[1]**等新业态**[2]**；另一方面，通过技术改造、落后产能淘汰等推动传统产业向中高端迈进。**

---

[1] "战略性新兴产业"主要包括节能环保、新兴信息产业、生物产业、新能源、新能源汽车、高端装备制造业和新材料等七大产业。

[2] 新业态指顺应多元、个性的产品或者服务需求，依托技术创新和应用，从现有的产业和领域中衍生叠加出新环节、新链条、新活动的形态。比如"互联网＋"行业。

表 18－1　政策推进中国产业结构转型

领域	时间	文件名称	内容
战略性新兴产业	2016 年 11 月	《"十三五"国家战略性新兴产业发展规划》	到 2020 年，战略性新兴产业增加值占国内生产总值比重达到 15%
	2017 年 1 月	《大数据产业发展规划（2016—2020年）》	到 2020 年，大数据相关产品和服务业务收入达 1 万亿元，且年均复合增长率实现 30%
生产性服务业	2014 年 8 月	《国务院关于加快发展生产性服务业促进产业结构调整升级的指导意见》	推进农业生产和工业制造现代化；加快生产制造与信息技术服务融合
	2017 年 8 月	《关于加快发展农业生产性服务业的指导意见》	发展多元化、多层次、多类型的农业生产性服务
制造业	2015 年 5 月	《国务院关于印发〈中国制造 2025〉的通知》	加快推动新一代信息技术与制造技术融合发展，着力发展智能装备和智能产品，推动生产过程智能化。 到 2025 年，制造业增加值提高 4%
	2016 年 12 月	《智能制造发展规划（2016—2020年）》	到 2020 年，智能制造业主营业务收入超过 10 亿元；智能制造业数字化车间/智能工厂普及率达 20%

（2）数字经济

数字经济概念最早源于 1995 年加拿大商业策略大师 Don Tapscott 的著作《数字经济》，是指以使用数字化的知识和信息作为关键生产要素、以现代信息网络作为重要载体、以信息通信技术的有效使用作为效率提升和经济结构优化的重要推动力的一系列经济活动。[1]OECD 在 2015 年发布的《数字经济展望》报告中指出，将与数字信息流动相关的软硬件（如计算机、软件，通信和信息服务等）相关产业的年产值之和作为数字经济的年产值。随着计算机及互联网技术在我国的迅速发展与广大应用，数字经济对国内不论是经济形态还是传统产业均带来深刻的影响。

表 18－2　数 字 经 济 相 关 政 策

时间	政策/会议	主要内容
2012 年	《"十二五"国家战略性新兴产业发展规划》	云计算作为中国"十二五"发展的 20 项重点工程之一
2013 年 2 月	《关于加强和完善国家电子政务工程建设管理的意见》	鼓励在电子政务项目中采用物联网、云计算、大数据等新技术

---

❶ 2016 年《二十国集团数字经济发展与合作倡议》。

时间	政策/会议	主要内容
2015 年 3 月	《政府工作报告》	首次提出"中国制造 2025"战略
2015 年 12 月	第二届世界互联网大会	习近平主席在开幕式上指出,中国正在加强信息基础设施建设
2016 年 12 月	《智能制造发展规划（2016—2020 年）》和《智能制造"十三五"发展规划》	将提升我国信息化、数字化水平作为重要目标,到 2020 年,我国传统制造业重点领域基本实现数字化制造
2017 年 3 月	《政府工作报告》	"数字经济"首次被写入政府工作报告
2018 年 4 月	全国网络安全和信息化工作会议	习近平主席强调,要围绕建设现代化经济体系、实现高质量发展,加快信息化发展,整体带动和提升新型工业化、城镇化、农业现代化发展。要发展数字经济,加快推动数字产业化和产业数字化
2018 年 8 月	中国国际智能产业博览会	习近平主席强调加快推进数字产业化、产业数字化

从国家颁布的多项指明要推动我国产业转型的文件中可以看出,与数字经济有关的大数据、互联网和信息技术等的应用是其主要推动力,即将传统产业与信息技术相结合。比如,2015 年 5 月国务院印发的《中国制造 2025》中指明了产业发展方向——利用信息技术实现制造强国。规划中指出,到 2020 年,制造业信息化水平大幅提升,制造业数字化、网络化、智能化取得明显进展;到 2025 年,工业化和信息化融合迈上新台阶。到 2035 年,制造业整体达到世界制造强国阵营中等水平,创新能力大幅提升,重点领域发展取得重大突破,整体竞争力明显增强,优势行业形成全球创新引领能力,全面实现工业化。

2. 浙江省政策实践

（1）产业转型

为摒弃长期以来粗放型发展模式,浙江省推动产业转型升级主要内容包括推动高新技术产业及战略性新兴产业（云计算、大数据及物联网、移动互联网等）❶发展,限制产能过剩行业,实行可持续发展。主要有以下四种手段:

① 集中力量扶持高科技、高附加值的产业和产品,淘汰高能耗、高排放、低产出的产业和企业,出台了投资负面清单。

② 对产业结构调整的重点环节进行调控。强化以生态环保为约束性指标的地方政府考核办法;建立以万元增加值能耗为基础的阶梯式电价制度;以万元增加值用水量为基础的阶梯式水价制度;建立以污染物排放量和浓度为基础的双因素排污收费制度。

③ 以资源要素配置的市场化改革推动产业转型升级。比如,对工业企业按用地效益进

---

❶ 黄先海,宋学印. 产业转型升级——浙江省的探索和实践［M］. 北京:中国社会科学出版社,2018.

行打分，分出重点扶持和鼓励类、整治提升类、落后淘汰类。根据不同类企业，差别化减免城镇土地使用税等。

④ 颁布《浙江省培育发展战略性新兴产业行动计划（2017—2020 年）》文件，明确指出战略性新兴产业转型升级的具体任务，如推动云计算、大数据及物联网、移动互联网向各行业渗入等。

2019 年浙江省政府工作报告中指出，**坚持创新引领制造业高质量发展，培育发展数字安防、新能源汽车、绿色石化、现代纺织等一批先进制造业集群，争创人工智能、生物医药、航空航天、集成电路、新材料等产业新优势。**

（2）数字经济

浙江以建设成为国家数字经济示范省、世界级现代化大湾区为发展目标。"十三五"期间，浙江省数字经济在新常态下取得新发展，总量规模持续扩大，经济效益稳步提升，创新动力持续增强，产业结构逐步优化，产业数字化转型加快推进，数字经济已经成为推进质量变革、效率变革、动力变革和实现高质量发展的新引擎。根据《中国数字经济发展白皮书（2021）》，2020 年浙江全省数字经济总量达 30 218 亿元（居全国第四），占 GDP 的比重达 46.8%。

依托优质互联网企业集聚的资源优势和产业基础，浙江省因地制宜、多措并举、深入实施数字经济"一号工程"： 推动《浙江省数字经济促进条例》立法；率先开展 5G 商用，推广应用"城市大脑"和电子发票，加快建设移动支付之省和"城市大脑"等一批标志性工程，争创国家数字经济示范省；全面实施《浙江省数字经济五年倍增计划》，深入推进云上浙江、数字强省建设；统筹数字经济生产力布局，支持杭州打造全国数字经济第一城，建设乌镇国家互联网创新发展综合试验区；设立 100 亿元数字经济产业投资基金；重点打造 100 个"无人车间""无人工厂"，扶持 100 家骨干数字企业，推进 100 个数字化重大项目，实施 100 个园区数字化改造，力争数字经济核心产业增加值增长 15%以上。

表 18-3 推进浙江省数字经济发展的政策/具体措施

序号	政策/具体措施	目的
1	推动《浙江省数字经济促进条例》立法；推动实施数字经济"三区三中心"行动方案，建设乌镇国家互联网创新发展综合试验区	统筹全省数字经济发展
2	推动设立 100 亿元的省数字经济产业投资基金，组织实施 100 个数字化重大项目，扶持 100 家骨干数字企业	实施数字产业化提升工程
3	推进"1+N"工业互联网平台体系建设	实施产业数字化转型工程
4	开展 5G 商用，推进 IPv6 规模部署和应用	加快数字基础设施升级
5	实施《浙江省数字经济五年倍增计划》	推进数字经济"一号工程"建设

资料来源：根据公开资料收集整理。

数字经济对于传统产业转型升级也有明显的推动作用。例如，浙江省开展"十百千万"智能化技术改造行动，实施分行业智能化技术改造、百项智能制造新模式示范应用、千项智能化技术改造项目、万企智能化技术改造诊断，新增工业机器人应用 17 000 台，以推进传统产业转型升级。

3. 发达国家发展经验

（1）发达国家产业转型经验

1）韩国产业转型经验

近 40 年韩国的制造业出现了持续性的产业升级，从劳动密集型到资本密集型再到技术密集型，目前已经升级到知识密集型。自 1962 年实施"出口导向"以来，韩国积极从外国引入先进技术，优先发展以纺织品与服装行业为代表的劳动密集型产业。一直到 1980 年，劳动密集型产业都是韩国制造业增加值中的主力，其中纺织品与服装行业占比一直保持在 20% 左右的高水平。同时从 1972 年开始，韩国陆续出台了许多针对性的产业政策和鼓励措施，开始重工业和化学工业等资本密集型产业的资本和技术积累。从 1980 年开始，以机械和运输设备产业为代表的资本密集型产业在制造业增加值中的占比开始快速提高，同时以纺织品与服装行业为代表的劳动密集型产业占比开始快速下降。1980 年，机械和运输设备产业在制造业增加值中的占比为 9.3%，纺织品与服装行业占比为 19.5%。到 1989 年，机械和运输设备产业实现了反超。这意味着资本密集型产业已经取代劳动密集型产业成为韩国制造业增长和出口的主流产业。

图 18-1 韩国制造业产业结构变化

1980 年以后，随着科技革命在全世界范围内的兴起，韩国政府将经济政策向"科技立国"的方向转变，目标是重点发展技术密集型产业，促进产业结构向高技术产业转变。在对纺织、水泥、石化等传统产业进行技术改造和升级，增加创新出口优势的基础上，瞄准以航空航天、计算机、医药、科学仪器、电气机械等产业为代表的高科技产业。进入 20 世纪 90 年代之后，韩国的高科技产业开始快速增长，在制成品出口中的占比也快速提高。到 2000 年，韩国高科技出口在制成品出口中的占比达到峰值 35.1%。

2）美国产业转型经验❶

美国产业转型的驱动力主要有三个。**第一个因素是技术创新**，其作用机理在于：技术创新可以提供技术、信息、知识等高级生产要素投入，通过引发产品生产和服务供给方式的重大变化，使传统产业边界逐渐模糊，并催生产业新业态的发展，最终起到促进产业转型升级的作用。美国技术创新驱动主要表现在对整体研发投入的重视和对不同产业研发投入的区分上。**第二个因素是人力资本**，其作用机理在于：人力资本是技术创新的主要载体，可以通过技术创新间接推动产业转型升级，也可以通过高层次人才在不同产业间的有效流动直接促进产业转型升级。美国人力资本驱动主要表现在对教育整体投入的增加和劳动力接受教育的结构变化上。**第三个因素是产业政策**，其作用机理在于：产业政策可以在信息不对称、有限理性和机会主义等造成市场失灵时，发挥政府的引导功能，推动产业转型升级；也可以在经济周期陷入衰退、萧条时，以国家能力为基础，开展反周期操作，为产业转型升级注入活力。美国产业政策驱动突出表现在信息产业等产业政策制定上。在信息产业政策层面，美国很早就成立了科学研究与开发办公室，通过综合政府、企业、民间科研力量发展以计算机技术为基础的信息产业；到 20 世纪 90 年代，美国陆续推出《高性能计算与通信计划（1991 年）》《国家信息高速公路计划（1993 年）》《全球信息基础设施计划（1994 年）》《高性能计算与通信计划（1996 年）》《21 世纪信息技术计划（1999 年）》，发展以信息通信技术为基础的信息产业；2008 年国际金融危机后，美国又发布《网络与信息技术研发计划（2010 年）》，并在《复苏与再投资法案》（2009 年）、《联邦云计算战略》（2011 年）、《美国联邦政府医疗信息化战略规划（2015—2020）》（2014 年）中，将宽带网络和智能电网建设、大数据和云计算、医疗信息化等产业作为未来重点发展领域。

3）日本产业转型经验❷

日本产业转型升级最显著的特征是政府的调控。第二次世界大战后，日本政府提出系列产业政策加快经济复苏。在日本经济产业省（原通产省）每年公布的产业政策报告《通商白皮书》中，均会涉及产业政策构想以及相应的产业扶持具体措施。这些政策主要突出两个方面：一是政府在产业发展方向上的计划与指导，确定重点或优先发展的产业；二是政府在能源战略中的主导性。同时，为了促进中小企业的转型升级，日本专门建立中小企业管理机构并制定《中小企业法》。

❶ 王海兵. 产业转型升级的过程、特征与驱动要素——美国经验与启示［J］. 河北科技大学学报（社会科学版），2018（1）.

❷ 赵丽芬. 美国和日本产业转型升级的经验与启示［J］. 产业经济评论，2015（1）：100-104.

人才培养和技术创新是产业转型升级的根基所在，上述发达国家在产业转型升级过程中均高度重视科技创新对产业升级的支撑作用。然而由于路径依赖、个体风险高、回报周期长等原因，仅仅依靠企业或市场自主行为并不足以快速、有效积聚推动产业转型的创新动能，政府产业政策在此过程中往往起到引导资本、人才等资源流向产业转型升级关键性领域的重要作用。因此，具有明晰发展方向和执行计划的产业政策有助于实现产业转型升级目标，也在一定程度上代表了产业发展趋势。

（2）发达国家数字经济发展及相关政策[1]

发展数字经济需要依托良好的基础设施，主要体现在有线宽带和无线宽带的每百人用户数。在 OECD 发布的 2014 年有线宽带用户统计中，韩国每百人有 37 个用户，美国约为 30，日本则为 27；无线宽带方面，数据显示美国、韩国、日本每百人用户数已经超过 100，分别为 101.43、105.27、116.4。

世界主要国家数字经济蓬勃发展，2020 年，美国数字经济规模达到 13.6 万亿美元，继续蝉联世界第一；中国位居第二，规模为 5.4 万亿美元；德国、日本分别位居世界第三、第四，分别为 2.54 万亿、2.48 万亿美元[2]。

数字经济已成为发达国家新一轮的产业发展高地，是国际产业分工格局重塑的制胜点。美国、欧盟、德国、日本等主要发达国家和地区均已制定了包含物联网、大数据、人工智能等产业的数字经济发展政策。**这些政策内容突出了对人才培养和人才引进、研究成果应用转化的重视，体现出数字经济与生物、医疗、交通、能源等其他产业融合发展的趋向，也包含对数字经济引发的安全性、伦理性的制度思考。**

表 18-4　发达国家和地区数字经济相关政策

国家（地区）	政策	主要内容/目的
美国	《数据科学战略计划》《美国先进制造业领导力战略》	借助机器学习、虚拟现实等技术，管理国家生物医学的数据
欧盟	《欧盟人工智能战略》《通用数据保护条例》《促进人工智能在欧洲发展和应用的协调行动计划》《可信赖的人工智能道德准则草案》等	增强产业与人工智能相结合
德国	《联邦政府人工智能战略要点》《人工智能德国制造》	推动人工智能技术的应用
韩国	《人工智能研发战略》《第四期科学技术基本计划（2018—2022）》和《创新增长引擎》五年计划	加速数字经济的发展

---

[1] 国家信息中心.国外数字经济发展及对中国的启示. http://www.sic.gov.cn/News/456/8693.htm.

[2] 中国信通院，《全球数字经济白皮书》（2020 年）。

国家	政策	主要内容/目的
日本	《日本制造业白皮书》《综合创新战略》《集成创新战略》《第2期战略性创新推进计划（SIP）》等	推动数字经济发展的行动方案，明确物联网、大数据、人工智能未来产业发展的趋势

资料来源：根据公开资料收集整理。

（二）新业态下产业结构变化趋势

1. 产业转型升级趋势

（1）浙江省三次产业结构

借鉴 Chenery 等（1975，1986）工业化阶段的划分方法，浙江省工业化历程大致可分为以下阶段：1997—2003 年处于工业化初期，三次产业增加值比例由 13.2:54.5:32.2 变为 7.4:52.5:40.1；2004—2009 年处于工业化中期，三次产业增加值比例由 7.0:53.7:39.3 变为 5.1:51.6:43.3；2010—2016 年处于工业化后期，三次产业增加值比例由 4.9:51.1:44.0 变为 4.1:44.9:51.0；当前处于工业化基本完成，由工业化后期向后工业化演进的阶段，2020 年三次产业增加值比例为 3.4:40.9:55.7。期间，产业结构变化基本与 Chenery 理论吻合，即工业化初期和中期，制造业对经济增长贡献较大，工业化后期贡献减小。

表 18-5　浙 江 省 工 业 化 阶 段

经济发展阶段		指标（人均 GDP，1970 年美元价）	指标（人均 GDP，2010 年美元价[1]）	浙江省
初级产品生产阶段		140~280	827~1654	1996 年以前（1603 美元，2010 年美元价，下同）
工业化阶段	工业化初期	280~560	1654~3308	1997—2003 年（1227~3395 美元）
	工业化中期	560~1120	3308~6615	2004—2009 年（3805~6840 美元）
	工业化后期	1120~2100	6615~12 398	2010—2016 年（7678~12 222 美元）
发达经济阶段		2100 以上	12 398 以上	2017 年及以后

---

[1]　黄群慧. 中国的工业化进程：阶段、特征与前景［J］. 经济与管理，2013，27（7）：5-11.

图 18-2　浙江省三次产业结构发展情况

（2）浙江省第二产业内部转型升级过程

总体上，浙江省产业转型升级过程在第二产业内部进行得十分迅速，浙江省大概每三到五年就会有一次动态升级过程：1999—2004 年间，纺织服装、服饰业产值从前五行业逐渐退出，取而代之的是电力、热力生产和供应业；2005—2008 年间，交通运输设备制造业产值也成功跻身前五大行业；2009—2013 年间，化学原料和化学制品制造业产值在第二产业中的排名稳步上升到第三位，其他如电力、热力生产和供应业，通用设备制造业，交通运输设备制造业等也稳步在前五行业中；2014—2019 年间，纺织业在第二产业中的地位逐步下降，2015年首次从第一位下降到第二位，2017 年进一步退至第五位，2018 年即已跌出前五，这说明浙江产业整体上变化的速度相当快。

表 18-6　浙江省第二产业前五产业排名

图示	产业	2000 年	2005 年	2010 年	2015 年	2017 年	2018 年	2019 年
	纺织业	1	1	1	2	5		
第1	纺织服装	3						
第2	化工	5	5	5	3	2	2	2
第3	通用设备	4	4	3	5		5	5
第4	交通/汽车			4		3	3	4
第5	电气机械	2	2	2	1	1	1	1
退出前5	电热气水		3		4	4	4	3

从第二产业内部转型升级的趋势看，浙江省第二产业从劳动密集型行业逐步转型升级为

资本技术密集型行业。特别是近年来，装备制造业发展迅猛，电气机械和器材制造业产值于 2015 年首次超过纺织业产值，后连续 4 年居榜单第 1；其次是汽车制造业，2016 年产值排名居第 4；2017 年跃居第 3。这种产业转型在相当程度上受到浙江省数字经济发展的影响。信息技术的推广和应用使得浙江省制造业、医疗等传统行业均在一定程度上进行数字化转型，相关企业利用互联网新技术新应用对传统产业进行全方位、全角度、全链条的改造，提高了企业内部全要素生产率。《浙江省制造业发展"十三五"规划》指出，目标到 2020 年，浙江省"两化"融合❶发展水平总指数达到 99，装备数控化率、机器联网率分别达 50%、40%，传统制造业信息化、智能化是浙江省第二产业（制造业）转型的方向。截至 2019 年，全省 11 个设区市"两化"融合总指数达到 86.55，较上年增长 4.30，其中杭州、宁波、嘉兴、金华、湖州等 5 地市已超过 90。同时，浙江省经信委发布的《浙江省高端装备制造业发展规划（2014—2020 年）》提出，目标到 2020 年，高端装备制造业产值规模突破 1.1 万亿元。截至 2020 年，高端装备制造业实际实现规模以上总产值 17 172 亿元，高端装备制造业占装备制造业比重达到 57.3%。装备制造业尤其是高端装备制造行业（如智能装备、汽车制造、生物医药和医疗器械、新能源和节能环保装备等）增加值在第二产业内部的比重将不断攀升，未来会成为浙江省支柱产业。

（3）浙江省第三产业内部转型升级过程

自 2004 年以来，浙江省批发零售业、房地产业在第三产业中的比重呈现波动下降趋势，总体分别由 2004 年的 24.6%、12.8%降至 2019 年的 21.6%、13.6%。其中，批发零售业自 2013 年以来在第三产业中的占比收缩明显，年增长率为−3.1%。而在此期间信息服务业、文体娱

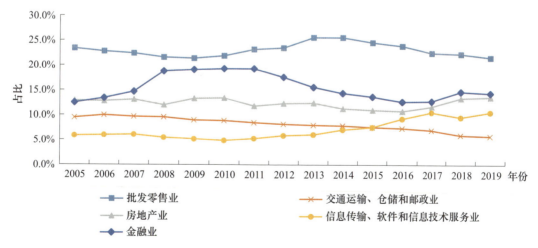

图 18-3　浙江省第三产业内部结构变化情况

资料来源：根据浙江省历年《统计年鉴》整理。

---

❶　"两化"融合是指以信息化带动工业化、以工业化促进信息化。

乐业等新兴服务业快速发展,尤其是信息传输、软件和信息技术服务业,产值由 2004 年的 273.9 亿元增至 2019 年的 3613.8 亿元,年均增长率为 18.8%,高于第三产业总体增速(14.4%) 4.4 个百分点;行业占比由 2004 年的 6.0% 增至 2019 年的 10.6%。在当前浙江省积极推进发展数字经济的大背景下,信息传输、软件和信息技术服务业等新兴行业在未来将实现更快速的发展,推动浙江省第三产业的规模继续扩张。

2. 数字经济发展趋势

数字经济主要包含五个类型,即基础型数字经济、融合型数字经济、效率型数字经济、新生型数字经济、福利型数字经济[1]。基础型数字经济相关产业主要包括电子信息制造业、信息通信业和软件服务业等行业;融合型数字经济主要包括工业互联网、智能制造等行业;新生型数字经济主要包括云计算、大数据、人工智能、金融科技(区块链等)、无人驾驶等行业;福利型数字经济主要包括共享经济行业。

(1)浙江省数字经济发展水平

阿里研究院《2018 全球数字经济发展指数》报告指出,可用**数字基础设施、数字消费者、数字产业生态、数字公共服务、数字科研**等五大因素衡量数字经济发展水平。根据这五大指标衡量,**浙江省数字经济居全国前列**。其在 2019 年发布的另一份报告《2018 年中国数字经济发展报告》中指出,浙江省在 2018 年全国数字消费力省份排行榜上位居第 2,广东和上海分别位居第 1、第 5。腾讯研究院在 2017 年发布的《中国互联网 + 数字经济指数》指出,浙江省"互联网 +"数字经济指数在全国 31 个省(区、市)中位居第 4,前三位分别是广东、北京和上海;而杭州在 351 个城市中位居第 6,北京、深圳和上海为榜单前三名。

表 18-7　数字经济发展衡量指标

因素	具体指标
数字基础设施	互联网渗透率;每百人移动电话用户;平均网速;移动电话消费能力指数;移动流量消费能力指数
数字消费者	社交网络渗透率;网购渗透率;移动支付渗透率
数字产业生态	企业新技术吸收水平;独角兽数量;数字产业生态发展水平
数字公共服务	在线服务覆盖水平
数字科研	ICT 专利数量;数字、计算机科学高引用论文指数

资料来源:阿里研究院《2018 全球数字经济发展指数》。

---

[1] 中国信息化百人会,《2017 中国数字经济发展报告》。

（2）浙江省数字经济发展态势

2014 年以来，浙江省数字经济发展迅猛。从基础型数字经济产业看，相关服务软件业务收入六年年均增长 19.3%；从新生型数字经济产业看，相关产业服务收入即信息技术服务收入❶六年年均增长率高达 32.2%，且该业务对软件业务收入的贡献率（由 2014 的 35.5%增至 2020 年的 65.3%）逐步增加，侧面反映出浙江省新兴产业发展状态良好。

图 18-4 浙江省数字经济发展情况

资料来源：历年《浙江省软件和信息服务业发展统计公报》。

从融合型数字经济发展看，2020 年，浙江省数字经济核心产业制造业实现增加值 2430 亿元，同比增长 16.8%。数字经济核心产业制造业占规模以上工业增加值的比重达 14.5%。浙江省传统产业拥抱数字经济，实现了生产与运营的移动化和智能化，产业升级正有条不紊地进行。据浙江省统计局公布，2020 年，以新产业、新业态、新模式为主要特征的"三新"经济增加值占 GDP 的 27%，规模以上工业中，高技术、高新技术、装备制造、战略新兴产业、人工智能增加值分别增长 15.6%、9.7%、10.8%、10.2%和 16.6%。

此外，浙江省产业政策导向数字经济发展。到 2022 年，浙江省数字经济规模总量目标达到 4 万亿元以上，占地区生产总值比例达到 55%以上。**综上可以预期，浙江省数字经济未来将会继续保持高速发展。**

3. **产业结构发展预测**

按照产业发展的一般规律，产业结构初期是第一产业（即传统的农业）比重较大，第二、

---

❶ 信息技术服务收入主要指互联网增值服务、云计算、大数据、数字阅读、动漫游戏等新业态。

第三产业的比重相对落后。随着经济的发展和工业化的推进；第二、第三产业份额上升，第一产业份额下降；最终，第三产业在经济中占较高份额，工业份额次之（Colin Clark，1940；Simon Smith Kuznets，1956）。而产业转型升级是所有新兴国家和城市都会面对的问题，因此通过对典型产业转型升级国家的比较，能够发现浙江产业转型升级的差异性和特殊性，有利于更加准确地把握浙江产业转型升级的特点。

在国际上，韩国、印度、墨西哥和巴西是比较典型的产业转型国家，其中韩国是产业转型升级比较成功的国家；而墨西哥和巴西则是产业转型升级失败的典型；印度则相对居中，产业转型升级有成功的地方，也有不尽人意的地方❶。

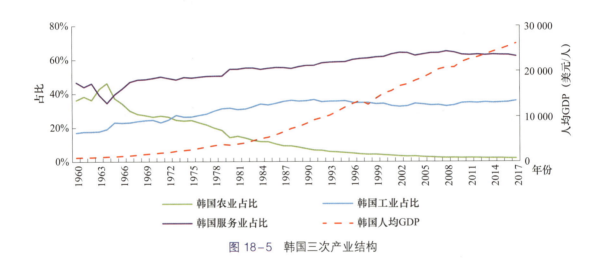

图 18-5　韩国三次产业结构

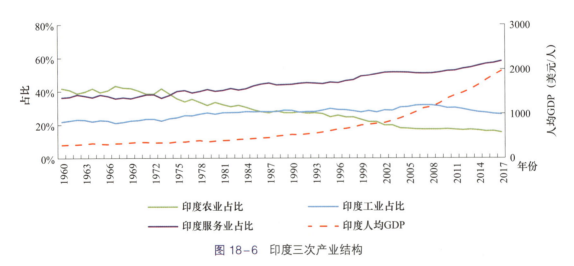

图 18-6　印度三次产业结构

❶　黄先海，宋学印. 产业转型升级——浙江省的探索和实践［M］. 北京：中国社会科学出版社，2018.

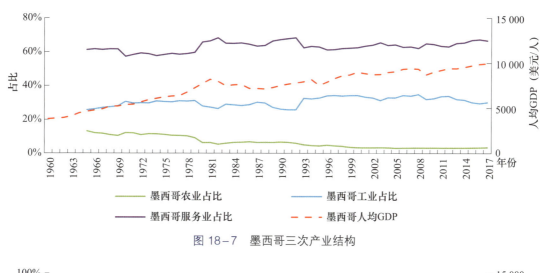

图 18-7 墨西哥三次产业结构

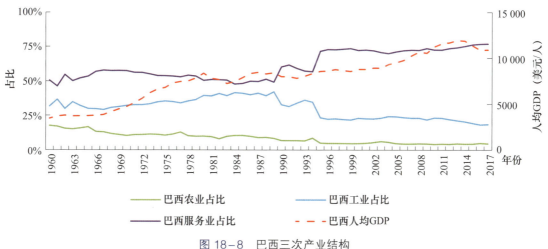

图 18-8 巴西三次产业结构

从韩国、印度、墨西哥和巴西这四个国家的三次产业结构比较可以发现，比较符合产业发展一般规律的国家是韩国、印度和巴西，而墨西哥三次产业比重在 1965—2017 年的 50 多年中基本没有什么变化，与产业发展一般规律相违背。从成功产业转型国与失败产业转型国比较可以发现，成功转型国的三次产业结构更适中，第三产业比重都在一个合理的范围内，韩国为 62.2%，印度为 58.2%；而失败转型国的三次产业结构比较极端，墨西哥第三产业比重为 66.6%，巴西为 79.96%，这两个国家的第三产业比重明显超前了其发展阶段，存在过度"脱实向虚"的问题，国内制造业等实体经济发展相对滞后，导致整个国家经济具有脆弱性，经济发展不稳定，受国际冲击大。这种现象在巴西显得特别突出，巴西 1994—1996 年间，三次产业结构发生了结构性的突变，第三产业比重由原来的 50% 以上突然增长到 70% 以上；而第二产业的比重则由 35% 下降到 25% 以下，这种突然的产业结构变迁并没有带来经济结构的优化，也并没有反映到对经济增长的促进作用上，此后很长一段时间，巴西经济陷入低迷，人均 GDP 在此后有一个大的退步。这说明第三产业占比并不是越高越好，产业的结构需要适合经济发展的阶段。

从三次产业的具体比重看，浙江第二产业比重明显高于国际典型国家同期的水平。比如，浙江在 2014 年第三产业占比首次高于第二产业，而此时浙江的人均 GDP 已经超过 1 万美元/人，此时第二产业比重仍然达到 46%；而韩国、墨西哥、巴西在人均 GDP 为 1 万美元/人时，第二产业的比重分别为 35%、30%、18%～25%。

结合上述分析，大致可以判断，在长期浙江省第三产业比重将会继续升高，而第二产业比重缓慢下降。对比发达国家三次产业发展历程及浙江省产业发展趋势，来预测浙江省 2060 年产业结构。选取与中国转型道路相似的韩国及实现工业化的德国、日本为对标国家，预判浙江省 2025 年、2035 年及 2060 年的产业结构。

表 18-8　浙江省中长期产业结构预测

年份	第一产业比重	第二产业比重	第三产业比重
2020（实际）	3.3%	40.9%	55.8%
2025	3.2%	38.8%	58.0%
2035	3.1%	34.9%	62.0%
2060	2%	28%	70%

（三）新业态下用电需求特性分析

1. 历史负荷特性分析

（1）负荷特性回顾

浙江省由数字经济推动的新一轮产业转型对各产业电力需求有较大的影响。数字经济相关产业规模的扩大以及产业结构的不断调整，将带动第三产业用电（尤其是软件和信息技术服务业）的不断上涨，其内部行业负荷特性也将发生变化；第二产业用电不断下降，产业内部负荷特性受传统制造业、新兴制造业之间的替换而发生转变。依据产业内部异质的行业属性，以下将从数字经济产业、传统制造业、新兴制造业及服务业等行业分析其用电负荷特性。

（2）数字经济产业

数字经济产业用电占全行业用电的 3.7% 以上。其中，计算机、通信和其他电子设备制造业约占 2.3%，信息传输、软件和信息技术服务业约占 1.5%。

1）软件和信息技术服务业

软件和信息技术服务业春夏季的高峰负荷一般出现在 9 点～12 点以及 16 点～19 点，低

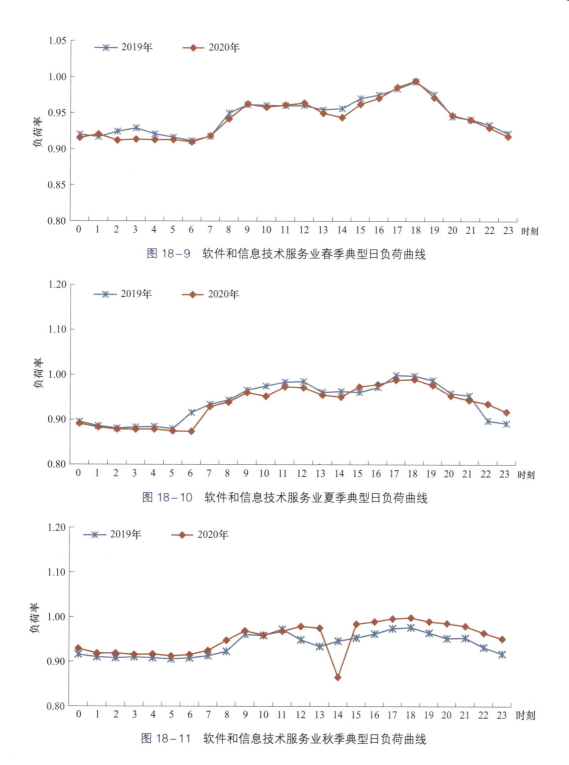

图 18-9 软件和信息技术服务业春季典型日负荷曲线

图 18-10 软件和信息技术服务业夏季典型日负荷曲线

图 18-11 软件和信息技术服务业秋季典型日负荷曲线

谷时间为 22 点~次日 5 点；秋季的高峰负荷一般出现在 8 点~12 点以及 17 点~19 点，低谷时间为 12 点~14 点；冬季的高峰负荷一般出现在 8 点~10 点以及 15 点~18 点，低谷时间为 11 点~13 点。日最小负荷率在 0.86~0.93 之间，日负荷率在 0.93 以上，峰谷差率在 0.86~

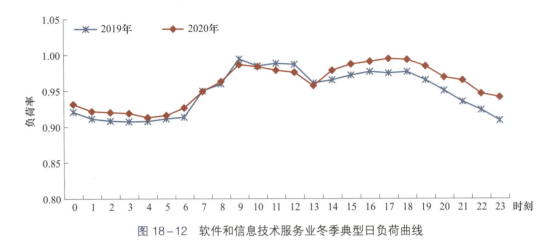

图 18-12 软件和信息技术服务业冬季典型日负荷曲线

0.93 之间波动。整体来说，软件和信息技术服务业的负荷特性受季节特性的影响相对较小，峰谷差较小，负荷率保持在较高的水平。

2）互联网和相关服务业

互联网和相关服务业特征较为明显，四季高峰负荷一般在工作时段，即 8 点～18 点。日

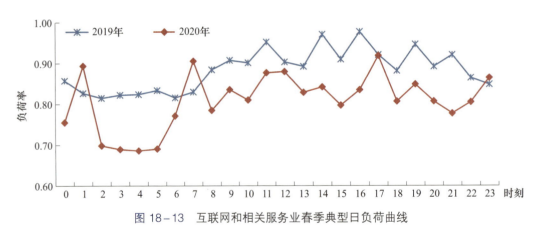

图 18-13 互联网和相关服务业春季典型日负荷曲线

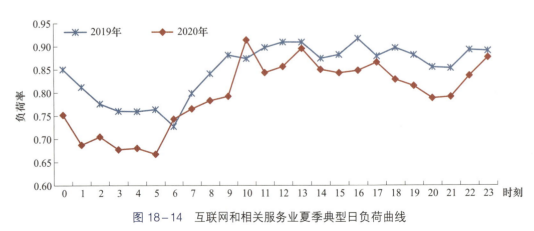

图 18-14 互联网和相关服务业夏季典型日负荷曲线

最小负荷率为 0.67，日负荷率在 0.80 以上，峰谷差率在 0.70～0.83 之间波动。整体来说，互联网和相关服务业负荷比较稳定。从春、夏、秋、冬四季的日负荷曲线来看，互联网和相关服务业的负荷特性受季节特性的影响相对较小，峰谷差较小，负荷率保持在较高的水平。

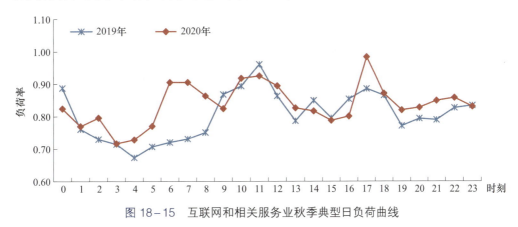

图 18-15　互联网和相关服务业秋季典型日负荷曲线

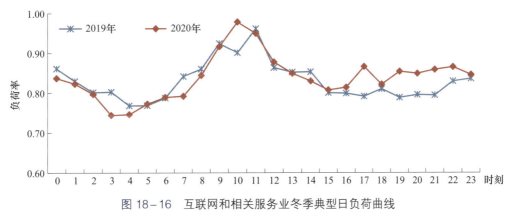

图 18-16　互联网和相关服务业冬季典型日负荷曲线

3）计算机、通信和其他电子设备制造业

计算机、通信和其他电子设备制造业四季高峰负荷均在 9 点～16 点之间，日最小负荷率

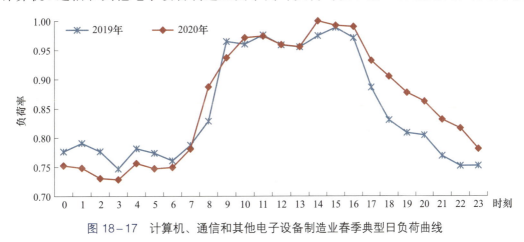

图 18-17　计算机、通信和其他电子设备制造业春季典型日负荷曲线

为 0.71，日负荷率在 0.83 以上，峰谷差率在 0.72～0.82 之间波动。从春、夏、秋、冬四季的日负荷曲线来看，计算机、通信和其他电子设备制造业的负荷特性受季节特性的影响较小，峰谷差较小，负荷率保持在较高的水平。

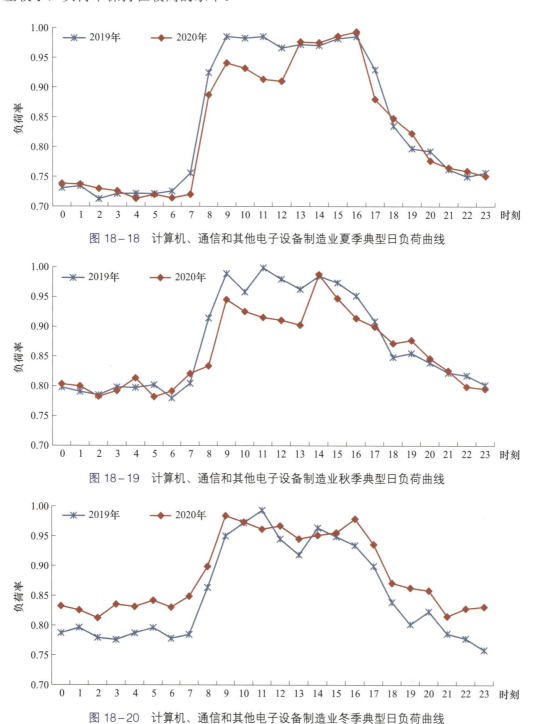

图 18-18　计算机、通信和其他电子设备制造业夏季典型日负荷曲线

图 18-19　计算机、通信和其他电子设备制造业秋季典型日负荷曲线

图 18-20　计算机、通信和其他电子设备制造业冬季典型日负荷曲线

4）电信、广播等服务业

电信、广播电视和卫星传输服务业四季高峰负荷一般均出现在 8 点～18 点，低谷时间为 0 点～7 点。日最小负荷率约 0.80，日负荷率在 0.91 以上，峰谷差率在 0.81～0.92 之间波动。

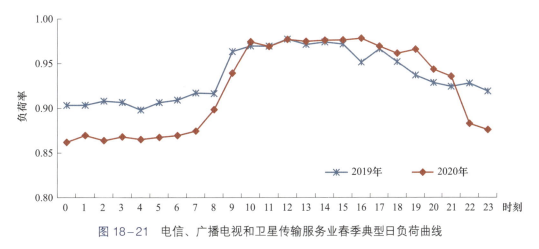

图 18-21　电信、广播电视和卫星传输服务业春季典型日负荷曲线

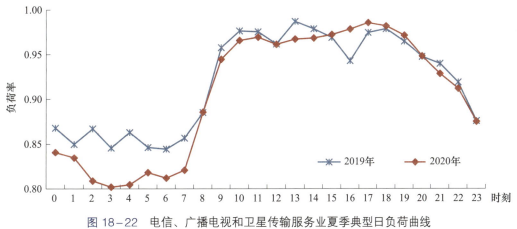

图 18-22　电信、广播电视和卫星传输服务业夏季典型日负荷曲线

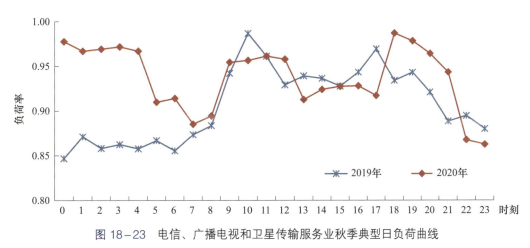

图 18-23　电信、广播电视和卫星传输服务业秋季典型日负荷曲线

从春、夏、秋、冬四季的日负荷曲线来看，电信、广播电视和卫星传输服务业的负荷特性受季节特性的影响相对较小，峰谷差较小，负荷率也保持在较高的水平。

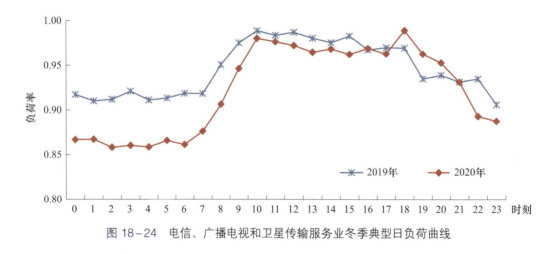

图 18-24　电信、广播电视和卫星传输服务业冬季典型日负荷曲线

（3）传统制造业

制造业是全行业电量需求最大的产业，约占全行业用电的 67.4%。其中，传统制造业纺织业、化工以及金属制品业等行业用电占全行业用电的 24.8%以上。

1）纺织业

纺织业是浙江经济的支柱产业之一，该行业春夏季日负荷波动不大，秋冬季高峰负荷一般出现在 8 点～18 点。多数情况下日负荷率在 0.78 以上，峰谷差率在 0.65～0.84 之间波动。从春、夏、秋、冬四季的日负荷曲线来看，纺织业的负荷特性受季节特性的影响相对较大。

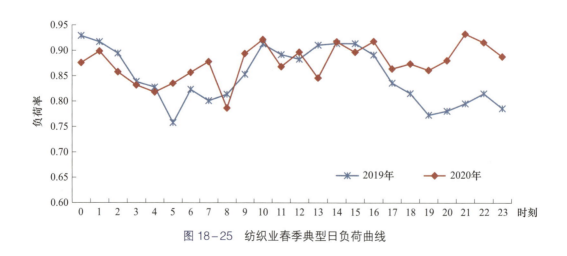

图 18-25　纺织业春季典型日负荷曲线

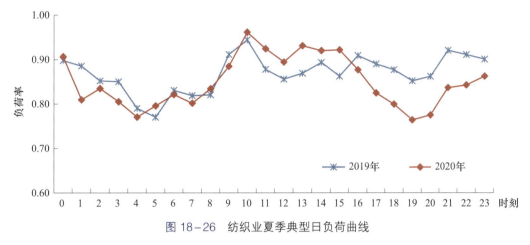

图 18-26　纺织业夏季典型日负荷曲线

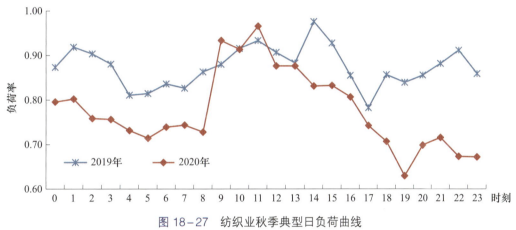

图 18-27　纺织业秋季典型日负荷曲线

图 18-28　纺织业冬季典型日负荷曲线

2）化学原料和化学制品制造业

传统行业中化工行业四季的负荷较为平稳，负荷高峰时间为 8 点～15 点。日最小负荷率约 0.76，日负荷率在 0.86 以上，峰谷差率在 0.78～0.86 之间波动。化工行业春、夏、秋、冬四季日负荷曲线形状基本一致。

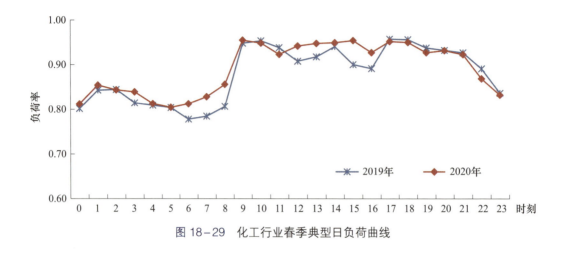

图 18-29 化工行业春季典型日负荷曲线

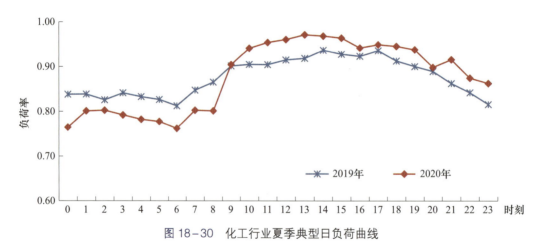

图 18-30 化工行业夏季典型日负荷曲线

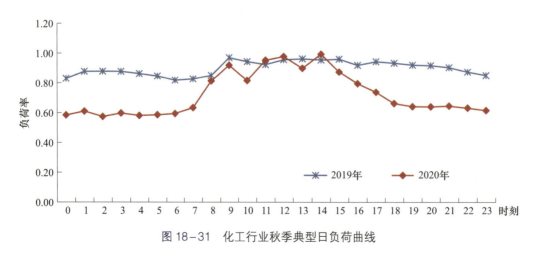

图 18-31 化工行业秋季典型日负荷曲线

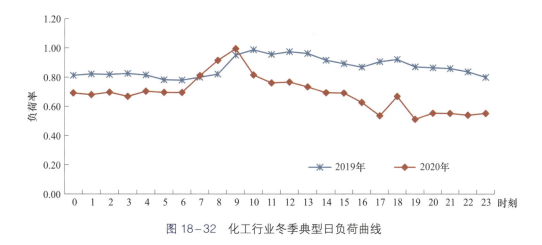

图 18-32　化工行业冬季典型日负荷曲线

3）金属制品业

金属制品业的负荷特性受季节特性的影响较为明显，该行业四季高峰负荷一般出现在 9 点～11 点及 13 点～15 点，低峰负荷一般出现在 11 点～13 点，低谷时间出现在 0 点～7 点。金属制品业日最小负荷率约 0.33，日负荷率在 0.67 以上，峰谷差率在 0.35～0.68 之间波动。

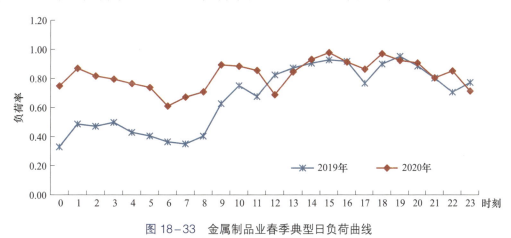

图 18-33　金属制品业春季典型日负荷曲线

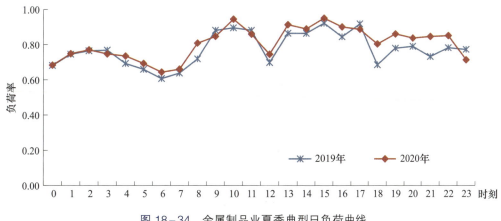

图 18-34　金属制品业夏季典型日负荷曲线

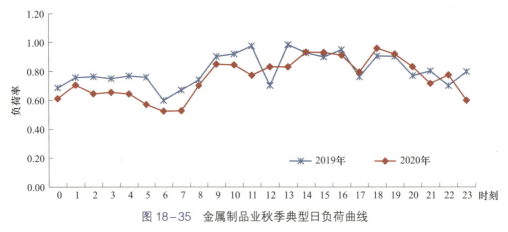

图 18-35　金属制品业秋季典型日负荷曲线

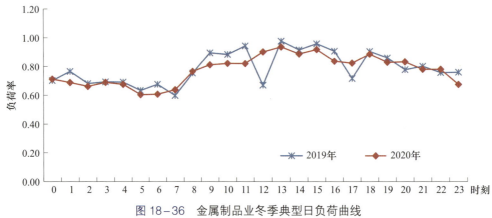

图 18-36　金属制品业冬季典型日负荷曲线

（4）新兴制造业

新兴制造业用电占全行业用电的 11.0%以上，其中通用设备制造业及电气机械和器材制造业用电较高，分别占全行业用电的 4.0%、3.0%以上。

1）医药行业

医药行业四季高峰负荷一般出现在 8 点～15 点，低谷时间为 0 点～7 点及 17 点～23 点。

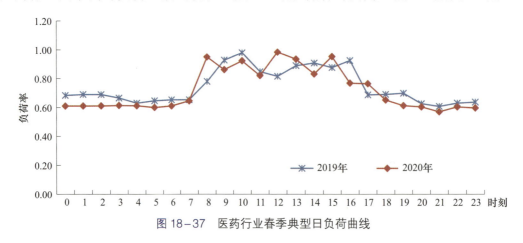

图 18-37　医药行业春季典型日负荷曲线

日最小负荷率约 0.51，日负荷率在 0.68 以上，峰谷差率在 0.51～0.62 之间波动。从日负荷曲线可以看出，医药行业负荷特性受季节特性影响较小。

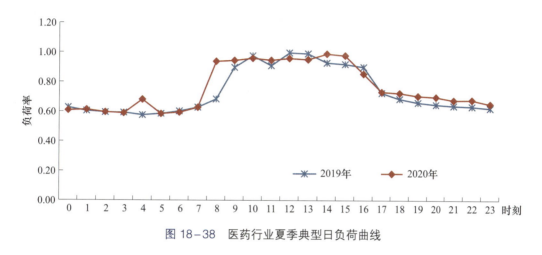

图 18-38　医药行业夏季典型日负荷曲线

2）汽车制造业

汽车制造业负荷特性与装备制造行业负荷特性相近，四季高峰负荷一般均出现在 8 点～11 点和 13 点～15 点，低谷时间出现在 0 点～7 点。日最小负荷率为 0.39，日负荷率在 0.60 以上，峰谷差率在 0.40～0.58 之间波动。从春、夏、秋、冬四季的日负荷曲线来看，汽车制造业的负荷形状相同，受季节特性影响较小。但是秋冬季，峰谷差有加大趋势。

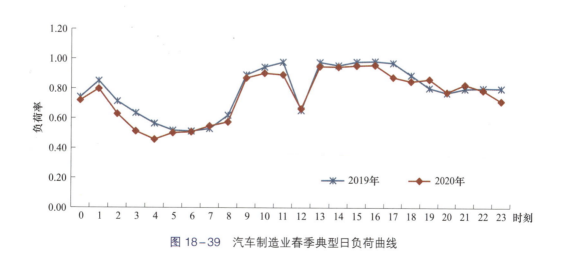

图 18-39　汽车制造业春季典型日负荷曲线

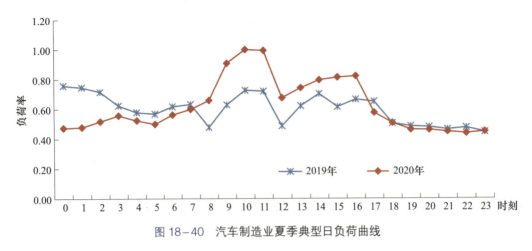

图 18-40　汽车制造业夏季典型日负荷曲线

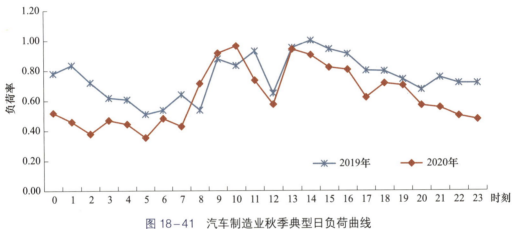

图 18-41　汽车制造业秋季典型日负荷曲线

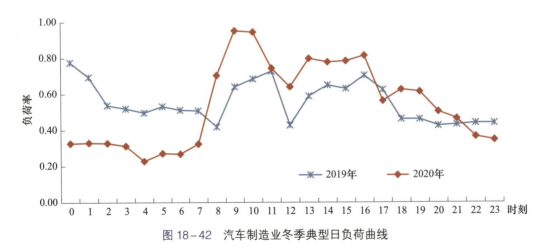

图 18-42　汽车制造业冬季典型日负荷曲线

3）电气机械和器材制造业

工业中电气机械和器材制造业四季高峰负荷一般均出现在 8 点～15 点，低谷时间为 0 点～7 点。日最小负荷率约 0.59，日负荷率在 0.80 以上，峰谷差率在 0.61～0.77 之间波动。由春、夏、秋、冬四季的日负荷曲线可以看出，电气机械和器材制造业负荷特性受季节特性的影响较小。

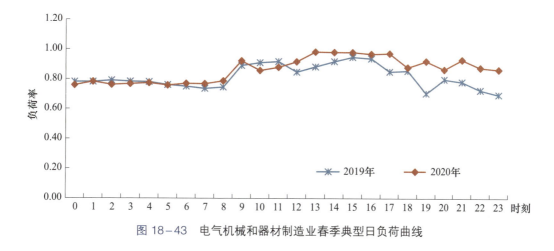

图 18-43　电气机械和器材制造业春季典型日负荷曲线

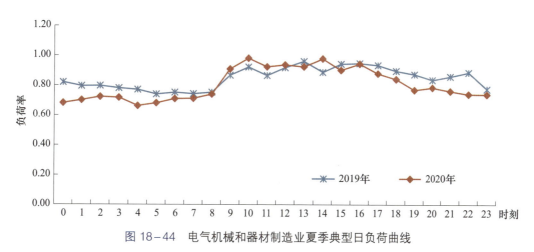

图 18-44　电气机械和器材制造业夏季典型日负荷曲线

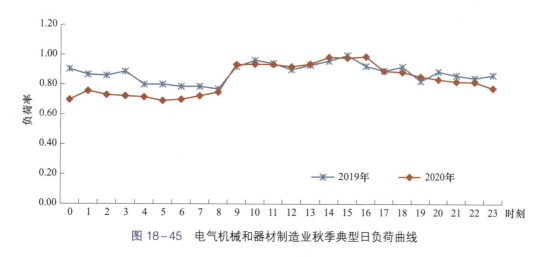

图 18-45　电气机械和器材制造业秋季典型日负荷曲线

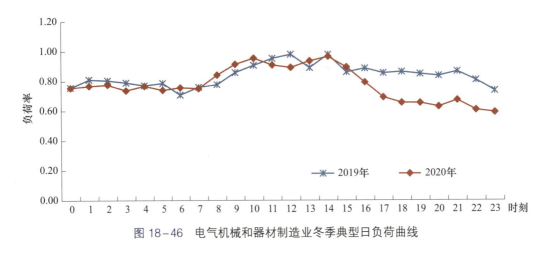

图 18-46　电气机械和器材制造业冬季典型日负荷曲线

4）通用设备制造业

通用设备制造业四季高峰负荷一般均出现在 8 点～10 点以及 13 点～14 点，低谷时间为 11 点～12 点及 0 点～7 点。日最小负荷率为 0.23，日负荷率在 0.93 以上，峰谷差率在 0.24～

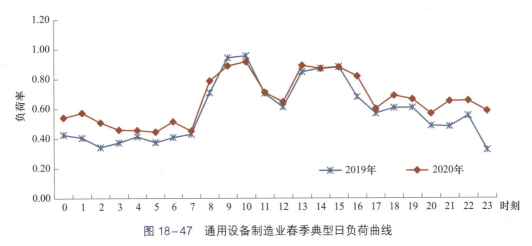

图 18-47　通用设备制造业春季典型日负荷曲线

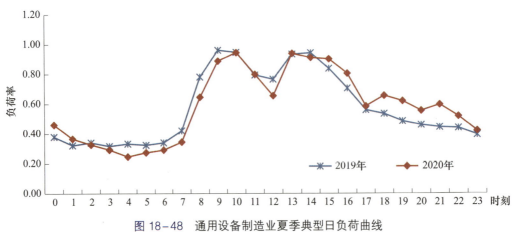

图 18-48　通用设备制造业夏季典型日负荷曲线

0.46 之间波动。从春、夏、秋、冬四季的日负荷曲线来看，通用设备制造业的负荷形状相同，受季节特性影响较小。

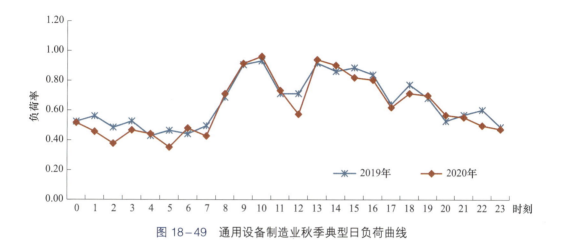

图 18-49 通用设备制造业秋季典型日负荷曲线

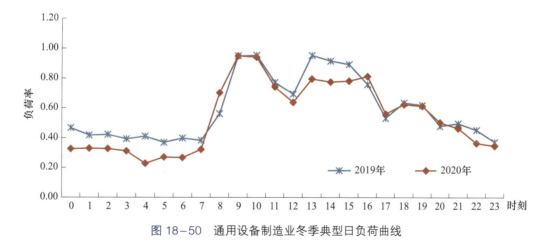

图 18-50 通用设备制造业冬季典型日负荷曲线

5）专用设备制造业

专用设备制造业四季高峰负荷一般均出现在 8 点~11 点及 13 点~16 点，低谷负荷一般出现在 11 点~12 点。最小负荷率为 0.18，日负荷率在 0.57 以上，峰谷差率在 0.20~0.63 之间波动。从春、夏、秋、冬四季的日负荷曲线来看，专用设备制造业的负荷特性受季节特性的影响相对较小。

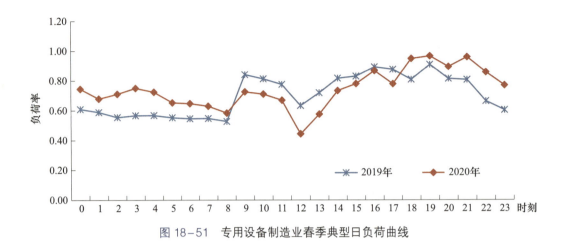

图 18-51　专用设备制造业春季典型日负荷曲线

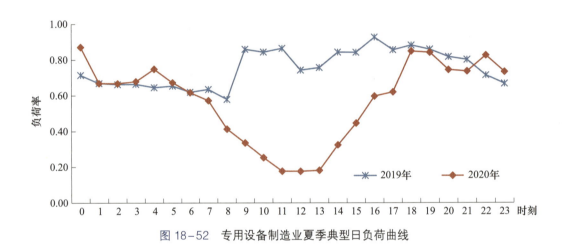

图 18-52　专用设备制造业夏季典型日负荷曲线

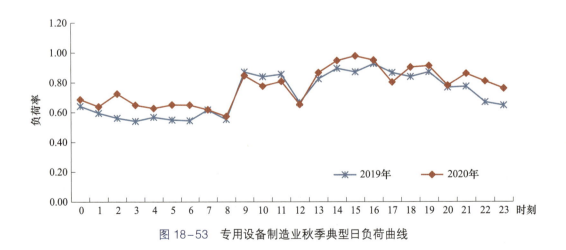

图 18-53　专用设备制造业秋季典型日负荷曲线

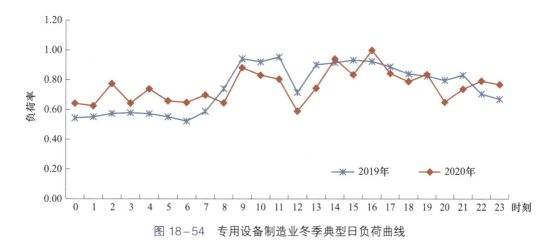

图 18-54　专用设备制造业冬季典型日负荷曲线

（5）服务业

服务业用电（除信息传输、软件和信息技术服务业外）占全行业用电约为 15.3%。其中，邮政业、保险业，以及公共管理、社会保障和社会组织业用电占全行业用电的 5% 以上。

1）邮政业

邮政业春季的高峰负荷一般出现在 9 点～11 点以及 20 点～22 点，低谷时间为 6 点～7 点、11 点～13 点及 17 点～19 点；夏季的高峰负荷一般出现在 9 点～17 点，低谷时间为 6 点～7 点及 18 点～20 点；秋季的负荷较为平稳；冬季的高峰负荷一般出现在 9 点～17 点，低谷时间为 6 点～7 点及 17 点～20 点。日最小负荷率为 0.29，日负荷率在 0.56 以上，峰谷差率在 0.36～0.59 之间波动。由春、夏、秋、冬四季的日负荷曲线可以看出，邮政业负荷特性受季节特性影响较大。

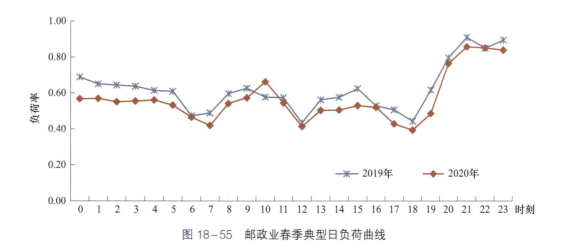

图 18-55　邮政业春季典型日负荷曲线

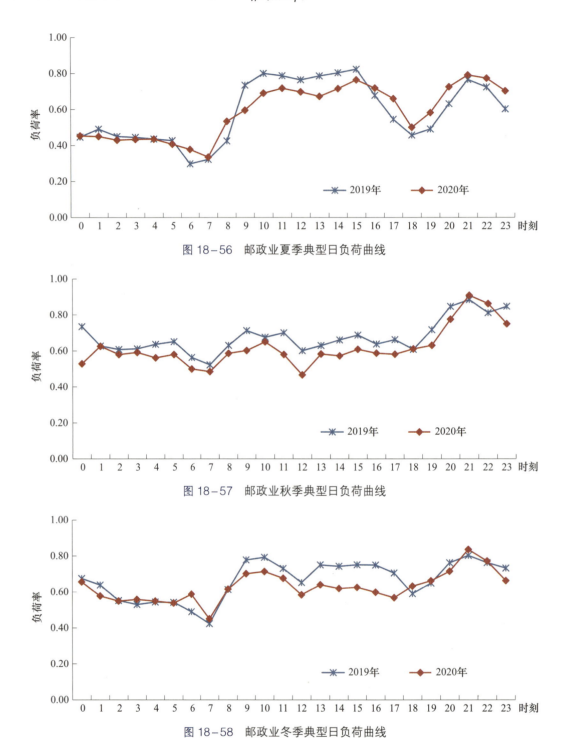

图 18-56　邮政业夏季典型日负荷曲线

图 18-57　邮政业秋季典型日负荷曲线

图 18-58　邮政业冬季典型日负荷曲线

2）保险业

保险业四季的高峰负荷一般均出现在 9 点～11 点以及 17 点～19 点,低谷时间为 12 点～14 点。日最小负荷率约 0.21,日负荷率在 0.52 以上,峰谷差率在 0.22～0.34 之间波动。由春、夏、秋、冬四季的日负荷曲线可以看出，保险业负荷特性受季节特性影响较大，夏季及冬季负荷明年高于春秋季。

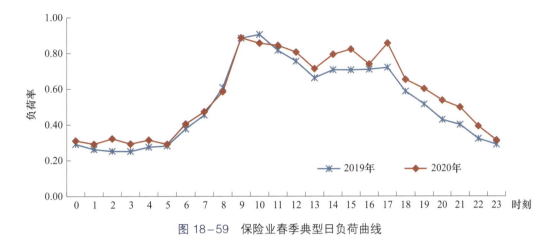

图 18-59 保险业春季典型日负荷曲线

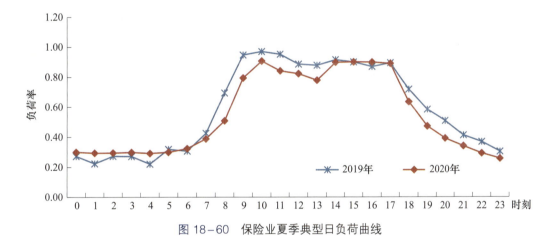

图 18-60 保险业夏季典型日负荷曲线

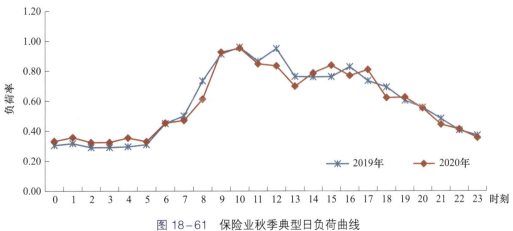

图 18-61 保险业秋季典型日负荷曲线

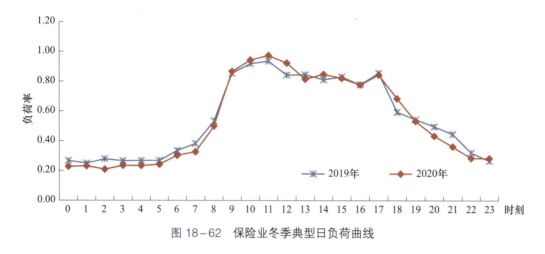

图 18-62　保险业冬季典型日负荷曲线

3）公共管理、社会保障和社会组织业

从公共管理、社会保障和社会组织业春、夏、秋、冬四个季节的典型日负荷曲线来看，其日负荷特性受季节特性的影响较大。其中，春季典型日日最大负荷出现在 11 点左右，低

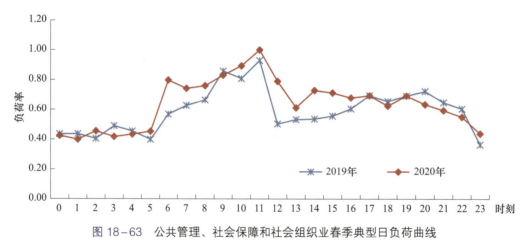

图 18-63　公共管理、社会保障和社会组织业春季典型日负荷曲线

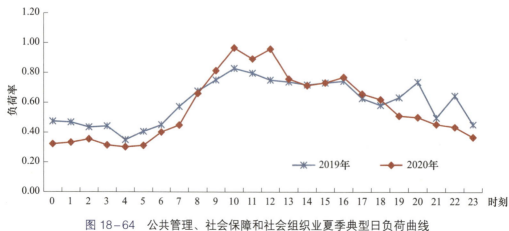

图 18-64　公共管理、社会保障和社会组织业夏季典型日负荷曲线

谷时间为 0 点～6 点；夏季典型日日最大负荷出现在 10 点～12 点及 19 点～23 点之间，低谷时间为 0 点～6 点；秋季典型日日最大负荷出现在 10 点左右，晚高峰出现在 16 点～18 点之间，低谷时间为 0 点～6 点；冬季典型日日最大负荷出现在 10 点左右，早高峰出现在 9 点～11 点之间，午间至傍晚负荷逐渐降低，低谷时间为 0 点～6 点。日最小负荷率在 0.30 左右，日负荷率在 0.60～0.72 之间，峰谷差率在 0.31～0.62 之间。

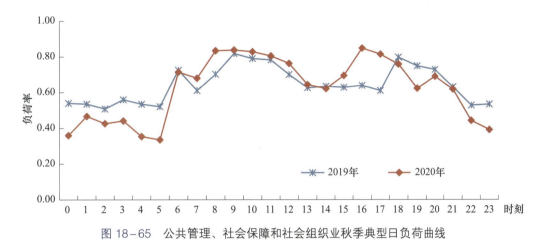

图 18-65　公共管理、社会保障和社会组织业秋季典型日负荷曲线

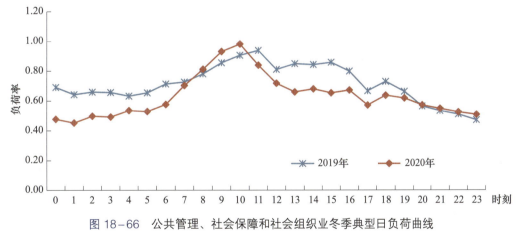

图 18-66　公共管理、社会保障和社会组织业冬季典型日负荷曲线

2. 新业态下负荷特性预测

从上述分析可以得到以下结论：数字经济相关行业负荷率（0.8 以上）较高，随着浙江省数字经济快速推进，该类行业电力需求将不断扩大。其中，数字经济产业日负荷及四季负荷均较为平稳，且受季节特性影响较小。传统制造业负荷率（0.67 以上）较高，而受浙江省产业转型的影响，纺织业、高耗能产业电力需求下降，秋冬季这一现象尤为明显，且近年来受季节特性影响更大。新兴制造业负荷率在 0.5～0.6 之间，其高峰负荷一般在 8 点～15 点，低谷时间一般在 0 点～7 点，行业受季节特性影响较小。服务业（与数字经济直接相关的服

务业除外）负荷率一般也在 0.5～0.6 之间，其行业电力需求增长呈现比较平稳的态势，高峰负荷一般在 9 点～12 点和 14 点～18 点，且受季节特性影响较小。

（四）结论

根据浙江省自身产业发展趋势以及发达国家经验来看，浙江省未来第三产业比重将会继续升高，尤其是数字经济相关产业（如软件和信息技术服务业）；而第二产业比重缓慢下降，但装备制造业在其中的比重将会上升。预估至 2035 年，三次产业结构为 3.1:34.9:62.0；2060 年，三次产业结构为 2:28:70。

浙江省由数字经济推动的新一轮产业转型对各产业电力需求有较大的影响。随着数字经济相关产业（如软件和信息技术服务业）的高速扩张，浙江省第三产业在 GDP 中的比重继续升高，这将带动第三产业用电不断上涨。

十九、浙江电气化水平提升路径研究

（一）我国及浙江省电气化水平现状分析

1. 我国电气化发展水平概况

（1）一次能源消费总量及消费结构

2020年，全国一次能源消费总量达49.8亿吨标准煤，同比增长2.2%左右。全国能源消费结构继续优化，煤炭消费量占一次能源消费总量的56.8%，比2019年下降约0.9个百分点；天然气及非化石能源等清洁能源占一次能源消费总量的比重达24.3%，其中天然气占8.4%，非化石能源消费占15.9%。

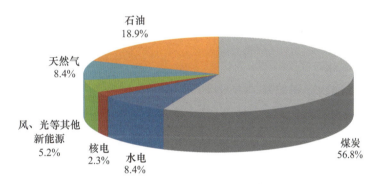

图 19-1　2020 年全国能源消费结构

煤炭消费中，电煤比例逐渐提高，由2000年的40%左右提高至近年接近50%的水平。

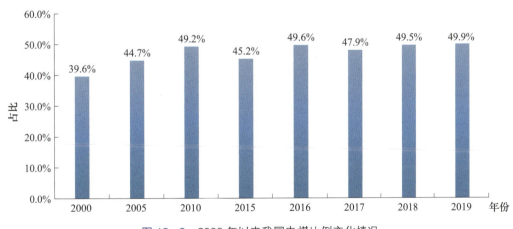

图 19-2　2000 年以来我国电煤比例变化情况

2000年以来，全国电能占终端能源消费比重不断提高，工业化、城镇化进程加速推进，带动电力消费增长总体高于能源消费增长幅度。2018 年，电能占全国终端能源消费比重约为 25.5%，比 2015 年提高约 2.6 个百分点。

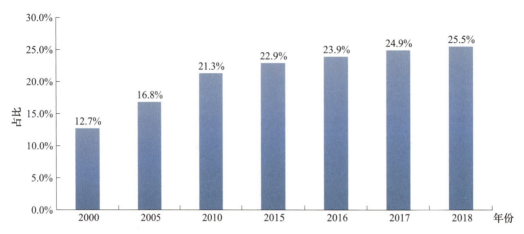

图 19-3 2000 年以来电能占全国终端能源消费比重变化情况

（2）电力消费情况

2000 年以来，我国用电量持续快速增长，"十五"期间年均增长 13%，"十一五"期间年均增长 11.1%，"十二五"期间年均增长 6.3%，"十三五"前 3 年年均增长 6.3%。2020 年，我国用电总量约 7.5 万亿千瓦·时，较 2000 年增长超过 5.5 倍。

图 19-4 2000 年以来我国用电量发展情况

2000 年以来，我国人均用电量增长迅速，2000 年、2010 年人均用电量别为 1063、3132 千瓦·时/人，2020 年人均用电量达到 5357 千瓦·时/人，从不足美国的 1/10，法国、德国、日本等国的 15%左右，增长至超过美国的 40%，法国、德国、日本的 70%左右，但是我国未来电力需求仍有较大的发展空间。

从用电结构来看，第一产业用电占比持续下降；第三产业用电占比、居民生活用电占比持续上升；第二产业用电略有波动，2011 年达到峰值后逐步下降。2000 年我国用电结构为 5.3:72.7:9.6:12.4。2001—2010 年，我国处于重化工业化时代，第二产业尤其重工业快速发展，使得第二产业用电快速增长，同时带动了第三产业用电较快发展，用电结构逐步调整为 2010 年的 2.3:74.9:10.7:12.1。进入"十二五"后，经济进入新常态，产业结构调整使得用电结构随之转变，第二产业用电比重开始下降，而第三产业用电则大幅提高，到 2015 年用电结构转变为 1.8:72.2:12.9:13.1，2020 年进一步转变为 1.1:68.2:16.1:14.6。

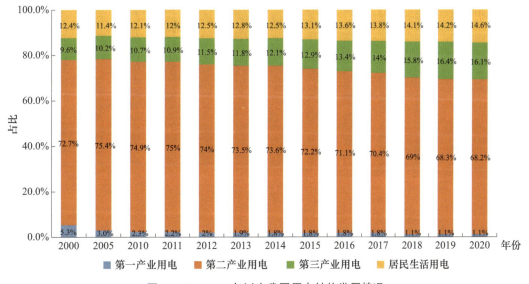

图 19-5　2000 年以来我国用电结构发展情况

（3）能源利用效率

单位 GDP 能源消耗和单位 GDP 电力消费反映的是能源消费及用电量与经济发展之间的关系。2000 年以来，由于高耗能产业快速发展，单位 GDP 能源消耗和单位 GDP 电力消费出现了攀升趋势，但随着近年来能源消费革命不断深化，节能降耗取得新成效，经济活动能耗强度持续下降。2019 年，全国单位 GDP 能源消耗约为 0.49 吨标准煤/万元，全国单位 GDP 电力消费约为 729 千瓦·时/万元。

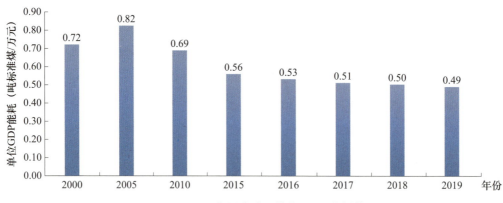

图 19-6 2000 年以来我国单位 GDP 能耗情况

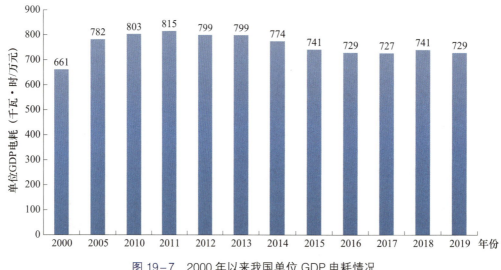

图 19-7 2000 年以来我国单位 GDP 电耗情况

2. 浙江省电气化发展情况分析

（1）一次能源消费总量及消费结构

1）能源消费总量继续增长

2019 年，浙江省一次能源消费总量达 22 393 万吨标准煤，同比增长 3.3%左右。"十三五"前四年能源消费增速均超过了国家下达的能源消费增速年度控制目标（2.3%）。

2）能源消费结构持续优化

2019 年，浙江省煤炭、石油消费量分别占一次能源消费总量的 45.3%、16.8%，较 2018年分别下降约 2.1 和 1.0 个百分点。2010—2019 年，煤炭消费占比下降 16 个百分点，石油及制品消费占比下降 5.3 个百分点；天然气消费占比提高 5.6 个百分点；一次电力及其他能源占比提高 15.7 个百分点。

图 19-8　2000 年以来浙江能源消费总量发展情况

图 19-9　2010 年以来浙江省能源消费结构变化情况

3）电煤比例逐年提高

煤炭消费中，浙江省电煤比例较高，且呈逐年继续提高的趋势。2018 年，浙江省电煤占煤炭消费比例达到 63.9%，高于全国 14.4 个百分点；2019 年，电煤占比较 2018 年略有降低，为 61.7%，达到世界平均水平（2012 年世界电煤占煤炭消费比例约为 62%）。

4）电能占终端能源消费比重不断提高

近年来，浙江省电能占终端能源消费比重不断提高，工业化、城镇化进程加速推进，带动电力消费增长总体高于能源消费增长幅度。2019 年，浙江省电能占终端能源消费比重约 38.4%（当量值）。

图 19-10 2014 年以来浙江省煤炭二次加工及电煤比例变化情况

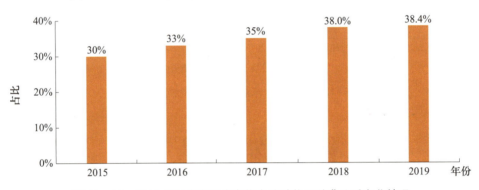

图 19-11 2015 年以来浙江省电能占终端能源消费比重变化情况

（2）电力消费情况

1）全社会用电量持续快速增长

"十五"期间年均增长 17.2%，"十一五"期间年均增长 11.4%，"十二五"期间年均增长

图 19-12 2000 年以来浙江省用电量发展情况

4.7%，"十三五"前 4 年年均增长 7.3%。2020 年，浙江省用电总量达 4830 亿千瓦·时，较 2000 年增长 6.5 倍，高于全国平均增速。

2）人均用电量接近发达国家水平

2000 年以来，浙江省人均用电量增长迅速，2020 年达到 7480 千瓦·时/人，是 2000 年人均用电量的 4.7 倍，是同期全国人均用电量的 1.4 倍左右，接近日本 2015 年的人均用电量。

3）产业用电结构优化趋势显现

浙江省第一产业用电占比持续下降；第三产业用电占比、居民生活用电占比总体呈上升趋势；第二产业用电占比先升后降，2007 年达到峰值后开始逐步下降。2000 年浙江省用电结构为 2.5:76.6:8.1:12.9。"十五"及"十一五"期间，浙江省处于快速工业化时代，第二产业尤其重工业迅猛发展，使得第二产业用电快速增长，占比持续攀升，至 2007 年第二产业用电占比达到最高值 80.1%。进入"十二五"后，经济进入新常态，产业结构调整使得用电结构随之转变，第二产业用电比重开始下降，而第三产业用电则大幅提高，到 2015 年用电结构转变为 0.7:74.2:12.6:12.5，2020 年进一步转变为 0.4:70.2:15.1:14.2。

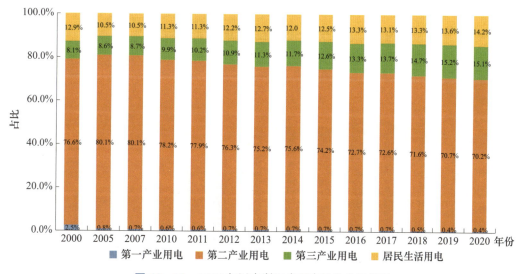

图 19-13 2000 年以来浙江省用电结构发展情况

（3）能源利用效率

"十五"期间，浙江省单位 GDP 能耗基本维持不变，而单位 GDP 电耗受高耗电产业的快速发展影响，有较大幅度增长。2005 年之后，随着经济增长方式的转变、产业结构的优化，以及节能降耗取得新成效，经济活动能耗强度持续下降。2015 年，浙江省单位 GDP 能耗约为 0.42 吨标准煤/万元（2020 年可比价，下同），单位 GDP 电耗约为 756 千瓦·时/万元，较 2005 年分别下降 37% 和 17%。

"十三五"期间，浙江省单位 GDP 能耗继续降低，2019 年约为 0.36 吨标准煤/万元（2020年可比价），较上一年降低 3.3%。单位 GDP 电耗受电能替代等因素影响，"十三五"前三年略有增加，2018 年为 776 千瓦·时/万元，较 2015 年上升 2.6%，2020 年下降至 748 千瓦·时/万元，与 2015 年基本相当。

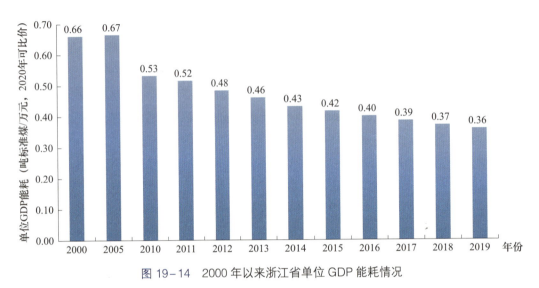

图 19-14　2000 年以来浙江省单位 GDP 能耗情况

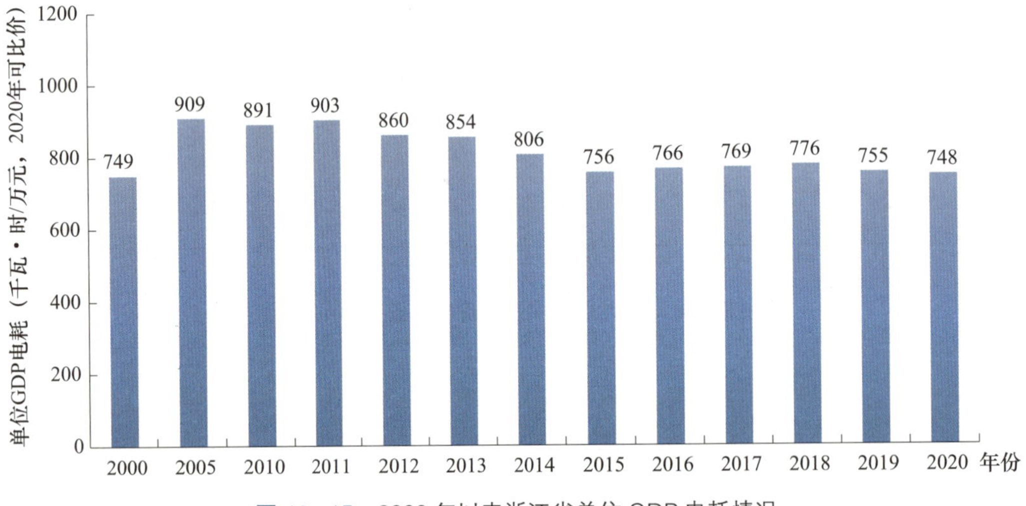

图 19-15　2000 年以来浙江省单位 GDP 电耗情况

（二）电气化水平发展趋势研究

1. 电力消费主要指标国际对比分析

（1）单位 GDP 电耗

各国单位 GDP 电耗中，日本、德国、法国基本稳定但略有降低，美国和英国受产业结构变化的影响，呈降低的趋势，1995—2017 年间，美国降低了 28%左右，英国降低了 32% 左右。韩国在工业化过程中，单位 GDP 电耗一直是呈现上升态势，1995—2017 年间增长了 37%左右，2012 年之后开始呈逐步下降趋势。

浙江的单位 GDP 电耗处于高位水平。20 世纪 90 年代中叶后期，浙江单位 GDP 电耗一度有下降的趋势，但随着重化工业化进程的推进，2001—2007 年单位 GDP 电耗反弹回升至 1 千瓦·时/美元以上，之后随着经济发展模式的转换和产业结构的优化开始逐步降低，2017 年已降至 0.68 千瓦·时/美元，但与发达国家相比，仍然有巨大的进步空间，是美国、法国、德国、日本、英国等的 2.5～5 倍，韩国的 1.8 倍左右。

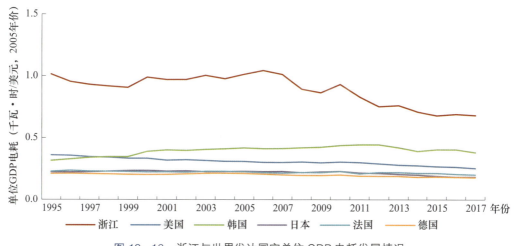

图 19-16 浙江与世界发达国家单位 GDP 电耗发展情况

（2）人均用电量

20 世纪 90 年代中期，浙江省人均用电量仅为英国、法国、德国、日本的 10%～18%，为美国的 8%。随着经济社会的发展、人民生活水平的提高，浙江人均用电量也快速增长，2020 年已接近 2015 年日本人均水平，超过了英国、法国、德国等国，约为 2015 年韩国的 70%左右、美国的 60%左右。

伴随着工业化进程的快速推进，浙江省人均第二产业用电量已位于高位，超过了多数发达国家的平均水平，接近电力消费以工业用电为主的韩国（2015 年），2020 年达到了 5241 千瓦·时/人。随着产业结构的优化调整和节能措施的推进，预计浙江省未来第二产业用电量将逐渐趋缓。

浙江省的人均生活用电和人均第三产业用电与发达国家相比还有较大的差距。2020 年，浙江省人均第三产业用电量为 1132 千瓦·时/人，约为 2015 年美国的 1/4，法国、德国、日本的 1/2；人均生活用电量为 1065 千瓦·时/人，不到 2015 年美国的 1/4，约为法国、德国、日本的 40%～60%，开始逐渐逼近韩国的人均生活用电量。未来随着浙江国民收入水平的不断提高和第三产业的快速发展，居民生活用电量和第三产业用电量将会较快增长，并且有很大的发展空间。

因此，对比发达国家人均用电水平，浙江省未来电力需求仍有较大的发展空间。

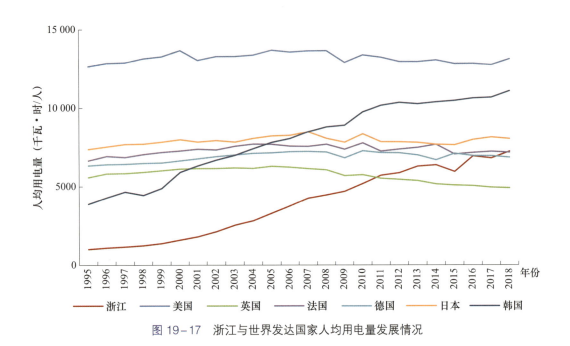

图 19-17 浙江与世界发达国家人均用电量发展情况

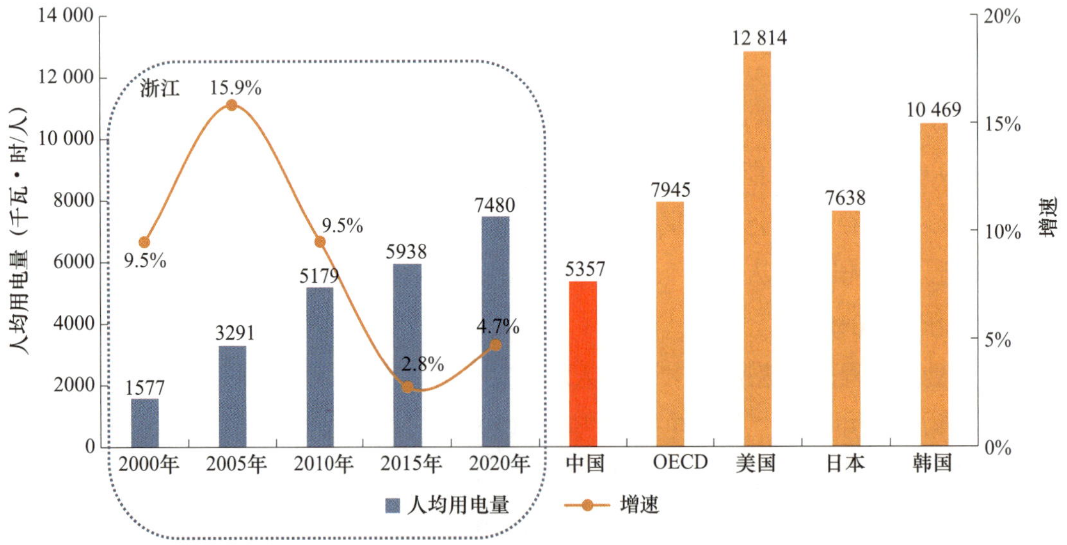

注：中国为 2020 年数据，国外为 2015 年数据。

图 19-18 浙江与世界发达国家人均用电量对比情况

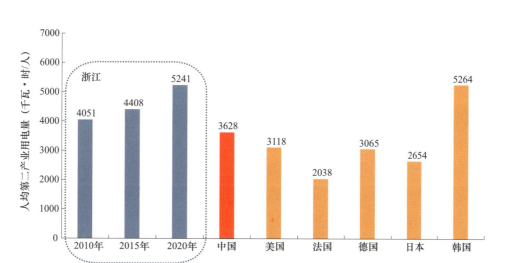

注：中国为 2020 年数据，国外为 2015 年数据。

图 19-19　浙江与世界发达国家人均第二产业用电量对比情况

（3）电煤比例

电煤占煤炭消费比例体现了煤炭清洁高效利用的程度，同时受产业结构影响较大。电煤消费比例越大，终端煤炭消费比例越低，煤炭的清洁利用程度越高；冶金、化工产业较发达的国家和地区，电煤比重相对较低。2012 年，世界电煤占煤炭消费比重约为 62%，美国电煤比例约为 90%，欧盟约为 77%，日本约为 56%；中国电煤低于世界平均水平 13 个百分点左右，仅为 49.4%。

浙江省电煤比例相对较高，且受近年推进高污染燃料"五炉"淘汰改造的影响，电煤比例仍然逐年提高。2019 年，浙江省电煤比例达到 61.7%，较 2015 年提高 4.9 个百分点。加上其他用于二次加工的煤炭用量，2019 年浙江用于发电和二次加工的煤炭比例已经达到 84.3%，其余 15.7% 的煤炭用于工业终端消费。因此，未来浙江省电煤比例仍有一定的提高空间。

注：中国为 2019 年数据，国外为 2012 年数据。

图 19-20　浙江与世界发达国家电煤比例对比情况

（4）电能占终端能源消费比重

2016 年，世界电能占终端能源消费比重为 18.7%，发达国家电能占终端能源消费比重较高，发展中国家较低，中国为 23.9%，已经与发达国家接近，2018 年进一步增加至 25.5%。2019 年，浙江省电能占终端能源消费比重为 38.4%，高于多数发达国家。受资源禀赋和国际环境的制约影响，浙江省乃至中国天然气占能源消费比重较低，未来天然气消费将快速增长，但是其在能源消费中的占比难以达到西方国家水平。因此，随着经济增长、城镇化进一步深化、人民生活水平继续提高，浙江省电能占终端能源消费比重仍将缓慢上升。

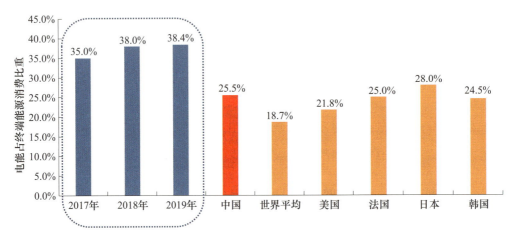

注：中国为 2018 年数据，国外为 2016 年数据。

图 19-21　浙江与世界发达国家电能占终端能源消费比重对比情况

2. 浙江电气化水平发展趋势研判

（1）产业结构

改革之前，浙江产业层次很低，农业在国民经济中占较高份额。1978 年，农业占 GDP 的比重为 38.1%，农业劳动力占全社会劳动力的比重高达 74.8%，属于典型的农业省份。改革开放以来，经济结构发生了深刻变化，实现"二一三""二三一"到"三二一"的跨越，即从典型的农业社会到第二产业占据绝对主导地位，再到第三产业比重逐步提高。三次产业增加值比例由 1978 年的 38.1:43.3:18.6，转变为 2020 年的 3.3:40.9:55.8。三次产业从业人员比例则由 74.8:17.1:8.1 转变为 11.8:46.2:42.0，形成了工业和服务业共同推动产业发展的格局。

按照产业发展的一般规律，产业结构初期是第一产业（即传统的农业）比重较大，第二、第三产业的比重相对落后。随着经济的发展和工业化的推进，工业所占的比重日益增加，第一、第三产业的比重相对比较落后。后工业化时代，第三产业占据较高比例，工业比例其次，农业比例最低。

自英国工业革命后,西方发达国家经历了一个多世纪的工业化历程。到20世纪50年代,发达国家的经济结构开始发生历史性的转变,即从以第二产业为主的经济结构逐步转向以第三产业为主的经济结构。在三次产业中,发达国家的产业结构与就业结构大体相似,第一产业就业约占整个就业的1%～5%,第二产业就业约占20%～30%,而第三产业就业约占60%～75%。

浙江省2020年第二产业、第三产业比重(40.9%、55.8%)与德国、日本等国家20世纪90年代前后水平较一致,**基本处于工业化后期的发展阶段**。

(2)城镇化率

浙江省城镇化进程分为三个阶段。第一阶段为城镇化发动阶段(1978—1997年),在这一时期,浙江省以"撤县设市"和"整县改市"的方式,城市数量从3个迅速增加到33个。通过乡镇的"撤扩并",小城镇数量从1983年的185个迅速增加到1997年的993个。第二阶段为快速发展阶段(1998—2005年),在《浙江省城市化发展纲要》的引领下,1998—2005年,城市化率从36.8%提高到56%,年均增长2.8个百分点,城市规模也迅速扩大。第三阶段为质量提升阶段(2006年至今)。2006年8月8日,时任浙江省委书记习近平同志主持召开全省城市工作会议,在全国首开先河提出"新型城市化"命题,明确要求"走资源节约、环境友好、经济高效、社会和谐、大中小城市和小城镇协调发展、城乡互促共进的新型城市化道路",标志着浙江城市化进入了以提升质量为主的发展阶段。至2020年,浙江省城镇化率为72.2%。

横向对比发达国家的城镇化水平的完成程度,美国在20世纪80年代完成城镇化,日本在20世纪70年代完成,德国在2000年后完成,韩国为20世纪90年代。每个国家由于民俗不同,城镇化率不同,但基本在75%以上。日本城镇化率最高,为92.5%;德国最低,为74.9%,而浙江省城镇化率至今低于75%。

因此,总体而言,浙江省目前处于工业化后期发展阶段,经济增长位于中高速增长区间,城镇化水平还有进一步提升空间。**预计"十三五"末、"十四五"期间浙江省仍将处于工业化后期发展阶段,经济将保持中速增长;2025年后逐步向后工业化阶段过渡,至2035年左右进入后工业化阶段,经济发展逐渐降至中低速增长区间,城镇化率逐步达到成熟阶段。**

(三)浙江电气化水平对电力需求影响分析

1. 第一产业用电

浙江省第一产业用电量基本保持稳步增长但略有波动的态势,同时第一产业用电单耗基本保持稳定。根据前述章节的研究分析,第一产业用电的替代潜力相对较小,考虑电排灌、电烤茶及农业器械的电能替代,估测2025年可替代量约为4亿千瓦·时,2060年约为9亿千瓦·时，对第一产业自身的用电量具有一定的影响，但对全社会用电量的影响很小。

初步预测，至 2025 年第一产业用电量将达到 25 亿千瓦·时，"十四五"期间的年均增速为 3.4%；2035 年用电量为 29 亿千瓦·时，年均增长率 1.5%；2060 年用电量为 30 亿千瓦·时，年均增长率为 0.1%。

2. 第二产业用电

目前，浙江省人均第二产业用电量已经处于较高水平，超过了发达国家，总体的增长空间有限，未来第二产业用电量将逐渐趋缓。从近年来的增长情况来看，"十二五"期间浙江第二产业用电量年均增长 3.6%，"十三五"期间年均增长 5.1%。

当前浙江省的第二产业正在进行深入转型升级，从产业规划发展来看，浙江省将聚焦汽车、绿色石化、纺织化纤、新材料、高端装备、生物医药等重点领域，发挥龙头企业带动作用，吸引优质企业集聚发展，着力打造 5 个世界级万亿产业集群。以杭州湾大湾区为核心的汽车产业、依托舟山基地的绿色石化项目、镇海石化基地扩建项目，以及以装备、船舶、化纤、医药等传统制造业向智能制造、智慧工厂和互联网＋协同制造转型提升都将在"十三五"后期及"十四五"期间开展建设并投入营运。

因此，未来相当长的一段时间内，在先进产业发展的引领下，浙江第二产业仍将保持一定增长速度，同时由于先进产业附加值的提升，工业部门单位 GDP 能耗将逐步降低，电能占终端用能比重会进一步增长。预计至 2025 年第二产业用电量将达到 4010 亿千瓦·时，"十四五"期间的年均增速为 3.4%；2035 年用电量为 4830 亿千瓦·时，保持低速稳定，年均增长率 1.8%；2060 年用电量逐渐降低为 4550 亿千瓦·时，年均增长率为 −0.3%。

3. 第三产业用电

第三产业用电量可以分为商业服务业和交通运输业两部分，其中商业服务业的用电量占目前第三产业用电量的绝对多数。根据对世界发达国家数据的统计分析，2015 年美国商业服务业用电占总用电量的 36%，交通运输用电仅占 0.2%；法国商业服务业用电占比 34.4%，交通运输用电占比 2.4%；德国商业服务业用电占比 29.1%，交通运输用电占比 2.2%；日本商业服务业用电占比 34.5%，交通运输用电占比 1.9%；韩国商业服务业用电占比 30.7%，交通运输用电占比 0.4%。但是从未来的发展来看，由于电动汽车是现在能源消费革命的主要领域，交通运输领域的用电将会呈现爆发式增长，在全社会用电量中的占比将持续攀升。

从世界发达国家的商业服务业用电来看，目前发达国家产业结构已基本稳定，其商业服务业的人均用电量呈基本稳定并略有波动态势，2015 年美国商业服务业人均用电量为 4368 千瓦·时/人，法国为 2504 千瓦·时/人，德国为 2041 千瓦·时/人，日本为 2616 千瓦·时/人，韩国为 3049 千瓦·时/人。然而浙江省目前处于经济转型升级时期，商业服务业正处于快速发展阶段，"十三五"期间浙江第三产业用电量平均增速高达 10.3%，2020 年人均用电量为

1060 千瓦·时/人，其中商业服务业用电占了大部分。因此，浙江省商业服务业仍然有巨大的增长空间，近期年份可以结合历史数据用趋势外推法进行预测分析；远景可以选择预测产业结构、气候条件较为接近的日本、法国作为参考，采用人均用电量法进行预测分析。考虑至 2060 年，浙江省商业服务业的人均用电量为 2600 千瓦·时/人。根据初步预测结果，2025 年浙江省商业服务业用电量达到 940 亿千瓦·时，2035 年达到 1500 亿千瓦·时，2060 年达到 1840 亿千瓦·时。

交通运输领域，电动汽车和轨道交通成为主要用电增长点，推动交通运输用电占比的迅速上升。根据前述章节测算结果，预计 2025 年、2035 年、2060 年电动汽车用电量分别约为 80 亿、360 亿、900 亿千瓦·时（中方案）；轨道交通用电量分别约为 100 亿、140 亿、160 亿千瓦·时。

综合考虑商业服务业、交通运输领域用电后，浙江省第三产业用电量预计在 2025 年将达到 1210 亿千瓦·时，2035 年为 2000 亿千瓦·时，2060 年为 2900 亿千瓦·时。

4. 居民生活用电

通过与世界发达国家的比较，浙江省居民生活用电量还有巨大的提升空间。2020 年，浙江人均生活用电量为 1065 千瓦·时/人，而 2015 年美国人均生活用电量为 4501 千瓦·时/人，法国为 2614 千瓦·时/人，德国为 1754 千瓦·时/人，日本为 2138 千瓦·时/人，韩国为 1281 千瓦·时/人，浙江省人均生活用电量还不到 2015 年美国的 1/4，约为法国、德国、日本的 40%～60%。

根据前述章节的分析，未来浙江省居民生活用电的主要增长来源于居民采暖需求增长和新式小家电发展普及后的用电需求增长。考虑到气候条件、生活习惯和文化差异的影响，浙江没有美国中北部一样的漫长采暖季，不会长时间地连续运行取暖设备；也不会如欧美国家一样彻底普及烘干机以及诸如烤箱、咖啡机等西式餐厨设备；但是浙江气候炎热，较德国、英国等西北欧国家乃至日本等海洋性气候国家有更多的空调制冷用电。因此，浙江省远景人均生活用电总体上可参考日本和法国，人均生活用电量取 2400 千瓦·时/人。

同时，浙江省近年来的居民生活用电量增长非常迅速，"十三五"期间浙江居民生活用电量平均增速高达 9.1%。因此，结合近年的居民生活用电增速以及对远景人均生活用电量的预测，预计 2025 年浙江省居民生活用电量达到 920 亿千瓦·时，人均达到 1370 千瓦·时/人；2035 年达到 1470 亿千瓦·时，人均达到 2070 千瓦·时/人左右；2060 年达到 1670 亿千瓦·时，人均接近 2400 千瓦·时/人左右。2060 年居民生活用电量是 2020 年的 2.4 倍左右，其中居民采暖用电增量约占整个增量的 1/4。

5. 全社会用电量

根据前述各产业和居民生活用电需求的分析及预测，综合可得浙江全社会用电量的发展预测。

得益于第二产业、第三产业以及居民生活用电的增长，预计至 2025 年，浙江全社会用电量达到 6180 亿千瓦·时，"十四五"期间年均增长 5.1%。

2025 年后，第二产业用电低速增长，第三产业和居民生活用电保持一定增速，至 2035 年全社会用电量达到 8330 亿千瓦·时，10 年间年均增长 3.0%。

2035 年后，第二产业用电达到峰值后开始逐步降低，居民生活用电逐渐饱和，受电动汽车替换影响，第三产业用电仍有一定增速，全社会用电量总体稳定微增，至 2060 年达到 9150 亿千瓦·时左右。

（四）主要结论

1. 电气化水平发展现状

浙江省能源消费总量持续增长，能源消费结构更趋优化，电煤比例、电能占终端能源消费比重不断提高。其中，电力消费保持快速增长，工业用电增速有所放缓，产业用电结构优化趋势显现。能源利用效率方面，单位 GDP 能耗持续降低，单位 GDP 电耗受电能替代等因素影响，近两年略有增加。

2. 电气化水平发展趋势

① 电力消费主要指标与发达国家相比，浙江省人均用电量已接近发达国家水平，其中第二产业人均用电量已高于主要发达国家，但是第三产业和居民生活人均用电量有较大差距，仅为法国、德国、日本等国的 50% 左右，仍然有巨大的发展空间。

② 至 2025 年，浙江省处于工业化中、后期发展阶段，经济维持中高速增长。在此期间，第二产业用电将保持一定增速，仍然是全社会用电量增长的重要推动力；第三产业用电、居民生活用电继续快速增长，三者共同推动全省用电需求中速增长。

③ 2025 年后，浙江省逐步向后工业化阶段过渡，第二产业用电低速增长，第三产业、居民生活用电继续保持中高速增长，成为全社会用电量增长的主要动力，全省用电需求低速增长。

④ 2035 年后，浙江省逐渐进入后工业化阶段，经济发展进入低速增长区间。伴随着能效提高及部分耗能产业转移，第二产业用电有所降低，居民生活用电逐渐饱和，受电动汽车替换影响，第三产业用电仍有一定增速，全省用电需求总量稳定微增。

⑤ 受电动汽车、轨道交通快速发展影响，交通运输部门电力需求呈爆发式增长，是浙江省电力需求最重要的增长点。

⑥ 以数字信息技术为代表的高新技术产业将推动商业服务业用电持续高速增长，2035 年将接近发达国家水平。

⑦ 受新式小家电普及以及取暖需求增长推动，居民生活用电呈递进式发展，2035 年人

均生活用电量将接近发达国家水平。

3. 电气化水平发展主要领域

能源消费环节电气化水平提升的主要途径有新兴领域的新增电力需求以及传统用能领域的电能替代，涉及工业与农业生产、交通运输、居民采暖和电器用电等众多领域。

① 农业生产领域具有一定的电能替代潜力，考虑电排灌、农业机械、电烤茶等方面，初步估测 2025 年替代潜力约为 4 亿千瓦·时。

② 工业生产领域中，高污染燃料"五炉"淘汰改造具备进一步电能替代的潜力，理论替代电量估算潜力约 256 亿千瓦·时。

③ 电动汽车是交通运输领域最主要的用电需求增长点。电动汽车用电需求将呈现爆发式增长，考虑高、中、低三种替代情景下，估测浙江省 2025 年电动汽车用电量约为 42 亿～125 亿千瓦·时，2035 年约为 270 亿～450 亿千瓦·时，2060 年约为 780 亿～1000 亿千瓦·时。

④ 轨道交通是交通运输领域重要的用电需求增长点。初步估算，2025 年、2035 年、2060 年，浙江省轨道交通用电量分别为 100 亿、140 亿、160 亿千瓦·时左右。

⑤ 居民生活用电的主要增长来源于采暖需求和新式小家电用电需求增长，其中居民取暖用电量远景可达 270 亿千瓦·时以上。

二十、中长期电力需求预测研究

（一）浙江省经济社会发展趋势

1. 经济总量

通过对发达国家发展历程的比较，结合浙江经济发展基础与未来环境变化，判断未来浙江 GDP 增速将趋缓，经济发展逐步进入平稳增长时期。但浙江作为一个省区，可依托国内市场与资源的优势较多，同时第二产业比重仍居较高水平，绿色石化和先进制造业具备增长后劲，数字经济和产业转型有望推动第三产业进一步增长。

预计"十四五"期间，浙江仍将处于工业化后期发展阶段，经济将保持中速增长；2025年后，逐步向后工业化阶段过渡，至 2035 年左右进入后工业化阶段，经济发展逐步降至低速增长区间。预计推荐方案中，"十四五""十五五""十六五"，以及 2036—2060 年，浙江 GDP 年均增速分别为 5.5%、4.5%、3.5%、1.8%。

表 20-1　浙江中长期国民经济发展趋势预计

GDP 增速	"十四五"	"十五五"	"十六五"	2036—2060 年
高方案	6.5%	5.5%	4.5%	2.8%
中方案（推荐方案）	5.5%	4.5%	3.5%	1.8%
低方案	4.5%	3.5%	2.5%	0.8%

2. 产业结构

浙江省产业转型升级有以下特点：一是总体上符合产业发展一般规律，产业结构一直呈现优化过程；二是浙江的三次产业比重与典型国家有明显差异，发展同期水平第二产业比重明显高于典型国家。结合以上分析，大致可以判断，中长期浙江省第三产业比重将会继续升高，而第二产业比重缓慢下降。

选取与中国转型道路相似的韩国及实现工业化的德国、日本为对标国家，韩国在人均 GDP 为 1.4 万～2.5 万美元/人时，第二产业比重在 35%左右波动，第三产业比重在 62%左右波动。预测浙江省 2035 年人均 GDP 为 2.5 万～3 万美元/人，产业结构接近上述水平。而德国在人均 GDP 接近 4 万美元/人时，第二产业比重约为 30.5%，第三产业比重约为 69.0%；日本在人均 GDP 接近 4 万美元/人时，第二产业比重为 26%～27%，第三产业比重在 70.0%

以上。预估至 2060 年，浙江省人均 GDP 在 4 万～5 万美元/人，由此界定浙江省 2060 年第二产业下限约为 26%、第三产业上限约为 70%。浙江省 2025 年、2030 年、2035 年及 2060 年的产业结构的预判结果如下所示。

表 20-2　浙江中长期产业结构调整趋势预计

产业结构	2020 年	2025 年	2030 年	2035 年	2060 年
第一产业	3.3%	3.2%	3.1%	3.1%	2%
第二产业	40.9%	38.8%	36.9%	34.9%	28%
第三产业	55.8%	58.0%	60.0%	62.0%	70%

3. 人口

2020 年，浙江省常住人口为 6457 万人。初步预计 2025 年、2030 年、2035 年、2060 年，浙江常住人口分别达到 6700 万、7000 万、7100 万、7100 万人（维持 2035 年水平）。

4. 城镇化率

2020 年，浙江城镇化率为 72.2%。发达国家在完成城镇化进程后，城镇化率基本都在 75%以上。参照韩国，综合其他国家的城镇化率，预计 2025 年、2030 年、2035 年、2060 年，浙江城镇化水平分别达到 75%、78%、80%、85%左右。2035 年以后，城镇化率逐步达到成熟稳定阶段。

（二）浙江中长期电力电量需求预测

1. 全省电量需求预测

采用产业和居民用电分析对标法、产值单耗法、人均用电量法、经济电力传导法等方法分别对浙江 2025—2060 年的用电量进行预测。

（1）产业和居民用电分析对标法

第一产业用电。 浙江第一产业用电量基本保持稳步增长但略有波动的态势，同时第一产业的用电单耗基本保持稳定。第一产业用电的替代潜力相对较小，考虑电排灌、电烤茶及农业器械的电能替代，估测 2025 年可替代量约为 4 亿千瓦·时，到 2060 年约为 9 亿千瓦·时，对全社会用电量的影响很小。初步预测，至 2025 年、2030 年、2035 年和 2060 年第一产业用电量分别达到 25 亿、27 亿、29 亿、30 亿千瓦·时。

第二产业用电。 当前浙江第二产业进入转型升级攻坚期，从产业规划发展来看，绿色化工、汽车及零部件、现代纺织、新一代信息技术等世界级先进制造业集群和高端装备、生物医药、新材料等战略性新兴产业集群蓬勃发展将持续拉动第二产业用电增长。预计未来五年浙江第二产业新增用电量 620 亿千瓦·时左右，至 2025 年达到 4010 亿千瓦·时左右，"十四五"年均增速 3.4%左右。其中：舟山绿色石化、镇海炼化扩建、大榭石化扩建等石化特大型项目陆续建成及化工下游精深加工产业链的延伸，预计将拉动新增用电量 300 亿千瓦·时以上；仅近两年已开工的高端装备、生物医药、新材料、汽车及零部件、集成电路等领域重大产业项目新增用电量 180 亿千瓦·时左右；后续随着万亿产业集群的集聚，预计"十四五"期间再新增用电量 140 亿千瓦·时左右。2025 年后，浙江开始向后工业化阶段过渡，第二产业用电趋于稳定后并将伴随结构优化、能效提高及部分耗能产业转移而有所降低，第二产业用电量在 2035 年达到 4830 亿千瓦·时峰值后，2060 年逐步降低到 4550 亿千瓦·时左右。

第三产业用电。预计未来五年浙江第三产业新增用电量 480 亿千瓦·时左右，至 2025 年达到 1210 亿千瓦·时左右，"十四五"年均增速 10.6%左右。其中：2025 年全省交通领域用电量增至 180 亿千瓦·时左右，包括电动汽车预计用电量达到 80 亿千瓦·时左右，铁路、都市圈市域铁路和城市轨道交通等新增建设规模 4000 千米以上，预计用电量达到 100 亿千瓦·时左右；近年来，浙江省不断加大新型基础设施建设投资，2025 年实现全省 5G 基站突破 20 万个，以建设国家级区域型数据中心集群为目标，重点实施浙江云计算数据中心等项目，数字经济产业预计新增用电量 100 亿千瓦·时以上；商业和其他领域服务业人均用电量将从 2020 年的 1060 千瓦·时/人（仅为日本、法国、德国的 1/2，韩国的 2/5，美国的 1/4）提升到 2025 年的 1300 千瓦·时/人左右，预计新增用电量 200 亿千瓦·时以上。2025 年后，第三产业电气化水平仍将继续提升，预计 2035 年、2060 年电动汽车用电量分别达到 360 亿、900 亿千瓦·时左右；轨道交通用电量分别达到 140 亿、160 亿千瓦·时左右；商业服务业用电量分别达到 1500 亿、1840 亿千瓦·时左右，至 2060 年，浙江省商业服务业的人均用电量达到 2600 千瓦·时/人以上，与法国、日本当前水平相当。

居民生活用电。城镇化进程加速和人民生活水平提升将推动居民生活用电仍保持较快增速。2020 年，浙江人均生活用电量为 1065 千瓦·时/人，不到美国的 1/4，约为法国、德国、日本的 40%～60%，还有巨大的提升空间。未来浙江居民生活用电将呈递进式发展，2025 年之前，保持较快增速，人均居民生活用电量达到 1370 千瓦·时/人左右；至 2035 年，达到 2070 千瓦·时/人，与日本当前水平相当，之后维持平稳微增。

综上，采用产业和居民用电分析对标法预测浙江全社会用电量结果如下：

得益于第二产业、第三产业及居民生活用电的增长，预计至 2025 年，浙江全社会用电量达到 6180 亿千瓦·时左右，"十四五"期间年均增长 5.1%。2025 年后，第二产业用电基本饱和维持稳定，第三产业和居民生活用电保持一定增速，2030 年、2035 年浙江全社会用电量分别达到 7520 亿、8330 亿千瓦·时左右。2035 年后，第二产业用电达到峰值后开始逐步降低，居民生活用电基本饱和维持稳定，第三产业用电低速增长，浙江全社会用电量总体稳定，至 2060 年达到 9150 亿千瓦·时左右。

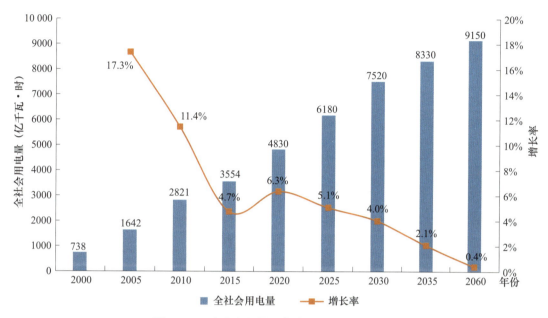

图 20-1　产业和居民用电分析对标法预测结果

（2）产值单耗法

2020 年浙江第一产业产值单耗为 98 千瓦·时/万元。随着农业发展，浙江第一产业的产值单耗将呈基本持平、略有下降的态势。

2020 年浙江第二产业产值电耗为 1283 千瓦·时/万元。随着能源"双控"政策深入、先进工艺和节能技术推广应用，预计未来浙江省第二产业的产值单耗总体仍将呈下降趋势。

2020 年浙江第三产业产值电耗为 203 千瓦·时/万元。近期内电动汽车、数据中心等新兴产业将迅速发展，带动第三产业产值单耗上升；远期由于数字经济的迅猛发展，第三产业中高附加值的行业增加值占比会大量增加，第三产业产值单耗又将缓慢下降。

经产值单耗法计算分析，中方案，2025 年浙江用电量达到 6199 亿千瓦·时，2030 年达到 7541 亿千瓦·时，2035 年达到 8342 亿千瓦·时，2060 年达到 9161 亿千瓦·时。

表 20-3　产值单耗法预测结果

项目			2020 年	2025 年	2030 年	2035 年	2060 年
用电量（亿千瓦·时）	全社会	高	4830	6472	8199	9455	11 787
		中	4830	6199	7541	8342	9161
		低	4830	5933	6934	7358	7154

续表

项目			2020 年	2025 年	2030 年	2035 年	2060 年
用电量 （亿千瓦·时）	第一产业	高	21	28	34	40	54
		中	21	26	31	35	40
		低	21	25	28	30	30
	第二产业	高	3390	4326	5121	5533	6333
		中	3390	4128	4659	4797	4742
		低	3390	3936	4234	4153	3542
	第三产业	高	731	1180	1735	2323	3662
		中	731	1126	1578	2014	2742
		低	731	1074	1434	1744	2048
	居民生活	高	687	938	1309	1559	1738
		中	687	918	1273	1495	1636
		低	687	898	1238	1431	1534
产值单耗 （千瓦·时/万元）	第一产业		98	98	95	90	80
	第二产业		1283	1260	1200	1100	1080
	第三产业		203	230	250	260	240

（3）人均用电量法

2020 年，浙江人均用电量为 7480 千瓦·时/人，与美国 20 世纪 70 年代初、韩国 2003 年水平接近，超过德国、低于日本和法国当前水平。浙江与韩国国土面积、人口数量相近，故人均用电量的数值主要参考韩国，结合其他国家的饱和水平，预计远期浙江的人均用电量将达到 11 400 千瓦·时/人左右（不含电动汽车、轨道交通电气化等）。考虑电动汽车、轨道交通电气化等因素，2060 年将再新增 1000 亿千瓦·时左右（参考产业和居民用电分析对标法），折人均用电量为 1400 千瓦·时/人左右，故预计远期浙江的人均用电量将达到 12 800 千瓦·时/人左右（中方案）。

经人均用电量法计算分析，中方案，2025 年浙江全社会用电量达到 6164 亿千瓦·时，2030 年达到 7490 亿千瓦·时，2035 年达到 8307 亿千瓦·时，2060 年达到 9088 亿千瓦·时。

表 20-4 人均用电量法预测结果

项目		2020 年	2025 年	2030 年	2035 年	2060 年
人均用电量 （千瓦·时/人）	高方案	7480	9400	11 000	12 200	13 600
	中方案	7480	9200	10 700	11 700	12 800
	低方案	7480	9000	10 400	11 200	12 000
全社会用电量 （亿千瓦·时）	高方案	4830	6298	7700	8662	9656
	中方案	4830	6164	7490	8307	9088
	低方案	4830	6030	7280	7952	8520
浙江常住人口（万人）		6457	6700	7000	7100	7100

（4）经济电力传导法

长期内电力电量变化受众多因素影响，具体分为经济、人口、电价、气候环境及政策等六大类。重点分析其中数据较易得的经济、人口等影响因素。经济发展直接带动电量负荷增长，经济结构调整影响着电量负荷增长曲线波动，工业化水平提高往往离不开电气化水平的提升，城镇化进程推进着人口向城市转移，从而带动城市基础建设，因而经济因素中选用GDP、人均GDP、经济结构、城镇化率等变量。人口的不断增加，直接导致生活用电需求的增加，因而人口因素中选用常住人口变量。

基于影响因素分析的浙江电量多维度预测模型为

$$[GDP, Structure, Urban, Population, 1]\, b=E$$

式中：E 为全社会用电量，亿千瓦·时；GDP 为地区生产总值，亿元，以 2010 年可比价计算；Structure 为经济结构，%，此处选用第三产业增加值占比来代替；Urban 为城镇化率，%；Population 为常住人口，万元；b 为各指标待估的系数矩阵 $b=[b1, b2, b3, b4, b5]^T$。

基于以上情景利用模型预测，中方案，2025 年浙江全社会用电量达到 6120 亿千瓦·时，2030 年达到 7450 亿千瓦·时，2035 年达到 8220 亿千瓦·时，2060 年达到 9000 亿千瓦·时。

表 20-5 经济电力传导法预测结果

项目		2020 年	2025 年	2030 年	2035 年	2060 年
全社会用电量 （亿千瓦·时）	高	4830	6130	7650	8520	9460
	中	4830	6120	7450	8220	9000
	低	4830	6100	7240	7790	8630

2. 全省最大负荷预测

（1）最大负荷利用小时数法

最大负荷利用小时数法是通过先预测规划年份地区的用电量，再将其除以最大负荷利用小时数即得规划年份电力负荷。其中，年最大负荷利用小时数的选择，一种是根据历史数据由专家分析判断确定，另一种是以历史数据进行回归分析，找出负荷结构与年最大负荷利用小时数的关系，再由预测的负荷结构计算年最大负荷利用小时数。

2020 年浙江最大负荷利用小时数为 5211 小时。2005—2019 年，浙江最大负荷利用小时数总体呈下降趋势，但由于数字经济发展和电动汽车、储能等新业态和新模式的出现与发展，负荷曲线变得平缓，故到远期负荷利用小时数下降幅度将缓于趋势线。

中方案，到 2025 年，浙江全社会最高负荷达到 12 088 万千瓦，2030 年达到 14 851 万千瓦，2035 年达到 16 600 万千瓦，2060 年将达到 18 571 万千瓦。

表 20-6　最大负荷利用小时数法负荷预测结果

项目		2020 年	2025 年	2030 年	2035 年	2060 年
最大负荷利用小时数（小时）		5211	5100	5050	5000	4900
最高负荷（万千瓦）	高方案	9268	12 353	15 545	17 760	21 020
	中方案	9268	12 088	14 851	16 600	18 571
	低方案	9268	11 804	14 158	15 400	16 531

（2）经济电力传导法

参考电量预测相关内容，多因素变量边界值与电量预测相关内容保持一致。中方案，2025 年浙江全社会用电最高负荷达到 12 770 万千瓦，2030 年达到 16 150 万千瓦，2035 年达到 17 400 万千瓦，2060 年将达到 18 430 万千瓦。

表 20-7　经济电力传导法负荷预测结果

项目		2020 年	2025 年	2030 年	2035 年	2060 年
最高负荷（万千瓦）	高方案	9268	13 050	16 860	18 640	20 180
	中方案	9268	12 770	16 150	17 400	18 430
	低方案	9268	12 420	15 240	16 100	16 270

（三）浙江省中长期电力电量需求综合预测

采用产业和居民用电分析对标法、产值单耗法、人均用电量法、经济电力传导法等预测方法分别对浙江 2025—2060 年的用电量进行预测。采用最大负荷利用小时数法、经济电力传导法等预测方法分别对浙江 2025—2060 年的最高负荷进行综合预测。

年份	2020	2025	2030	2035	2060
■ 全社会用电量	4830	6165	7500	8300	9100
用电量增速	6.3%	5.0%	4.0%	2.0%	0.4%
■ 最高负荷	9268	12 430	15 500	17 000	18 500
最高负荷增速	8.1%	6.0%	4.5%	1.9%	0.3%

图 20-2　浙江电力电量需求综合预测结果（推荐方案：中方案）

表 20-8　浙江省电量预测结果　　　　单位：亿千瓦·时

方案	预测方法	电量					增长率			
		2020 年	2025 年	2030 年	2035 年	2060 年	"十四五"	"十五五"	"十六五"	2036—2060 年
高方案	产值单耗法	4830	6472	8199	9455	11 787	—	—	—	—
	人均用电量法	4830	6298	7700	8662	9656	—	—	—	—
	经济电力传导法	4830	6130	7650	8520	9460	—	—	—	—
	电量综合	4830	6300	7850	8880	10 300	5.5%	4.5%	2.5%	0.6%
中方案（推荐方案）	产业和居民用电分析对标法	4830	6180	7520	8330	9150	—	—	—	—
	产值单耗法	4830	6199	7541	8342	9161	—	—	—	—
	人均用电量法	4830	6164	7490	8307	9088	—	—	—	—
	经济电力传导法	4830	6120	7450	8220	9000	—	—	—	—
	电量综合	4830	6165	7500	8300	9100	5.0%	4.0%	2.0%	0.4%

续表

方案	预测方法	电量					增长率			
		2020 年	2025 年	2030 年	2035 年	2060 年	"十四五"	"十五五"	"十六五"	2036—2060 年
低方案	产值单耗法	4830	5933	6934	7358	7154	—	—	—	—
	人均用电量法	4830	6030	7280	7952	8520	—	—	—	—
	经济电力传导法	4830	6100	7240	7790	8630	—	—	—	—
	电量综合	4830	6020	7150	7700	8100	4.5%	3.5%	1.5%	0.2%

表 20-9　浙江省最大负荷预测结果　　　　单位：万千瓦

方案	预测方法	最大负荷					增长率			
		2020 年	2025 年	2030 年	2035 年	2060 年	"十四五"	"十五五"	"十六五"	2036—2060 年
高方案	最大负荷利用小时数法	9268	12 353	15 545	17 760	21 020	—	—	—	—
	经济电力传导法	9268	13 050	16 860	18 640	20 180	—	—	—	—
	最大负荷综合	9268	12 700	16 200	18 200	20 600	6.5%	5.0%	2.4%	0.5%
中方案（推荐方案）	最大负荷利用小时数法	9268	12 088	14 851	16 600	18 571	—	—	—	—
	经济电力传导法	9268	12 770	16 150	17 400	18 430	—	—	—	—
	最大负荷综合	9268	12 430	15 500	17 000	18 500	6.0%	4.5%	1.9%	0.3%
低方案	最大负荷利用小时数法	9269	11 804	14 158	15 400	16 531	—	—	—	—
	经济电力传导法	9268	12 420	15 240	16 100	16 270	—	—	—	—
	最大负荷综合	9268	12 110	14 700	15 750	16 400	5.5%	4.0%	1.4%	0.16%

二十一、抽水蓄能发展战略研究

2020 年 9 月，中国在第七十五届联合国大会上提出碳达峰碳中和目标，能源绿色低碳发展是实现碳达峰碳中和目标的关键，电力行业是我国碳减排的主攻方向。储能是促进高比例利用可再生能源的重要装备技术支撑，对加快能源的绿色低碳转型，实现碳达峰碳中和目标具有重要的意义。

抽水蓄能是目前相对成熟的大规模储能方式。抽水蓄能电站在电力负荷低谷期将水从低水位水库抽到高水位水库，将电能转化为重力势能存储起来，在电网负荷高峰期通过释放高水位水库中的水来发电。由于抽水蓄能具有单位储能成本低、调节能力强、运行寿命长等特点，目前被广泛应用于电力系统调峰、调频及应急备用等领域。

（一）国内外抽水蓄能发展情况

1. 全球抽水蓄能发展情况

抽水蓄能电站发展始于 19 世纪 80 年代，1882 年，瑞士苏黎世建成世界上第一座抽水蓄能电站，即装机容量为 515 千瓦的奈特拉抽水蓄能电站。20 世纪初，抽水蓄能电站主要在欧洲兴建，20 世纪 60 年代，美国、日本等一些经济发达国家开始大规模建设抽水蓄能电站，到 20 世纪 90 年代后，中国抽水蓄能装机规模持续增加，目前全球排名第一。

根据国际水电协会（IHA）发布的《2021 全球水电报告》，截至 2020 年底，全球抽水蓄能装机容量 1.59 亿千瓦，占全球储能总装机容量的 94%。全球抽水蓄能电站主要分布在中国、日本、美国、印度、德国、西班牙和奥地利等国家。

2. 国内抽水蓄能发展情况

我国抽水蓄能发展起始于 20 世纪 60 年代，开展抽水蓄能电站建设已经五十余年，基于大型水电建设所积累的技术和工程经验，加上引进和消化吸收国外先进技术，以及一批大型抽水蓄能电站的建设实践，让我国累积了丰富的建设经验，掌握了较先进的机组制造技术，形成了较为完备的规划、设计、建设、运行管理体系，电站的整体设计、制造和安装技术更是达到了国际先进水平。已建成的西龙池电站是世界上水头最高（640 米）的抽水蓄能电站之一，丰宁电站（360 万千瓦）则是世界上装机规模最大的抽水蓄能电站。

截至 2020 年，我国抽水蓄能装机容量达到 3149 万千瓦，约占我国电源总装机容量的 1.4%，占全国储能装机的 89.3%。

截至 2020 年，我国中东部及南方地区抽水蓄能装机容量 2452 万千瓦，占我国抽水蓄能总装机容量的 77.9%，广东、浙江两省抽水蓄能电站装机容量合计 1186 万千瓦，占我国抽水蓄能电站总装机容量的 37.7%。

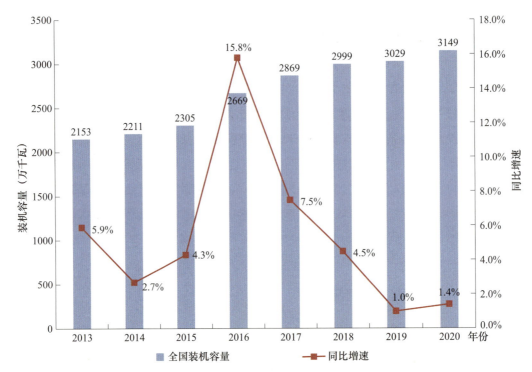

图 21-1 我国抽水蓄能装机容量以及同比增速变化情况

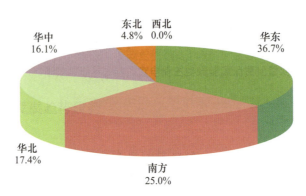

图 21-2 2020 年我国分区域抽水蓄能装机容量占比

（二）抽水蓄能发展的挑战与形势分析

1. 面临的关键问题

（1）"源-网-荷"协调发展水平有待提升

当前我国新能源发电和跨省区电力配置能力建设处于快速发展阶段，通常跨省区输电通道建设周期为 2～3 年，新能源发电项目建设周期不到 1 年，相比之下，抽水蓄能 6～7 年的建设周期显然在规划的适应性和灵活性上存在一定难度，抽水蓄能电站的精准规划和合理布局难度增加。

（2）抽水蓄能电站成本疏导存在困难

2014 年，国家发展改革委发布《关于完善抽水蓄能电站价格形成机制有关问题的通知》，明确在电力市场形成前，抽水蓄能电站实行两部制电价。2016 年，国家发展改革委印发《省级电网输配电价定价办法（试行）》，要求按照"准许成本加合理收益"的办法核定输配电价，但抽水蓄能电站被认定为"与省内共用网络输配电业务无关的固定资产"，不得纳入可计提收益的固定资产范围，电网公司为抽水蓄能电站付出的成本难以通过输配电价疏导出去。有政策、难落实是当前抽水蓄能电站成本疏导的最大难题。

（3）站址资源不均衡带来的发展约束

我国抽水蓄能电站站址资源分布不均，部分地区面临调峰需求大但站址资源少的天然矛盾，选址思路和技术条件仍存在进一步提升的要求。

2. 发展形势分析

（1）调节性电源建设是经济社会可持续发展的现实需要

随着我国城镇化水平、工业化水平、电能替代水平的提升，我国电力需求将持续增加，电源建设仍有较大需求。目前我国抽水蓄能电站装机比例与世界发达国家相比存在较大差距，日本在役抽水蓄能装机占总电源装机的比重最高，达到 8.5%，其次为意大利、西班牙、德国、法国，比重为 3.5%～6.6%。我国在新能源装机快速发展的情况下，2020 年底抽水蓄能电站装机占比仅为 1.4%。同时，我国经济增速换挡步入发展新常态，产业结构逐步由中低端向中高端转换。产业结构的调整导致第三产业和城乡居民用电量占比持续增加，其用电特性决定了负荷曲线峰谷差率明显高于第二产业，我国用电侧峰谷差率有走高趋势，调节性电源建设需求持续增加。

（2）碳达峰碳中和目标背景下，抽水蓄能电站是保障电网安全可靠运行的重要手段之一

在碳达峰碳中和目标提出以及明确构建以新能源为主体的新型电力系统后，新能源及核电等零碳电源将得到大力发展，同时为充分利用我国西北新能源资源，特高压也将得到进一步发展。新能源与核电大规模并网运行会导致电力系统调节能力下降，电网平衡能力受到挑战，而特高压输电通道发展，同样要有足够的、对应的应急备用和调峰能力。作为当前技术最成熟、功能最齐全、经济性最好的安全调节资源，大力发展抽水蓄能是增强电网调节能力的最优选择之一。

（3）火电机组灵活性运行、电化学储能等能源技术将成为决定未来抽水蓄能发展的最为重要影响因素之一

火电灵活性改造进度滞后，为抽水蓄能建设提供了空间。火电作为我国的主力电源，通过灵活性改造可释放的灵活调节潜力巨大，但由于缺乏配套政策和市场机制，各发电企业积极性不高，与"十三五"规划目标仍有较大差距。同时，电化学储能在经济性、安全性上的劣势明显，一定时期内无法取代抽水蓄能。近几年我国电化学储能市场发展迅速，但由于经济性和安全性的制约，电化学储能仍无法实现大规模推广。

（4）政策利好为行业建设抽水蓄能电站带来新动能

国家发展改革委发布《关于进一步完善抽水蓄能价格形成机制的意见》，核心是让抽水蓄能获得可持续发展，调动各方投资的积极性。按照《关于进一步完善抽水蓄能价格形成机制的意见》的解释，一方面，以竞争方式形成电量电价，明确有电力现货时的电量电价按现货市场价格及规则结算；电力现货尚未运行时，鼓励引入竞争性招标采购方式形成电量电价。另一方面，在成本调查基础上，对标行业先进水平，按照经营期定价方法核定容量电价，电站经营期按40年核定，经营期内资本金内部收益率按6.5%核定，并建立适应电力市场建设发展和行业发展需要的调整机制，逐步推进容量电费有序退坡。这进一步激发了行业建设抽水蓄能电站的动能，为抽水蓄能电站加快发展、充分发挥综合效益、助力实现碳达峰碳中和目标创造了有利条件。

（三）浙江抽水蓄能发展基础

1. 浙江抽水蓄能发展情况

截至2020年底，浙江已建成抽水蓄能电站4座，总装机容量458万千瓦，位居全国第二。在建抽水蓄能电站5座，装机容量770万千瓦。

表21-1　浙江省已建、在建抽水蓄能电站

电站名称	装机容量（万千瓦）	机组台数（台）	投产时间
天荒坪抽水蓄能电站	180	6	2000年
桐柏抽水蓄能电站	120	4	2006年
溪口抽水蓄能电站	8	2	1998年
仙居抽水蓄能电站	150	6	2016年
长龙山抽水蓄能电站	210	6	"十四五"
宁海抽水蓄能电站	140	4	"十四五"
缙云抽水蓄能电站	180	6	"十四五"到"十五五"
衢江抽水蓄能电站	120	4	"十五五"
磐安抽水蓄能电站	120	4	"十五五"

（1）天荒坪抽水蓄能电站

天荒坪抽水蓄能电站位于浙江省安吉县境内，接近华东电网负荷中心，电站装机容量 180 万千瓦，于 2000 年 12 月底全部竣工投产。天荒坪抽水蓄能电站雄伟壮观，堪称世纪之作，是我国已建和在建的同类电站单个厂房装机容量最大、水头最高的一座，也是亚洲最大、名列世界第二的抽水蓄能电站。

（2）桐柏抽水蓄能电站

桐柏抽水蓄能电站位于浙江省东部天台县境内，距杭州市约 150 千米，靠近华东 500 千伏电网负荷中心，是华东电网理想的调峰电源。电站装机容量 120 万千瓦，最大水头 285.7 米。

（3）仙居抽水蓄能电站

仙居抽水蓄能电站位于浙江省仙居县湫山乡境内，电站设计总装机容量 150 万千瓦，为日调节纯抽水蓄能电站，作为华东、浙江电网主力调峰电源之一，为系统承担调峰、填谷和提供事故备用。

（4）长龙山抽水蓄能电站

长龙山抽水蓄能电站项目选址落地安吉天荒坪镇和山川乡境内。长龙山抽水蓄能电站计划安装 6 台发电机组，总装机容量为 210 万千瓦，主要由上水库、下水库、输水系统、地下厂房及地面开关站等组成。工程总投资 102 亿元。

（5）宁海抽水蓄能电站

宁海抽水蓄能电站位于浙江省宁波市宁海县，装机容量 140 万千瓦，安装 4 台 35 万千瓦可逆式水泵水轮发电机组，以 500 千伏电压接入浙江电网，工程总投资 79.5 亿元。

（6）缙云抽水蓄能电站

缙云抽水蓄能电站位于浙江省丽水市缙云县，装机容量 180 万千瓦，安装 6 台 30 万千瓦可逆式水泵水轮发电机组，以 500 千伏电压接入浙江电网，工程总投资 103.9 亿元。

（7）衢江抽水蓄能电站

衢江抽水蓄能电站位于衢江区黄坛口乡，装机容量 120 万千瓦，由 4 台单机 30 万千瓦机组组成，大坝最大坝高分别为 114.5 米和 98.0 米，项目动态投资 73 亿元，静态投资 60 亿元。

（8）磐安抽水蓄能电站

磐安抽水蓄能电站位于磐安县大盘镇，装机容量 120 万千瓦，由 4 台单机 30 万千瓦机组组成，大坝最大坝高分别为 114.5 米和 98.0 米，项目总投资 76 亿元。

2. 浙江抽水蓄能厂址资源条件

浙江抽水蓄能电站站址资源丰富，且建设条件良好。根据普查情况，全省装机容量在 30

万千瓦以上的大型抽水蓄能站点 48 处，共计 6030 万千瓦。其中，杭州地区 12 个，湖州地区 5 个，绍兴地区 1 个，宁波地区 3 个，台州地区 6 个，丽水地区 7 个，温州地区 4 个，金华地区 4 个，衢州地区 6 个。

2018 年 9 月，在《国家能源局关于浙江抽水蓄能电站选点规划调整有关事项的复函》（国能函新能〔2018〕116 号）中明确：同意在初选衢江、磐安、泰顺、天台、建德、桐庐作为比选站点的基础上，确定衢江（120 万千瓦）、磐安（120 万千瓦）、泰顺（120 万千瓦）、天台（170 万千瓦）站点为浙江 2025 水平年抽水蓄能选点规划调整推荐站点。考虑电网需求与其他调峰能力建设存在一定不确定性，原则同意建德（240 万千瓦）和桐庐（120 万千瓦）站点作为推荐站点，两站点应在相关环境问题协调落实后，根据华东电网电力系统发展需要适时开发建设。

（四）定位与目标

1. 发展定位

抽水蓄能电站运行灵活、反应快速，是电力系统中具有调峰、填谷、调频、调相、备用和黑启动等多种功能的特殊电源，是目前最具经济性的大规模储能设施，可配合风电、光伏发电、核电运行，促进新能源发展，保障核电机组平稳运行，促进区外电力消纳，对保障电力系统安全、稳定、经济运行具有重要的作用，是实现碳达峰碳中和目标的关键一环。

浙江山水资源非常丰富，在建设抽水蓄能电站上拥有得天独厚的自然条件，可谓捧着抽水蓄能的金饭碗。科学有序发展抽水蓄能，是浙江经济增长、电力增长的需要；是调整能源结构，促进可再生能源发展的需要；是缓解电网调峰压力，提高系统安全性和稳定性的需要；是发展"互联网＋"智慧能源、智慧电网的需要，是助力浙江高质量实现碳达峰碳中和目标的需要。

2. 发展目标

"十四五"时期，加快推动长龙山、宁海、缙云、衢江、磐安等项目建设，积极开展泰顺、天台等项目前期工作；适时启动建德、桐庐等站点的前期工作，结合现有站点，合理规划布局，积极推动新一轮抽水蓄能电站选点工作。到 2025 年，全省抽水蓄能新增装机容量 340 万千瓦，累计装机容量达到 798 万千瓦，占全省电力装机比重达到 5.8%。展望中长期，规划到 2035 年，全省抽水蓄能装机容量预计达到 2238 万千瓦，占全省电力装机比重达到 11.2%。

表 21-2 "十四五"浙江抽水蓄能重点项目

项目名称		装机容量（万千瓦）	备注
已开工项目	长龙山	210	计划 2022 年全部投产
	宁海	140	计划 2025 年投产 70 万千瓦
	缙云	180	计划 2025 年投产 60 万千瓦
	衢江	120	已开工
	磐安	120	已开工
	小计	770	
计划开工项目	泰顺	120	计划开工
	天台	170	计划开工
	建德	240	计划开工
	桐庐	120	计划开工
	小计	650	
合计		1420	

（五）发展建议

1. 有序推进抽水蓄能项目前期和建设

在碳达峰碳中和目标背景下，面对当前浙江电力供需以及调峰压力日趋增大的情况，对于已开工的长龙山、宁海、缙云、衢江、磐安抽水蓄能项目要科学组织施工建设，确保按计划投产；对于开展前期的泰顺、天台等项目，要积极协调推进，确保按计划开工。通过统筹规划和建设，有序推进抽水蓄能项目前期和实施，确保项目按期投产，有效保障浙江"十四五"及中长期电力安全保障。

2. 深化电力体制改革完善利益补偿机制

抽水蓄能电站的属性导致其不追求直接的经济效益，而其间接的经济和社会效益难以计算，需要借助电力体制改革将其间接效益量化出来。应实行"优质优价"，鼓励电力系统优化电源结构，将可再生、核电等受益电源的增量效益部分用于对抽水蓄能电站的补偿，体现

"谁受益、谁分担"的原则。通过电源侧峰谷电价、辅助服务补偿等方式，合理反映抽水蓄能电站的效益。同时，完善和落实两部制电价政策，扩大峰谷电价差，使抽水蓄能电站可以在电力市场高抛低吸，获得效益，有足够生存空间。

3. 促进投资建设市场化

目前，"鼓励采用招标、市场竞价等方式确定抽水蓄能电站项目业主"的政策效果尚未显现。从长远看，抽水蓄能电站走市场化道路或许是最优选择。建立多元化的投资机制，鼓励社会资本投资，促进抽水蓄能电站投资建设市场化。研究推行抽水蓄能电站和核电、风电等项目协调配套投资及运营管理模式，实现项目联合优化运行，促进优势互补、良性互动，减少资源浪费。

二十二、可再生能源发展战略研究

（一）世界可再生能源发展情况

1. 总体情况

全球可再生能源持续稳步增长，截至 2020 年，全球可再生能源装机容量 2838 吉瓦，非水可再生能源装机容量达到 1668 吉瓦。可再生能源装机容量最多的国家是中国，其次是美国、巴西、印度和德国。2007—2020 年，可再生能源的总装机容量增加了 1 倍以上，非水可再生能源装机容量增加了 6 倍以上。可再生能源发电年新增装机连续六年超过化石能源发电装机，进一步表明电力系统结构优化正在逐步实现，可再生能源电力已成为全球电力装机的主力。

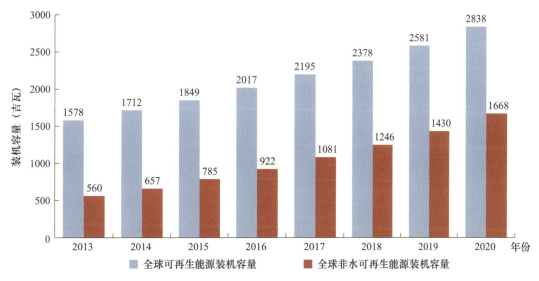

图 22-1　2013—2020 年全球可再生能源装机情况

2020 年，可再生能源发电量占全球发电量的 29%，其中水电发电量约占 16%，风电发电量约占 5.9%，光伏发电量约占 3.2%。

2. 世界风电发展情况

2020 年，全球风力发电市场基本稳定，全球风电累计装机容量约为 743 吉瓦，连续七年风电新增装机容量超过 50 吉瓦，其中陆上风电累计装机容量 710.5 吉瓦，海上风电累计装机容量 32.5 吉瓦。全球风电装机容量排名前五的国家分别是中国、美国、德国、印度和西班牙。

图 22-2　2010—2020 年全球风电装机情况

3. 世界光伏发电发展情况

2020 年，全球光伏发电装机容量保持快速增长，新增装机容量再次超过 100 吉瓦，总装机容量达到 760 吉瓦。而在十年前，全球光伏发电总装机容量仅为 40 吉瓦。光伏发电已成为世界上增长最快的能源类型，并在越来越多的国家拥有吉瓦级规模的市场。全球光伏发电装机容量排名前五的国家分别是中国、美国、日本、德国和印度。

图 22-3　2010—2020 年全球光伏发电装机情况

4. 世界生物质发电发展情况

生物质能利用多样化，应用于发电、供热、交通运输等多个能源领域，是应用范围最广的可再生能源。2020 年，全球新增生物质发电装机容量 8 吉瓦，累计装机容量达到 145 吉瓦。

全球生物质发电装机容量排名前五的国家分别是中国、巴西、美国、德国和印度。

（二）中国可再生能源发展情况

1. 总体情况

随着能源革命战略的深入推进，我国不断完善可再生能源发展。截至 2020 年底，全国可再生能源装机容量 9.34 亿千瓦，同比增长 17.5%，占总装机容量的比重约为 42.4%。我国水电、风电和太阳能发电装机规模均位居世界首位。

可再生能源发电量快速增长，2020 年全国可再生能源发电量 22 148 亿千瓦·时，同比增加 8.4%，占总发电量的 29.1%。

图 22-4　2010—2020 年全国可再生能源发电情况

2. 中国风电发展情况

2020 年，我国风电新增并网装机容量 7238 万千瓦，截至 2020 年底，我国累计并网风电装机容量 28 153 万千瓦，占全国电源总装机容量的 12.8%，占可再生能源装机容量的 30.1%。

2020 年，全国风电平均利用小时数为 2073 小时，同比降低 10 小时；全国风电发电量为 4665 亿千瓦·时，同比增加 15.1%，占全国总发电量的 6.1%，占可再生能源发电量的 21.1%。

图 22-5 2013—2020 年全国风电装机情况

图 22-6 2013—2020 年全国风电发电量情况

3. 中国光伏发电发展情况

2020 年，我国光伏发电新增并网装机容量 4925 万千瓦，截至 2020 年底，我国光伏发电装机容量为 25 343 万千瓦，同比增长 24.1%，占全国电源总装机容量的 11.5%，占可再生能源装机容量的 27.1%。

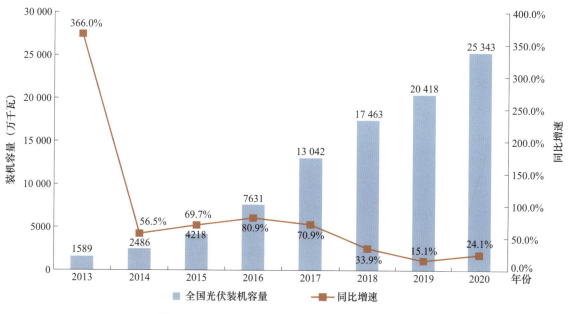

图 22-7　2013—2020 年全国光伏发电装机情况

2020 年，全国光伏发电平均利用小时数为 1281 小时，同比降低 10 小时；全国光伏发电量为 2611 亿千瓦·时，同比增加 16.6%，占全国总发电量的 3.4%，占可再生能源发电量的 11.8%。

图 22-8　2013—2020 年全国光伏发电量情况

4. 中国生物质发电发展情况

2020 年，我国生物质能产业规模继续稳步增长，生物质发电新增装机容量 698 万千瓦，累计装机容量达到 2952 万千瓦，同比增长 31.0%，占可再生能源装机容量的 3.16%。2020年全国生物质发电量 1326 亿千瓦·时，同比增长 19.4%，占可再生能源发电量的 5.99%。

图 22-9 2013—2020 年全国生物质发电装机情况

图 22-10 2013—2020 年全国生物质发电量情况

（三）浙江可再生能源发展情况

1. 浙江可再生能源发展现状

（1）总体情况

浙江可再生能源发展迅速，截至 2020 年底，全省可再生能源装机容量 3113 万千瓦，同比增长 8.8%，占总装机容量的比重约为 30.7%。可再生能源发电量波动增长，2020 年全省可再生能源发电量 487 亿千瓦·时，同比下降 5.4%，占总发电量的 13.9%。

图 22-11　2013—2020 年浙江省可再生能源装机情况

图 22-12　2013—2020 年浙江省可再生能源发电量情况

（2）风电

浙江风电受生态保护等制约发展缓慢，截至 2020 年底，全省累计并网风电装机容量 186 万千瓦，同比增长 16.3%，占全省电源总装机容量的 1.8%，占可再生能源装机容量的 6.0%。2020 年，全省风电平均利用小时数 2131 小时，同比增加 41 小时；全省风电发电量 36.4 亿千瓦·时，同比增加 10.3%，占全省总发电量的 1%，占可再生能源发电量的 7.5%。

图 22-13　2013—2020 年浙江省风电装机情况

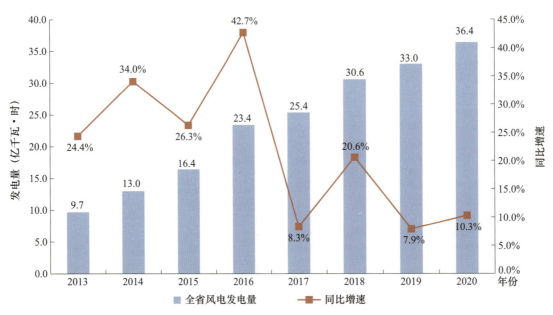

图 22-14　2013—2020 年浙江省风电发电量情况

（3）光伏发电

浙江光伏发电发展迅速，其中屋顶分布式光伏装机规模全国第一，截至 2020 年底，全省累计并网光伏发电装机容量 1517 万千瓦，占全省电源总装机容量的 15.0%，占可再生能源装机容量的 48.7%。2020 年，全省光伏发电平均利用小时数 933 小时，同比下降 24 小时；全省光伏发电量 131 亿千瓦·时，占全省总发电量的 2.7%，占可再生能源发电量的 17.5%。

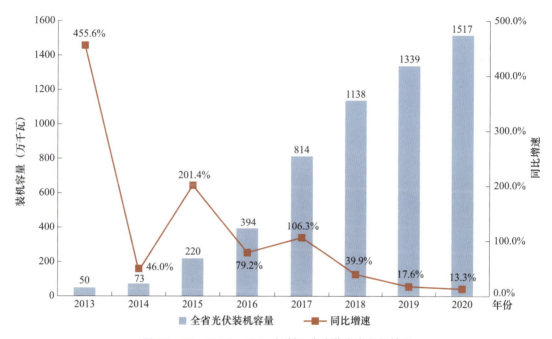

图 22-15　2013—2020 年浙江省光伏发电装机情况

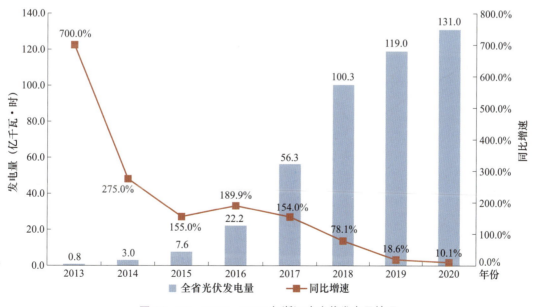

图 22-16　2013—2020 年浙江省光伏发电量情况

（4）生物质发电

浙江生物质发电稳步发展，装机主要以垃圾焚烧发电为主。截至 2020 年底，全省累计生物质发电装机容量 240 万千瓦，同比增长 26.3%，占全省电源总装机容量的 2.4%，占可再生能源装机容量的 7.7%。2020 年，全省生物质发电量 111 亿千瓦·时，同比增加 3.7%，占全省总发电量的 3.1%，占可再生能源发电量的 22.8%。

图 22-17　2013—2020 年浙江省生物质发电装机情况

图 22-18　2013—2020 年浙江省生物质发电量情况

2. 面临的挑战

（1）可再生能源发展空间受限

一方面，受用地、用海等制约，浙江一些可再生能源项目存在落地难、推进缓慢的情况。海上风电和集中式光伏项目政策窗口期短，部分项目受制于用地、用海审批等因素，被迫放弃投资。另一方面，随着可供开发资源减少，项目收益降低，可再生能源可发展空间有限。浙江光伏经过近几年的规模发展，可用于光伏建设的地面、屋顶资源已所剩不多。

（2）可再生能源发展缺乏通盘考虑

一方面，各能源品种之间缺乏联动，风电、光伏发电和水电之间结合不够紧密，缺乏多能互补、一体化开发的通盘考虑。另一方面，资源开发和产业布局缺乏统筹，主要表现在海上风电相关配套产业尚未形成完整体系，存在部分重要链条缺失、企业竞争力参差不齐、试验与服务能力不强等问题。

（3）可再生能源的综合带动效应未充分体现

可再生能源的大力发展促进了浙江能源结构转型升级，降低了碳排放，一定程度上也带动了相关产业的发展，但是其对整个社会经济发展综合带动效应未得到充分体现。光伏小康项目仅起到了消薄增收作用，在生态价值实现、产业带动等方面应有的作用未得到发挥。可再生能源的发展与用能空间关联度不够，一些地区发展可再生能源积极性不高。

（四）定位与目标

在碳达峰碳中和目标背景下，可再生能源发展是全省"十四五"及中长期的重中之重。

"十四五"期间，浙江将大力发展风电、光伏发电，实施"风光倍增计划"，因地制宜发展生物质能。到 2025 年，力争全省光伏发电装机容量达到 2762 万千瓦，"十四五"新增装机容量 1200 万千瓦以上，其中分布式光伏发电新增装机容量超过 500 万千瓦，集中式光伏发电新增装机容量超过 700 万千瓦；力争全省风电装机容量达到 640 万千瓦以上，"十四五"新增装机容量 455 万千瓦，主要为海上风电；力争全省生物质发电装机容量达到 300 万千瓦以上，"十四五"新增装机容量达到 60 万千瓦以上，其中新增装机以垃圾发电为主。

从中长期看，为实现碳中和目标，风电、光伏和生物质等可再生能源将持续快速发展。预计到 2035 年，全省光伏发电装机容量达到 4412 万千瓦，较 2025 年增加 1650 万千瓦；风电装机容量达到 1841 万千瓦，较 2025 年增加 1200 万千瓦；生物质发电装机容量达到 340 万千瓦，较 2025 年增加 40 万千瓦。

（五）发展路径

1. 积极推进近海海上风电，探索深远海试验示范

（1）大力推进海上风电建设

积极推进已核准项目的开发建设，适时开展一批规划项目前期核准工作，加快海上风电规划修编，积极争取新增海上风电项目入规，逐步探索利用浙江邻近的专属经济区建设海上风电，实现浙江海上风电规模化发展。

（2）因地制宜发展分散式风电

充分利用浙江沿海沿江滩涂、工业园区和火电厂区空地等区域，因地制宜发展分散式风电，同时试点推进分布式发电市场化交易，研究点对点电源直供模式。结合乡村振兴战略，贯彻国家"千乡万村驭风计划"。启动老旧风电场技术改造升级。遵循企业自愿原则，鼓励业主单位通过技改、置换等方式，重点开展单机容量小于 1.5 兆瓦的风电机组技改升级，促进风电产业提质增效和循环发展。

（3）探索海上风电基地发展新模式

通过海上风电规模化发展，实现全产业链协同发展，重点在开发规模相对集中的区域，集约化打造海上风电＋海洋能＋储能＋制氢＋海洋牧场＋陆上产业基地的示范项目，并出台相关配套政策，带动浙江海上风电产业发展。结合海上风电开发，探索海上风电制氢、深远海碳封存、海上能源岛等新技术与新模式。

2. 深挖分布式光伏潜力，鼓励集中式复合光伏发展

（1）高标准推进分布式光伏发电应用

在城镇和农村，充分利用居民屋顶，建设户用光伏；在特色小镇、工业园区和经济技术开发园区以及商场、学校、医院等建筑屋顶，发展"自发自用，余电上网"的分布式光伏；结合污水处理厂、垃圾填埋场等城市基础设施，推进分布式光伏；在新建厂房和商业建筑等，积极开发光伏建筑一体化发电系统。

（2）鼓励集中式复合光伏发展

科学发展地面光伏，积极探索多元发展模式，深化技术创新，切实发挥光伏电站多能互补的综合效益，在沿海地区，利用滩涂和养殖鱼塘等，建设渔光互补光伏电站；在内陆地区，利用荒山荒坡、设施农业用地，标准化建设农光互补电站。

（3）积极开展先进技术示范应用

鼓励应用新一代互联网智能电网、先进的储能和电力电子等技术，积极开展光伏与其他能源相结合的多能互补示范项目、智能微电网示范项目等，降低光伏发电的不稳定性，增强与电网融合度，提高能源系统综合利用率。基于大数据和人工智能技术，开展光伏项目的精

细化管理和发电量预报等，及时发现隐患并排除故障，提升光伏发电效率和电能质量。

3. 按需推进垃圾发电，鼓励农林生物质和沼气发电

（1）按需推进垃圾焚烧项目

加强垃圾发电项目前期管理与选址，在合理选址和保护环境的前提下，加大生活垃圾焚烧发电设施建设力度。因地制宜选择安全可靠、技术成熟、先进环保、经济适用的处理技术。生活垃圾焚烧发电设施要同步落实飞灰的安全、无害化处置场所，防止产生二次污染。

（2）因地制宜发展农林生物质和沼气发电

根据生物质资源分布特性，在农林生物质富集地区，科学合理建设农林生物质电站。根据畜禽养殖场、城市污水处理厂等分布，因地制宜推动沼气发电工程建设。

二十三、煤电转型发展战略研究

（一）国内外发展情况

1. 全球煤电发展情况

长期以来，煤电一直是全球电力生产的领导者，2000—2018 年，煤电发电量在全球电力生产中占比徘徊在 35%～41%。2018 年全球煤电发电量 9421.4 太瓦·时，占全球总发电量的 35.1%。

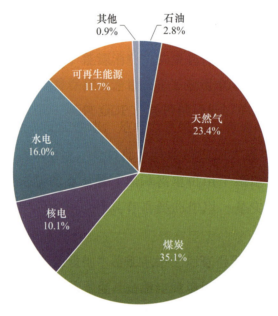

图 23-1　2018 年全球分燃料发电量情况

分地区看，中国、美国、印度三国占全球燃煤发电量的 73%，中国、印度、波兰和南非四国国内约 2/3 的电力来自煤电。根据 BP 预计，未来到 2040 年全球发电结构将发生实质变化，其中煤电将从目前的 35% 降低到 2040 年的 26% 左右，可再生能源将超过煤电成为最大的电力来源。

2. 中国煤电发展情况

煤电是我国电力供应的主力电源和基础电源，同时也是我国最重要、最可靠的调峰电源。

到 2020 年底，我国煤电装机容量 107 992 万千瓦，占电源总装机容量的 49.1%，同比增速 3.8%，在部分地区短时电力供需偏紧的形势下，适度安排煤电合理投产，2019 年和 2020 年煤电装机增速均有所回升。

图 23-2　2013—2020 年我国煤电装机容量及同比变化

2020 年，我国煤电发电量 46 316 亿千瓦·时，约占我国总发电量的 60.8%。2015 年以来，我国煤电发电量保持平稳，略有增加。2020 年，煤电利用小时数为 4340 小时，同比下降约 89 小时，与 2015 年基本持平。

图 23-3　2013—2020 年我国煤电发电量及同比变化

（二）浙江煤电发展现状与挑战

1. 浙江煤电发展现状

（1）煤电仍然是浙江主力电源

2018 年以前，煤电装机占全省总装机的比重保持在 50%以上。2010 年以来，煤电装机

图 23-4 2013—2020 我国煤电利用小时数

呈阶梯式稳步增长，煤电占比在 2011 年出现最高值，达到 60.7%，随着大气污染防治行动
开展，国家严控煤电项目，2014 年以后煤电装机增长放缓，占比逐年下降，2018 年达到 48.9%，
首次降低到 50% 以下，2020 年煤电装机占比为 46.7%。

图 23-5 2010 年以来浙江煤电装机容量及比重

　　2010 年以来，煤电发电量在波动中递增，占省内机组发电量的比重呈逐步下降趋势，2020
年达到最低点，但仍维持在 60% 左右，是省内电源绝对的发电量主力。

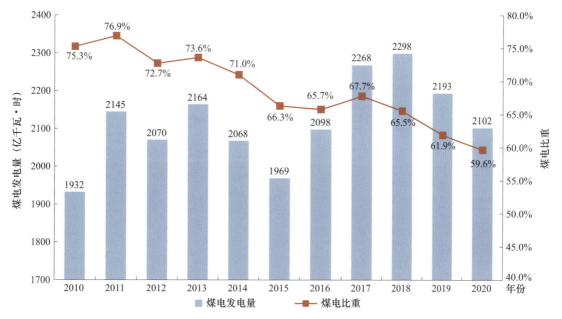

图 23-6 2010 年以来浙江煤电发电量及比重

2010 年以来，浙江省煤电平均利用小时数呈阶梯式波动下降态势。其中，2011 年达到最高，为 6115 小时；2020 年达到最低，为 4495 小时。

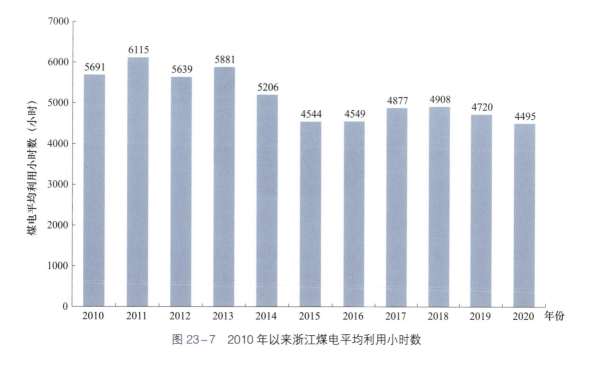

图 23-7 2010 年以来浙江煤电平均利用小时数

（2）煤电装备技术不断提升

浙江省煤电装备水平始终保持在全国先进水平，2006 年首台国产百万千瓦超超临界机组在华能玉环电厂投产，标志着我国电力工业进入"超超临界"时代，全省拥有 100 万千瓦级超超临界机组 16 台、60 万千瓦级超超临界机组 8 台。

表 23-1 煤电机组效率情况

机组类型	蒸汽压力（兆帕）	蒸汽温度（℃）	电厂效率
高压机组	9.1	510	33%
亚临界机组	17.2	540	38%
超临界机组	25.8	567	41%
超超临界机组	31	600	48%
高效超超临界机组	31	630 以上	50% 以上

随着浙江省高参数、大容量机组的广泛应用，截至 2020 年底，60 万千瓦及以上煤电机组 47 台，装机容量达到 3605 万千瓦，占煤电总装机的 76.1%。

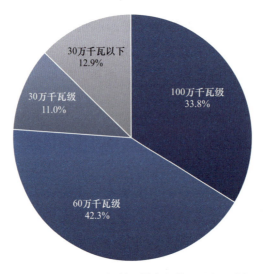

图 23-8 2020 年浙江煤电各等级装机比例

随着浙江省煤电装备水平和管理水平的不断提高，煤电能耗水平持续下降，供电标准煤耗从 2010 年的 312 克/（千瓦·时）下降到 2020 年的 296 克/（千瓦·时），降幅达 5.1%。

（3）煤电清洁化水平不断提高

浙江在全国率先实施煤电机组超低排放改造，根据《浙江省 2014—2017 年大型燃煤机组清洁排放实施计划》（浙政办发〔2014〕160 号）的要求，到 2017 年底全省 63 台 30 万千瓦及以上统调煤电机组已全部完成清洁化改造，合计装机容量约 4039 万千瓦。根据《浙江省地方燃煤热电联产行业综合改造升级行动计划》（浙经信电力〔2015〕371 号）的要求，到

图 23-9　浙江供电标准煤耗情况

2017 年底全省 323 台地方燃煤热电机组完成超低排放改造，合计装机容量约 400 万千瓦。超低排放改造后，燃煤机组排放标准达到烟尘排放浓度不高于 5 毫克/米³（标况），二氧化硫排放浓度不高于 35 毫克/米³（标况），氮氧化物排放浓度不高于 50 毫克/米³（标况），领先世界水平。

从 2014 年开始，通过持续多年的燃煤机组超低排放工作，全省火电大气污染物排放持续下降。

2019 年浙江省火电机组二氧化硫排放总量 3.2 万吨，较 2013 年下降 87.7%。单位发电量二氧化硫排放强度为 0.079 克/（千瓦·时），较 2013 年下降 92.8%。

图 23-10　浙江火电机组二氧化硫减排情况

2019 年浙江省火电机组氮氧化物排放总量 6.3 万吨，较 2013 年下降 83.8%。单位发电量氮氧化物排放强度为 0.155 克/（千瓦·时），较 2013 年下降 90.5%。

图 23-11　浙江火电机组氮氧化物减排情况

2019 年浙江省火电机组烟尘排放总量 1.0 万吨，较 2013 年下降 81.1%。单位发电量烟尘排放强度为 0.024 克/（千瓦·时），较 2013 年下降 97.3%。

图 23-12　浙江火电机组烟尘减排情况

（4）省内煤电厂址资源较为充足

浙江省具备建设条件的煤电厂址丰富，可扩建厂址 11 个，主要分布在嘉兴、舟山、宁波、台州、温州等沿海地区和湖州长兴，合计规模 3300 万千瓦左右。

2. 煤电发展问题与挑战

（1）环保压力制约煤电发展空间

为改善大气环境，提高能源利用效率，在国家大方针的指引下，浙江省先后出台了《浙江省大气污染防治行动计划（2013—2017 年）》《浙江省打赢蓝天保卫战三年行动计划》《浙江省建设国家清洁能源示范省行动计划（2018—2020 年）》《浙江省进一步加强能源"双控"推动高质量发展实施方案（2018—2020 年）》等政策，很大程度上制约了煤电发展空间。一是优化能源结构，严格控制新增煤电，鼓励发展清洁能源，煤电增量发展受到限制；二是控制和压减电厂用煤总量，现役煤电机组利用小时数受到限制；三是高标准严控煤电污染物排放，一定程度上增加了煤电发电成本，经济性受到制约。

（2）机组服役期满后带来的更替问题

根据浙江省煤电机组投产时间，若按 30 年经济适用寿命考虑，首批镇海电厂现有 4 台 21.5 万千瓦燃煤发电机组将通过镇海电厂燃煤机组搬迁改造项目（2×66 万千瓦）异地重建进行替代。"十四五"开始，浙江省煤电退役将逐步增加，退役高峰期在 2030 年到来，将持续到 2045 年左右，期间共计 3646 万千瓦机组将陆续退役。浙江省煤电发展将面临机组退役后接续发展问题，以及大规模更新带来的建设压力等问题。

（3）应对气候变化将对煤电排放提出新要求

我国提出在 2030 年前实现碳达峰，2060 年前实现碳中和，电力是我国二氧化碳排放量最大的领域，随着电煤在煤炭消费中的比例不断提升，煤电将面临严峻的二氧化碳减排压力。目前减少煤电二氧化碳排放主要依靠二氧化碳捕集、利用与封存技术。该技术处于示范研究阶段，技术成熟度尚有欠缺，此外对捕集到的二氧化碳利用途径或者封存的安全可靠性，以及较高的处理成本都还存在许多待解决的问题。

（三）发展趋势

未来一段时期，煤炭仍将是最主要的能源之一，其中煤电是最清洁、最高效的煤炭利用方式，主力支撑电源的地位不会改变。未来煤电将向高效、清洁、灵活和智慧四个方向发展。

1. 煤电的高效发展将不断突破

改革开放 40 多年，我国煤电供电标准煤耗从 1978 年的 470 克/（千瓦·时）下降到 2018 年的 309 克/（千瓦·时），下降幅度巨大。总结看，煤电高效发展主要有以下几个方面：一是发展和应用高参数及大容量的先进机组，从超超临界燃煤技术到二次再热超超临界技术，再到 630℃、700℃先进超超临界技术，通过参数的不断优化提升，提高煤电综合利用效率；二是做好积极落后产能淘汰，优化煤电结构；三是鼓励推进煤电供热改造，通过能量梯级利用，提高效率；四是强化煤电节能潜力诊断与分析，通过优化汽轮机同流结构、缸体高低位布置、分级余热等节能措施，提高机组效率。

2. 煤电的清洁发展将不断深化

根据《大气污染防治行动计划》《煤电节能减排升级与改造行动计划（2014—2020 年）》等要求，要严控煤电机组大气污染物排放。浙江率先行动，并于 2017 年率先完成全省 30 万千瓦及以上统调煤电机组和地方燃煤热电联产机组的超低排放改造，达到燃气轮机组排放限值。在继续做好大气污染物控制的基础上，下一步煤电清洁发展将重点围绕两个方向：一是开展煤电废水零排放的研究和试点，提出高效经济解决方案；二是开展碳捕集、利用与封存研究，尽快实现技术的商业化应用。

3. 煤电的灵活发展将不断拓展

为满足当前能源多元协同、优化供应的要求，煤电在作为支撑性电源的基础上，需要发挥自身优势，不断拓展应用领域，提升综合能力。一是开展燃煤生物质耦合发电，充分发挥煤电清洁高效优势，构建城乡环保平台，兜底消纳农林废弃物、生活垃圾及污泥等生物质资源；二是开展煤电灵活性改造，提升电力系统调节能力，有效缓解日益增大的峰谷差调节压力；三是开展综合能源供应探索，结合区域用户侧需求，开展电、热、冷、压缩空气等多元供应，同时实现能源梯级利用。

4. 煤电的智慧发展将不断创新

随着 5G 技术、大数据、云计算、人工智能等信息技术与现代电厂技术的不断融合，在现有物理电厂、技术、管理水平的基础上，创新发展可感知、可观测、可控制、自适应、自学习、自寻优、智能互动、信息安全的智慧电厂，使得发电设备更加可靠、生产更加安全、技术更加先进、系统更加合理，经济效益和环境效益和谐提高。

（四）定位与目标

煤电在今后一段时间仍然是浙江省主力支撑电源的地位是不会改变的。在未来浙江电力发展战略中，煤电既是可靠电力、电量的主体提供者，又是灵活的调节者，是电力系统的兜底保障者，在深入做好高效发展、清洁发展、灵活发展、智慧发展的基础上，加快推进煤电与生物质、风电、光伏等可再生能源的融合发展和服务模式创新，从传统的电力供应商转变为综合能源服务商。

"十四五"时期，煤电将继续发挥全省电力供应"压舱石"作用，考虑浙江省阶段性电力供应紧张局面，计划新增煤电装机容量 632 万千瓦，新增煤电发电能力 1132 万千瓦左右。

同时，加快推进煤电灵活性改造，推动智慧电厂和综合能源服务示范试点，开展碳捕集、利用与封存技术研究。

从中长期看，在保障全省电力系统安全稳定运行的前提下，同时为实现碳达峰碳中和目标，根据煤电退役情况，逐步降低煤电装机容量，推广智慧电厂建设，以及碳捕集、利用与封存应用，逐步普及煤电综合能源服务模式。

（五）发展路径

1. 巩固"十四五"期间煤电保障作用

在碳达峰碳中和目标背景下，为确保"十四五"期间全市电力电量供应保障，按照"不增发电煤量、少增装机容量、多增发电能力、保底电网安全"的原则，一是加快已纳入规划的煤电建设，建成乐清电厂三期、六横电厂二期、舟山电厂三期和玉环电厂三期共计632万千瓦煤电项目；二是研究开展30万千瓦煤电机组等容量替换，将全省部分在运30万千瓦级非供热统调煤电"退而不拆"转为应急备用机组，腾出容量和电量空间发挥高参数机组降污减碳节能作用，等容量置换大型煤电500万千瓦左右。

2. 强化煤电节能增效和灵活性提升

针对现役煤电机组，从高效、清洁、灵活等方向入手做好技术升级工作。一是因地制宜加快推进30万千瓦以上煤电机组供热改造，引导用热产业向大电厂周边集聚，"十四五"时期完成现有大电厂周边供热覆盖，发挥现有大型煤电高效、清洁优势，替代燃煤锅炉和落后小热电，实现能量梯级利用和高效利用；二是鼓励发展燃煤生物质耦合发电，充分发挥投资成本低、清洁高效等优势，"十四五"期间在首批3个污泥耦合示范的基础上，进一步扩面推广，助力解决浙江省污泥和垃圾等清洁处理问题；三是开展二氧化碳捕集、利用与封存的研究和试点工作，在2035年前实现技术应用推广，进一步实现煤电清洁发展。

3. 做好煤电企业向综合能源服务商的转型发展

煤电企业应充分发挥自身优势，以多元化和智慧化为转型方向，将自身打造成区域的综合能源服务商。**一方面**，通过与光伏、风电、生物质等可再生能源的耦合发展实现多能互补，同时充分利用电厂设备设施，满足用户电、热、冷、压缩空气、水处理、垃圾处理等多元需求；**另一方面**，通过与现代先进信息技术、人工智能技术融合，积极打造智慧电厂，具有一定自主性的感知、学习、分析、决策、通信与协调能力，可动态适应发电环境变化，让电厂自身更安全、更环保、更高效以及更人性化，同时与电网和用户高度协调，实现供需的智慧互动。"十四五"期间推动智慧电厂和综合能源服务示范试点，到2035年在全省范围内逐步普及煤电综合能源服务模式。

二十四、气电发展战略研究

（一）国内外气电发展情况

1. 全球气电发展情况

气电是重要的清洁电源之一，2000—2020 年，气电发电量在全球电力生产中的占比从约 17.0%缓慢上升到 23.4%左右。2020 年全球天然气发电量 6268.1 太瓦·时，占全球总发电量的 23.4%，发电量占比仅次于煤电，位居第二。根据 BP 的最新预测，未来到 2040 年气电发电量比重将维持在 20%左右。

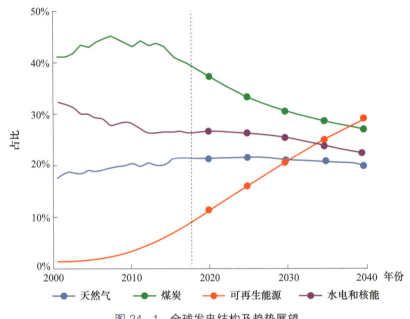

图 24-1 全球发电结构及趋势展望

分地区来看，美国、俄罗斯、日本气电发电量全球排名前三，合计约占全球气电发电量的 40%以上。中国 2020 年气电发电量为 247.0 太瓦·时，位居第四，占全球气电发电量的 3.9%。

2. 国内气电发展情况

气电是我国清洁能源的重要组成，截至 2020 年底，我国气电机组总装机容量 9802 万千瓦，占我国电源总装机容量的 4.5%，同比增长 8.6%。我国气电发电量 2485 亿千瓦·时，同比增长 6.9%，占全国发电总量的 3.3%。

受政策变化、气源、气价等因素制约，天然气发电建设速度不断放缓，新增投产项目布局仍主要集中在经济较发达地区，以热电联产机组为主。广东、浙江、江苏、北京、上海五省（市）气电装机容量合计约 7733 万千瓦·时，占比约 76.7%。

图 24-2　2013—2020 年我国气电装机及同比变化情况

图 24-3　2013—2020 年我国气电发电量及同比变化情况

（二）气电发展优势与挑战

1. 气电发展优势

（1）发电效率高

燃气发电常规采用燃气-蒸汽联合循环方式，联合循环由布雷顿循环与朗肯循环组成，当今燃气轮机进气温度可高达 1300℃以上，排烟温度 500～600℃，简单循环热效率高达 45%～50%。为进一步回收余热，提高热效率，余热锅炉一般为双压或三压系统。大型 9F 级燃气-蒸汽联合循环发电热效率高达 58%～60%，远高于燃煤发电热效率。燃煤发电机组热效率，即使是超超临界 600 兆瓦级、1000 兆瓦级机组，一般为 46%～48%，两类机组发电热效率相差 10～20 个百分点。

（2）环境效益好

"十四五"时期是我国 2030 年前实现碳达峰承诺的关键期，鉴于燃煤碳排放强度高，煤炭总量控制政策仍将持续。气电的碳排放强度仅为煤电的 50%左右，污染物排放也明显优于煤电，几乎无粉尘（$PM_{2.5}$）排放，SO_2 排放极低，经低氮燃烧器和烟气脱硝装置后 NO_x 排放非常低，环保优势十分突出。

（3）运行灵活

天然气电厂，机组启停快，负荷适应性强，运行灵活。燃气-蒸汽联合循环电厂既可以带基本负荷，也可以两班制运行，作为电网调峰机组，有助于改善电网的安全性。欧美国家的经验表明：从安全和调峰的要求出发，在电网中安装功率份额为 8%～10%的燃气轮机发电机组是必要的。

表 24-1　电厂启动性能比较　　　　　　　　　　单位：分钟

燃机电厂	联合循环电厂	燃煤电厂
10～15	冷态：120	冷态：300
	温态：90	温态：180
	热态：60	热态：90

（4）造价低、工期短、占地小、运行可靠

投资省：天然气发电的单位装机容量所需投资少，造价便宜，目前每千瓦的投资费用仅为 2100～2800 元/千瓦，甚至更低，而燃煤电厂投资在 3200～4100 元/千瓦。

建设周期短：其设备由组件构成，重量轻、施工快，一般 12～20 个月即可投产，一般是火电机组建设周期的 43%；又由于土建少，又可以分阶段建设，首先建设燃气轮机电厂，再建联合循环电厂，从而使资金最大效率化。

占地面积小：占地面积一般为燃煤电厂的 50%；耗水量也仅为燃煤电厂的 30%左右。

运行可靠，高度自动化，运行人员可大大减少。所需日常运行管理人员仅为一般燃煤电厂的 2%。

此外，天然气分布式除了具有大型气电的优势外，还具有以下优势：实现能量梯级利用，进一步提升能源利用效率，一般可达到70%以上；可布置于负荷中心，降低输电成本；对于电力和天然气具有双重削峰填谷作用；满足海岛等特殊地区的能源供应；使用领域广，可广泛用于工业园区、机场、医院、数据中心、商业综合体等多种场合。

2. 面临的挑战

（1）电价缺乏竞争力

天然气长期处于高位价格，由于当前我国上网电价的定价机制缺乏包括环境保护等外部性成本在内的真实成本，缺乏辅助服务等价值的体现，天然气电厂上网价格大幅高于燃煤电厂上网价格，所以天然气电厂按现行电力市场的定价方式无法与燃煤发电竞争。

（2）气源保障待增强

自2017年底开始，受"煤改气"和华北地区采暖影响，国内天然气市场出现"气荒"，表现在华北、华东较大面积供应紧张，甚至波及气源丰富的西南地区，国家和多个省份相继出台天然气有序用气办法，将优先保障居民用气和不可中断的工业用户，天然气发电处于保障靠后位置。

（3）关键设备技术瓶颈

我国重型燃机设备国产化程度较低，设备购置、运行维护、升级换代等仍较大程度地依赖外方，这是阻碍我国气电持续发展的薄弱环节，亟须加快燃气轮机国产化进程，尽早立项建设试验示范机组。

（三）浙江气电发展基础

1. 浙江气电发展概况

浙江气电发展从2003年燃机打捆招标开始，可分为两个阶段。第一阶段是从2003年到2010年，为配合西气东输和东海气开发项目，浙江配套建设了杭州半山、萧山、余姚和镇海电厂4个天然气联合循环项目，总装机容量360万千瓦。第二阶段为2010年至2014年，随着浙江经济持续高速发展，对于能源尤其是电力的需求不断增加，2011年浙江再次出现严重缺电现象。由于之前大部分装机来自燃煤火电，浙江面临的环境压力越来越大，继续增加和扩建燃煤机组困难重重，在此背景下浙江省出台了800万千瓦的天然气热电联产抢建项目。目前全省有21家统调气电企业。

截至2020年，浙江省气电装机容量1256万千瓦，居全国各省市第三，仅次于广东和江苏，占全省电源总装机容量的12.4%；浙江省气电发电量163亿千瓦·时，占全省发电量的4.6%；统调气电利用小时数为1296小时。

表 24-2　浙江省统调气电情况

序号	电厂名称	总装机容量（兆瓦）	机组型号	燃机数量	布置方式	投产时间
1	杭州华电半山发电有限公司	2415	GE PG9351FA	3+3	一拖一单轴	2005 年 12 月 2013 年 12 月
2	浙江国华余姚燃气发电有限责任公司	788	GE PG9352FA	2	二拖一	2007 年 8 月
3	浙江德能天然气发电有限公司	112	GE PG6581FB	2	一拖一多轴	2005 年 7 月 2005 年 10 月
4	浙江省蓝天天然气发电有限公司	112	GE PG6582FB	2	一拖一多轴	2006 年 3 月
5	浙江浙能镇海天然气发电有限责任公司	789	GE PG9351FA	2	一拖一单轴	2007 年
6	浙江镇海联合发电有限公司	344	GE PG9171E	2	二拖一	1999 年
7	萧山发电厂	1226	Siemens SGT5-4000F	2+1	一拖一单轴	2008 年 4 月 2012 年 6 月
8	浙江浙能金华燃机发电有限责任公司	186	GE PG9171E	1	一拖一	2005 年 2 月
9	大唐国际江山天然气热电有限责任公司	240	GE PG6111F	2	一拖一多轴	2013 年 5 月
10	大唐国际绍兴江滨热电有限责任公司	904	M701F4	2	一拖一单轴	2013 年 9 月
11	衢州普星燃机热电有限公司	230	GE PG6111F	2	一拖一多轴	2014 年 11 月
12	琥珀安吉天然气热电有限责任公司	158	三菱日立 H25 GE PG6111F	1+1	一拖一多轴	2014 年 8 月 2014 年 5 月
13	杭州华电下沙热电有限公司	246	GE PG6111F	2	二拖一	2014 年 1 月
14	浙江浙能常山天然气热电有限公司	458	三菱 M701F4	1	一拖一单轴	2014 年 7 月
15	浙江浙能镇海燃气热电有限责任公司	681	GE PG9351FA+e	2	一拖一多轴	2014 年 9 月
16	华电龙游天然气热电有限责任公司	405	GE PG9171E	2	一拖一多轴	2015 年 12 月
17	中电投长兴天然气热电有限责任公司	870	Siemens SGT5-4000F	2	一拖一单轴	2013 年 12 月
18	华能桐乡燃机热电有限责任公司	458	阿尔斯通 GT13E2	2	一拖一多轴	2014 年 9 月
19	温州燃机发电有限公司	342	GE PG9171E	2	二拖一	1999 年 5 月

续表

序号	电厂名称	总装机容量 （兆瓦）	机组型号	燃机数量	布置方式	投产时间
20	杭州华电江东热电有限公司	960	三菱 M701F4	2	一拖一单轴	2015 年 12 月
21	国电南浔天然气热电有限公司	200	GE 6F.03	2	一拖一多轴	2018 年 1 月

图 24-4　2010—2020 年浙江省气电装机及占比情况

图 24-5　2010—2020 年浙江省气电发电量及占比情况

2. 浙江天然气分布式发展概况

浙江省天然气分布式发展较为缓慢，《浙江省能源发展"十三五"规划》提出有序推进分布式天然气发展，《浙江省建设国家清洁能源示范省行动计划（2018—2020 年）》提出加快分布式能源发展，支持在新建产业园区、大型公用设施等开展天然气分布式能源示范试点。《浙江省天然气发展三年行动计划（2018—2020 年）》提出统筹电力、热力等能源，选择有条件的能源负荷中心开展天然气分布式能源项目示范试点。

截至 2020 年底，全省已建成天然气分布式项目 14 个，其中楼宇式 6 个、区域式 8 个。其中，冷热电三联供项目 2 个，均为楼宇式项目；两联供项目 5 个，其中热电两联供项目 3 个、冷热两联供项目 1 个、冷电两联供项目 1 个；仅供热项目 5 个，暂缓停用项目 2 个。与上海、江苏相比，总体滞后。当前节能减排对煤炭减量，以及蓝天保卫战要求淘汰 35 蒸吨以下燃煤锅炉的要求，使得地方上有用热需求的区域和大的用能企业在不能上燃煤锅炉的约束下产生了迫切的天然气分布式能源的建设需求。

表 24-3　浙江省天然气分布式项目情况

运营模式	项目数量（个）	应用场景	天然气价格（元/米^3）	电力消纳模式
冷热电三联供	2	楼宇	2.39～3.12	自发自用、余电上网
两联供	5			
其中：热电	3	区域、楼宇	2.36～2.8	自发自用、余电上网
冷热	1	楼宇	2.86	—
冷电	1	楼宇	2.25	自发自用、余电上网
仅供热	5	区域	2.36～2.72	余电上网有障碍
暂缓停用	2	楼宇	2.75～3.3	—

（四）定位与目标

"十四五"及中长期，在碳达峰碳中和目标背景下，充分利用气电相对低碳的特性，发挥好过渡支撑作用。

"十四五"时期，为应对全省电力、电量紧张局面，开展气电增发工程，提高存量气电机组发电利用小时数，加快新建高效气电机组，大力推广天然气分布式能源。"十四五"期间新增天然气发电机组 700 万千瓦以上（含天然气分布式能源）。

从中长期看，随着省内支撑性电源和外来电等电源投运，电力、电量供应紧张局面逐步缓解，同时为尽早实现碳中和目标，应在有效控制气电总规模的基础上，因地制宜发展天然气分布式能源，实现能量梯级利用，满足用户多元需求，推动综合能源服务发展。

（五）发展路径

1. 全力挖掘存量气电潜力

根据电力、电量增长需求，确定年度气电发电量和市场交易电量。在碳交易市场、电力辅助服务市场等尚未完善的情况下，存量气电继续执行两部制电价。在天然气淡季组织气电市场化交易，原则上市场出清价格不高于天然气机组上网电价。推动气电企业参与天然气上下游直接交易，通过市场方式有效降低发电气价。

2. 加快布局高效气电机组

按照"气网进得来、电网送得出、负荷有需求、电价走市场"的原则，优先考虑在 LNG 接收站、天然气主干线、负荷中心规划布局高效气电项目，全省具备建设条件的大型气电厂址共 16 个，"十四五"期间重点在杭州、宁波、金华、台州、温州等地实施一批高效气电项目，新增规模约 700 万千瓦。

3. 因地制宜发展天然气分布式能源

天然气分布式能源是综合能源、智慧能源系统的重要组成，鼓励在有条件的区域推广建设分布式能源多联供项目，强化天然气分布式与智能能源网络融合，通过综合能源智慧平台管理和协调控制，充分发挥天然气分布式能源项目的个性化设计、运行灵活、能效高等优势。同时与风电、太阳能、生物质能、地源热泵、水源热泵、蓄热蓄冷装置等构建的多能互补能源系统，实现能源供应的耦合集成和互补利用。

二十五、外来电发展战略研究

（一）浙江外来电发展基础

1. 外来电规模

浙江作为经济和能源消费大省，能源资源却十分匮乏，一次能源主要从省外输入，也是传统的电力受入省份。2020 年，浙江省外来电力最高负荷 3364 万千瓦左右，占全社会最高负荷的 36.3%；外来电量 1787 亿千瓦·时左右，占全社会用电量的 37.0%。

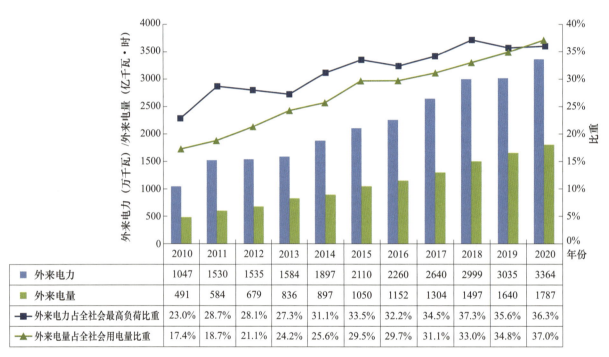

	2010	2011	2012	2013	2014	2015	2016	2017	2018	2019	2020
外来电力	1047	1530	1535	1584	1897	2110	2260	2640	2999	3035	3364
外来电量	491	584	679	836	897	1050	1152	1304	1497	1640	1787
外来电力占全社会最高负荷比重	23.0%	28.7%	28.1%	27.3%	31.1%	33.5%	32.2%	34.5%	37.3%	35.6%	36.3%
外来电量占全社会用电量比重	17.4%	18.7%	21.1%	24.2%	25.6%	29.5%	29.7%	31.1%	33.0%	34.8%	37.0%

图 25-1 浙江外来电力和电量

截至 2020 年底，浙江电网通过芜湖—安吉 2 回、安吉—练塘 2 回及莲都—福州 2 回共 6 回特高压交流线路，汾湖—三林 2 回、瓶窑—武南 2 回、瓶窑—广德 1 回、富阳—河沥 2 回及金华—宁德 2 回共 9 回 500 千伏线路与上海市、江苏省、安徽省及福建省电网相连。溪洛渡水电通过±800 千伏宾金特高压直流线路落点浙江金华；宁东火电通过±800 千伏灵绍特高压直流线路落点浙江绍兴。

2. 外来电构成

浙江外来电力主要可分为区外输浙电力和浙江境内华东统调机组分浙电力。

（1）区外输浙电力

溪洛渡水电通过±800 千伏宾金特高压直流输浙 800 万千瓦，落地功率 752 万千瓦。

宁东火电基地通过±800 千伏灵绍特高压直流输浙 800 万千瓦，满送后落地功率 752 万千瓦。

三峡直流通过±500 千伏直流在江苏和上海落点后，再通过省际 500 千伏联络线向浙江电网送电，浙江分得电力 184 万千瓦。

皖电东送机组通过特高压交流和省际 500 千伏联络线向浙江电网共送电 671 万千瓦。

新疆昌吉准东火电基地通过±1100 千伏吉泉直流落地安徽，输送容量 1200 万千瓦，分浙电力 25%。根据送端电源建设进度，吉泉直流将于 2023 年满功率输送，届时浙江可分得电力 282 万千瓦左右。

（2）浙江境内华东统调机组分浙电力

截至 2020 年，浙江境内华东统调机组分浙电力合计 739 万千瓦，其中秦山核电二、三期分浙 275 万千瓦，方家山核电 218 万千瓦全部留浙，新富水电分浙 54 万千瓦，天荒坪抽水蓄能电站分浙 42 万千瓦，桐柏抽水蓄能电站分浙 52 万千瓦，仙居抽水蓄能电站分浙 98 万千瓦。

3. 正在开展前期工作的外来电项目

白鹤滩水电输浙特高压直流工程。白鹤滩水电站位于四川、云南交界，共建设 16 台 100 万千瓦机组，其中左岸 8 台机组送江苏，右岸 8 台机组送浙江。《国家能源局关于加快推进一批输变电重点工程规划建设工作的通知》（国能发电力〔2018〕70 号）正式明确白鹤滩水电落点江苏和浙江。白鹤滩—浙江特高压直流工程是国家实施"西电东送"的重要工程，额定电压±800 千伏，输送容量 800 万千瓦，起于四川省凉山州白鹤滩换流站，止于浙江省杭州市浙北换流站，途经四川、重庆、湖北、安徽等省（市）入浙，线路全长约 2140 千米，总投资 293 亿元。

4. 正在积极谋划的外来电项目

（1）外电入浙第四回特高压直流

"十四五"期间，浙江全省仍存在电力缺口 300 万千瓦以上，需考虑加快建设外电入浙第四回特高压直流，在"十四五"末至少实现单极投运。从中长期看，谋划新建入浙第四回特高压直流，对强化浙江省电力安全稳定供应，进一步促进电力的清洁化发展是十分必要的。根据前期衔接，甘肃、青海、陕西、山西等能源资源富集省份均有意向送浙，输浙电力优先考虑高比例可再生能源。

（2）福建核电送浙

浙江是华东各省中唯一与福建毗邻的省份，两省电网通过榕城—莲都 2 回特高压交流线路和宁德—双龙 2 回 500 千伏线路互联，浙江 500 千伏浙西南电网网架优化后送电能力将达到 450 万千瓦以上，可有效支撑福建 2 台核电长期送浙。福建核电长期送浙符合国家电力优先就近平衡原则和跨省区输电布局优化方向，也符合国家对于核电机组出力"优价满发"方针。争取福建 2 台核电长期送浙，是浙江中长期电力供应保障的重点方案之一。

（二）浙江外来电发展面临的挑战

1. 高比例外来电力增加电力系统安全运行风险

目前浙江外来电力占全社会最高负荷比重超过 36%，区外电力比重超过 27%。为保障浙江省电力供应，考虑"十五五"初期入浙第四回特高压直流建成投运，届时外来电力和区外电力比重最高将达到 39% 和 34% 左右，之后随着电力需求增长和省内核电、抽水蓄能等支撑性电源建设，比重逐步下落。随着大规模特高压交直流电力进入浙江，高渗透率、弱调节性、长距离受入的区外来电将影响浙江省电网的安全运行，尤其是多回特高压直流馈入后，交流系统故障可能诱发浙江乃至华东多回直流同时换相失败，对电网产生很大冲击，电网运行控制难度和安全稳定运行风险加大。

2. 外来电力配套电源和通道建设进度不一致

受国家煤电发展政策影响，灵绍直流虽于 2016 年建成投产，但到 2019 年宁东火电基地配套电源才投运；吉泉直流已于 2018 年建成投产，但配套电源需于 2023 年才可建成满发；白鹤滩输浙特高压直流配套水电首台机组已经投运，但特高压直流输电工程尚未开工，同步建成投运难度较大。外来电力配套电源和通道建设进度不一致，很大程度上降低了建成通道的利用率，影响了受端电网的电力安全保障和送端电源送出。

3. 现有外来电存在不确定性

"十四五"期间，安徽、福建、四川也将面临电力平衡紧张的局面，皖电东送电力、福建来电、四川来电等存在一定的回缩风险。为提高能源效率和降低电价水平的需要，湖北省政府也提出三峡电能增加湖北留存方案，三峡送电浙江电力存在减少的风险。为统筹协调各方利益，近期国家已提出要研究建立存量调整利益补偿机制，在确保安全的前提下，推动三峡电力外送、皖电东送等存量电力流分配调整研究工作。因此，现有外来电可能还存在一定变数。

4. 新增外来电仍需积极争取

浙江和福建两省就福建核电输浙虽都有合作意愿但也仍存分歧：浙江省希望签订 5～10 年的长协购电协议，以保证供应；而福建则更愿意采用年度协议方式，希望掌握市场主动权。入浙第四回特高压直流的送端电源，国家仍未明确，亟须加快落实。

（三）入浙第四回特高压直流可行性研究

1. 西北五省（区）风光火（储）一体化电源优选分析

我国能源资源与消费逆向分布，实施大规模、长距离的"北煤南运""西气东输""西电东送"战略，成为我国能源流向的显著特征和能源运输的基本格局。

"十四五"期间，综合考虑各能源基地与浙江省的距离和前期意向，可作为浙江电力受入的潜在外来电包括：西南地区金沙江上游水电基地；西北地区陇彬综合能源基地、陕北综合能源基地、青海海西新能源基地、河西新能源基地；华北地区蒙西（包头、阿拉善）综合能源基地、乌兰察布风电基地、鄂尔多斯综合能源基地；山西晋北、晋中、晋东能源基地。上述地区送浙距离在 1000～2500 千米范围内，符合国家直流输电线路规划建设距离。

经过前期衔接，优先选择以甘肃、青海、宁夏、陕西和山西等省（区）风光火（储）一体化电源作为入浙第四回特高压直流送端电源开展研究。

从电源结构看，西北五省（区）可再生能源资源丰富，均可落实风电和光伏发电装机 1600 万千瓦以上，具备采用高比例新能源方案的条件。青海、陕西、甘肃、山西、宁夏配套电源推荐方案中，可再生能源电量占输送电量的比重分别为 78.2%、74.9%、74.3%、73.1%、57.0%，均满足风光火（储）一体化且新能源电量消纳比不低于整体电量 50% 的要求。

从支撑电源建设条件看，推荐方案中，支撑火电分别为甘肃煤电 200 万千瓦、青海气电 200 万千瓦、宁夏煤电 400 万千瓦、陕西煤电 200 万千瓦、山西煤电 200 万千瓦。其中，甘肃煤电已有 70 万千瓦纳规容量，宁夏依托在运煤电建设。各省煤电建设厂址条件基本落实。

从输送距离看，西北五省（区）输送距离从近到远排序分别为陕西 1670 千米、山西 1800 千米、宁夏 1875 千米、甘肃 2400 千米、青海 2900 千米。

从经济性看，经初步测算，受输送距离远和气电电价较高的影响，青海输浙方案的落地电价最高，达到 0.439 4 元/（千瓦·时），已高于浙江煤电基准电价；其余四省（区）输浙方案落地电价均低于浙江煤电基准价，分别为甘肃 0.412 0 元/（千瓦·时）、陕西 0.398 6 元/（千瓦·时）、山西 0.392 5 元/（千瓦·时）、宁夏 0.390 2 元/（千瓦·时）。

从碳减排效果看，宁夏配套电源若依托灵绍直流在役机组建设，统筹两条输浙直流，灵绍直流可再生能源电量占比提升至 50%，较现状不增加火电碳排放，减排效果为 2600 万吨/年。青海输浙方案依托气电建设，减排效果较佳，较全部由省内煤电替代发电可减少碳排放 2590 万吨/年。其他各省（区）减排效果分别为陕西 2190 万吨/年、甘肃 2170 万吨/年、山西 2130 万吨/年。

综上，甘肃新能源资源丰富，且落地电价低于浙江省基准电价；青海新能源电量占比最高，减排效果较佳，但落地电价较高；陕西"十四五"期间已有 3 条直流纳规，再增送浙江难度增大；山西定位以送电华北为主，新增风光装机不足以同时支撑省内、存量和增量外送通道新能源电量。

2. 输电技术路线选择

2021 年白鹤滩至浙江特高压直流落点浙北电网后，将形成浙南 2 回、浙北 1 回 800 万千瓦特高压直流，3 回直流均采用常规直流方案。

白鹤滩至浙江直流与灵绍、吉泉、复奉三大特高压直流表现出较强的耦合关系，其中与灵绍直流耦合尤其密切。根据多馈入短路比计算，多数方式下浙江境内 3 座直流换流站的多馈入有效短路比均能大于 3.0。在汛期谷荷大受电小开机方式下，白鹤滩直流工程投产时出现多馈入有效短路比小于 3.0 的情况，但可大于 2.5；在考虑灵绍 50%调峰后，多馈入有效短路比可大于 3.0。

考虑浙江继续受入第四回特高压直流，落点缺电的萧绍、甬舟区域后，其与灵绍直流的电气距离非常近。若考虑入浙第四回特高压直流仍然采用常规直流，则入浙第四回特高压直流与灵绍直流耦合极为密切，一些运行方式下多馈入短路比将低于 2.0，多条直流连锁故障的概率将大为增加，电网运行风险较大。因此，为保证浙江电网的安全稳定运行，建议入浙第四回特高压直流采用特高压柔性直流的技术路线。

（四）浙江外来电发展战略展望

1. 浙江外来电发展的战略地位和作用

浙江作为能源资源小省和能源消费大省，从中长期看，继续发展外来电对电力供应安全保障和能源结构清洁化发展意义重大。

（1）发展外来电是浙江省电力供应安全保障的必然选择

中长期浙江电力需求的刚性增长态势仍将持续。初步预计到 2025 年，浙江全社会最高负荷和用电量将分别达到 12 430 万千瓦和 6165 亿千瓦·时左右。受煤炭消费总量控制和国家对长三角地区严控煤电的政策影响，"十四五"期间省内新上大型煤电机组的可能性较低；同时受气价较高影响，省内天然气机组发展将主要以分布式为主。在最大限度考虑省内核电、抽水蓄能电站等支撑性电源和白鹤滩水电输浙特高压直流建成投产后，到 2025 年浙江仍存在 500 万千瓦左右的电力供应缺口，还需考虑增加入浙第四回特高压直流，以保障电力供应安全。

（2）发展外来电是浙江省能源结构优化的重要抓手

在碳达峰碳中和目标背景下，随着资源环境约束不断加大，省内集中式光伏和陆上风电的发展规模已相对有限，为推进清洁能源示范省建设，并完成国家下达的非水可再生能源和非化石能源的消纳比重目标，除省内继续发展海上风电和分布式光伏外，还需要通过引入外来电，加大区外非水可再生能源（风电、光伏发电）消纳，进一步优化浙江省能源结构。

2. 浙江外来电发展目标和建设时序

为保障浙江整体电力供应安全，缓解浙江一次能源不足、能源供需平衡紧张的矛盾，浙江外来电力特别是区外输浙电力还需要进一步增加。2019年起增加吉泉特高压直流分电，到2020年分得电力达到170万千瓦；2023年白鹤滩水电至浙江特高压直流送浙电力752万千瓦。考虑2023年起福建核电送浙增至250万千瓦，"十四五"末增加入浙第四回特高压直流，2025年增加输浙电力376万千瓦，到"十五五"初期满送达到752万千瓦。到"十五五"初期形成5133万千瓦左右的外来电力规模（含浙江境内华东统调机组分浙电力739万千瓦）。

初步规划，到2025年，外来电力4757万千瓦，其中区外电力4019万千瓦（入浙第四回特高压直流单极投运），外来电力和区外电力占全社会最高负荷比重分别达到38%和32%左右。外来电量和区外电量占全社会用电量比重分别达到35%和28%左右。

到2035年，外来电力5133万千瓦，其中区外电力4395万千瓦，外来电力和区外电力比重分别达到30%和26%左右。外来电量和区外电量比重分别达到30%和25%左右。

到2060年，外来电力和区外电力维持不变，外来电力和区外电力比重分别达到28%和24%左右。外来电量和区外电量比重分别达到28%和23%左右。

表25-1 浙江外来电发展展望 单位：万千瓦

	项目	2020年	2025年	2030年	2035年	2060年
	外来电力	3364	4757	5133	5133	5133
一	浙江境内华东统调机组分浙电力	739	739	739	739	739
1	秦山核电二、三期	275	275	275	275	275
2	方家山核电	218	218	218	218	218
3	新安江、富春江输入	54	54	54	54	54
4	天荒坪抽水蓄能电站	42	42	42	42	42
5	桐柏抽水蓄能电站	52	52	52	52	52
6	仙居抽水蓄能电站	98	98	98	98	98
二	区外输浙电力合计	2544	4019	4395	4395	4395
1	三峡直流	184	184	184	184	184
2	皖电东送一期	357	357	357	357	357
3	皖电东送二期（特高压交流）	314	314	314	314	314
4	宾金直流（溪洛渡水电）	673	752	752	752	752

续表

	项目	2020 年	2025 年	2030 年	2035 年	2060 年
5	灵绍直流（宁东火电）	652	752	752	752	752
6	吉泉直流分电	170	282	282	282	282
7	白鹤滩直流		752	752	752	752
8	福建核电送浙	118	250	250	250	250
9	入浙第四回特高压直流		376	752	752	752
10	临时双边交易	76	0	0	0	0

（五）浙江外来电发展相关建议

1. 加快推进白鹤滩水电输浙特高压直流项目建设工作

加快推进白鹤滩水电输浙特高压直流项目建设工作，加大与线路途经省市衔接沟通，确保项目 2023 年迎峰度夏前建成投产。

2. 积极谋划新增外来电力

为保障浙江电力中长期安全稳定供应，再积极谋划福建核电送浙和入浙第四回特高压直流。送浙第四回特高压直流全力争取 2023 年底项目核准开工，2025 年建成投产。同时，为保证浙江电网的安全稳定运行，建议入浙第四回特高压直流采用特高压柔性直流的技术路线。

3. 增强受端区域支撑能力

加强浙江 500 千伏及以上电网薄弱环节建设，持续优化电网主网架，加强省内调峰调频电源建设，提升系统抵御严重故障能力。

二十六、氢能发展战略研究

（一）氢能发展概况

1. 国内外发展现状及趋势

（1）国外氢能发展概况

由于市场潜力巨大，各国政府在氢能产业政策导向、技术研究、产业链规划和财政支持方面陆续推出相关规划与政策，试图通过发展氢能来解决未来能源安全，掌握国际能源领域的制高点，其中力度最大、响应最积极的是日本，欧盟、美国、韩国紧跟其上。美日欧等发达国家和地区相继从国家可持续发展和安全战略的高度，制定了长期的氢能源发展战略，并分步实施，在制氢、储氢、加氢等环节有了很多创新和技术突破，也提出了氢能相关产业如氢燃料电池车等产业的发展目标。

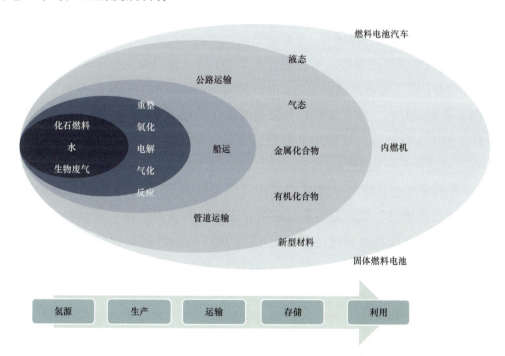

图 26-1　氢能产业链

总结来看，日本作为一个能源输入国，氢能在日本的定位是在经济承受能力范围内逐步取代化石燃料的应用，包括发电，抢占氢能技术制高点，以拓展全球氢能市场，从创造需求起步，构建供应体系，最终推行零碳氢燃料系统。而欧美等国家和地区，现阶段更倾向于将氢能作为化石燃料的一种载体、电力的一种补充，实现化石燃料的清洁化利用，覆盖电气化所无法触及的领域，提升电力结构中可再生能源的渗透率。

表 26-1　国外加氢站与氢能汽车发展目标

国家及时点		加氢站（座）	氢燃料电池车（辆）	单位加氢站服务车辆数（辆/座）
美国	2030 年	1000	300 000	300
日本	2025 年	320	200 000	625
	2030 年	900	800 000	888
德国	2025 年	400		
法国	2028 年	400～1000	25 000	62.5（按最少建设量计）
荷兰	2025 年	50	15 000	300

（2）国内氢能发展概况

2016 年以来，国家发展改革委和有关部委发布的文件中频频出现氢能产业发展的战略部署，氢能纳入国家能源战略。2019 年，"推动充电、加氢等设施建设"首次写入《政府工作报告》。2020 年初，国家发展改革委、司法部发布《关于加快建立绿色生产和消费法规政策体系的意见》，将于 2021 年完成研究制定氢能、海洋能等新能源发展的标准规范和支持政策。2020年 4 月，国家能源局发布《中华人民共和国能源法（征求意见稿）》，氢能被列为能源范畴。2020 年 6 月，氢能先后被写入《2020 年国民经济和社会发展计划》《2020 年能源工作指导意见》。各地方政府陆续出台相应的规划和政策，推动氢能产业的发展。截至 2020 年 6 月，全国范围内省及直辖市级的氢能产业规划超过 10 个，地级市及区县级氢能专项规划超过 30 个。

国内各大城市都围绕氢能产业发展推进各项工作，侧重点有所不同。广东省佛山市、云浮市是国内较早引入氢能与燃料电池产业的地区，2017 年世界产能规模最大的氢燃料电池电堆生产线和氢燃料电池客车生产线相继在云浮投产；2018 年，佛山市引进长江汽车、爱德曼燃料电池、海德利森氢能装备等龙头企业，产业布局已基本覆盖氢能全产业链，同时氢能产业发展支撑平台如氢能标准化委员会等建设有序推进。江苏省如皋市曾在 2017 年（伦敦）国际零碳公交大会上代表中国介绍氢能产业进展，并被联合国开发计划署授予"氢经济示范城市"，如皋也是目前为止仅有的获此名号的中国城市，目前已形成覆盖氢能产业链企业（尤其是整车制造、燃料电池零部件生产）高集聚度的格局。上海市聚焦加氢站和燃料电池汽车发展，规划到 2023 年，上海燃料电池汽车产业发展实现"百站、千亿、万辆"总体目标，规划加氢站接近 100 座并建成运行超过 30 座，加氢网络全国最大，形成产出规模约 1000 亿元，发展规模全国前列，推广燃料电池汽车接近 10 000 辆，应用规模全国领先；到 2030 年，氢能相关产业年产值达 3000 亿元。河北张家口依托可再生能源示范区建设，关注借冬奥契机挖掘可再生能源制氢的潜力。浙江 2021 年最新发布的氢燃料电池汽车产业发展实施方案，提出到"十四五"末推广应用氢燃料电池汽车接近 5000 辆，规划建设加氢站接近 50 座。山东在全国省级层面率先启动氢能源产业中长期发展规划编制工作，依托潍柴等动力系统龙头企业基础，通过发展氢能推动新旧动能转化，建设集氢能源科技园、氢能源产业园、氢能源会展商务区三位一体的"中国氢谷"是山东省转型发展的目标之一。武汉则是充分发挥汽车工业和科研实力的优势，推动氢能汽车发展，提出"十四五"期间培育 5～10 家制氢（氢源）、氢储运重点企业；氢能基础设施建设相对完善，建成 15 座以上加氢站。苏州提出到 2025 年，成为具有国际影响力的氢能产业典范城市，年产值突破 500 亿元，建成加氢站近 40 座，公交车、物流车、市政环卫车和乘用车批量投放，运行规模力争达到 10 000 辆，氢能分布式能源系统推广应用。

企业层面，**国家能源投资集团**战略聚焦制氢和氢气基础设施等上游产业，其低成本制氢能力、基于现有运输基础设施而建立覆盖全国的氢能输送/加注网络的能力和内部稳定的氢能市场需求构成了其发展氢能产业的核心竞争力。2018 年初，由国家能源投资集团牵头多家央企参与的中国氢能源及燃料电池产业创新战略联盟在北京宣告成立。2019 年初，**国家电力投资集团**氢能公司与北汽福田、亿华通签署战略合作协议，共同服务 2022 年北京冬奥会，推动京津冀地区清洁能源利用和氢能交通应用推广。2018 年 4 月，**华能集团**与金鸿控股在河北张家口签署战略合作框架协议，通过建设风电制氢系统制氢站及加氢站建设或改造等氢能综合利用的商业化基础设施建设，实现氢能生产、储运、加注供应链持续的商业化运营。中国石化也发布了氢能规划，"十四五"期间，中国石化将加快发展以氢能为核心的新能源业务，拟规划布局 1000 座加氢站或油氢合建站。

表 26-2　国内主要城市相关规划数据

类别及地区		2020 年	2025 年	2030 年
产值 （亿元）	全国	3000	—	10 000
	苏州	100	500	—
	上海	150	1000	3000
	武汉	100	1000	
加氢站 （座）	全国	118	—	1000
	苏州	4	40	—
	上海	10	50	—
	武汉	5	30～100	

（3）氢能发展趋势

从氢能在能源消费中的地位来看，未来氢能在能源消费总盘里的占比将逐步上升。预计到 2030 年，全球燃料电池乘用车将达到 1000 万～1500 万辆。据国际氢能委员会预计，到 2060 年氢能需求将是目前的 10 倍，可以满足全球能源总需求的 18%，对全球二氧化碳减排量的贡献度将达到 20%，氢能及氢能技术相关市场规模将超过 2.5 万亿美元。

根据《中国氢能源及燃料电池产业白皮书（2019 年版）》，到 2050 年，氢能将在交通运输、储能、工业、建筑等领域广泛应用，氢需求量由目前的 2000 多万吨提升至约 6000 万吨，氢能产业链产值扩大，产业产值将超过 10 万亿元。2050 年氢的终端销售价格将降至 20 元/千克，加氢站数量达到 12 000 座，氢燃料电池汽车保有量达到 3000 万辆，固定式发电装置 2 万套/年，燃料电池系统产能 550 万套/年。

表 26-3　中国氢能发展总体目标

类别	2025 年	2035 年	2050 年
氢需求总量（万吨）	约 3000	约 4000	约 6000
产业产值（万亿元）	1	5	12
氢终端销售价格（元/千克）	40	30	20
加氢站数量（座）	200	2000	12 000

2. 氢能应用场景

氢气按照功能用途可分为原料气体和能源燃料，氢气作为原料气体应用于传统工业领域已非常普及；而作为能源燃料尚处于起步阶段，主要应用于绿色交通和储能两大领域，前景非常广阔。

（1）传统石化领域

我国氢能的利用目前主要集中在传统应用领域，即利用氢气作为传统石油化工生产的原材料。我国目前年产氢气超过 2200 万吨，其中 50%用于石油和煤化工领域，45%用于合成氨。

（2）绿色交通领域

氢燃料电池用于交通领域可有效提高能源利用率，并降低污染物和碳排放，目前在大巴、物流车、轿车、轻轨、航天、轮船等交通工具上均已得到推广应用。氢燃料电池汽车相比于传统燃油车，具有无污染、无噪声、无传动部件的优势，相比于电动车，具有续航里程长、充氢时间短、启动快的优势，可以预见，氢能源汽车在交通领域将率先实现大规模应用。据国际能源署（IEA）预测，到 2030 年、2050 年，氢燃料电池汽车成本将比目前分别下降 44%

和 55%，接近燃油汽车成本。

（3）氢储能领域

氢储能包括电解、储存、转化三个环节，是以电解水反应为基础，将电能转化成氢能并进行储存、利用。近些年，德国、美国、日本等国家将氢储能作为电网新能源应用长期的重点发展方向进行战略规划，并投入大量的研发。

如果考虑将电转氢气再通过内燃机、燃料电池发电，1 千克氢气大约可产生 14 千瓦·时电量。不同的储能系统有不同的应用范围，根据放电功率、储存时间参数，下图显示了各种储能技术的应用范围。

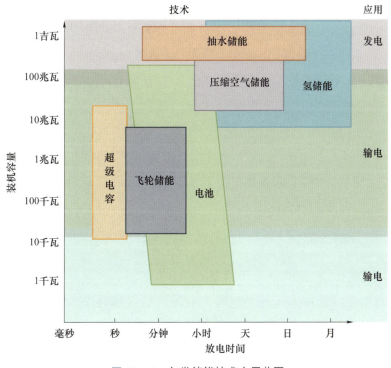

图 26-2　各类储能技术应用范围

从图中可以看出，氢储能的主要优势有以下几点：一是氢储能从储存时间来说有着绝对的优势，可实现跨季度存储；二是与环境兼容性好，无污染；三是通过加大储氢罐的体积或压力即可增加电能的储存容量，因此具有容量增减适应性强、大容量储能成本低等优势；四是氢储能的终端应用灵活多样，通过天然气掺氢可实现与天然气管网的结合，通过燃料电池可实现分布式发电，或者作为燃料提供绿色交通。

3. 氢能利用成本分析

（1）制氢成本

氢气制备技术比较成熟，主要包括以下几种技术路线：一是以煤制氢、天然气重整制氢、甲醇裂解制氢等主要制氢方式为代表的化石能源制氢；二是以工业含氢副产气 PSA 提纯氢为代表的工业副产气制氢；三是电解水制氢。煤制氢的成本最低，是目前中国主要的制氢方式，占比 40%。根据国家能源集团 54 万米³/小时水煤浆合成气项目分析，当原料煤价格在 400～1000 元/吨波动时，氢气成本在 8.8～14.5 元/千克之间。电解水制氢成本最高，受电价的影响较大，根据《广东省氢气资源地域分布及制氢潜力分析》研究报告分析，如果采用谷电制氢 [0.26 元/（千瓦·时）]，制氢综合成本在 28 元/千克。其他几类主流制氢成本分析大致如下所示。

表 26-4 各类制氢方案成本分析

来源	常见装置规模	生产成本（元/千克）	原料价格
煤制氢	54 万米³/小时	8.8～14.5	400～1000 元/吨
工业副产气+PSA	大规模	11.3	10 元/千克
天然气重整	1000～3000 米³/小时（标况）	13.5	2 元/米³
甲醇裂解	500～6000 米³/小时（标况）	21.3	3 元/千克
电解水制氢		28	0.26 元/（千瓦·时）

注 生产成本未包括土地成本及管理成本等。

（2）运输成本

氢能的高效、安全、低成本运输是氢能产业发展的关键环节。气氢长管拖车是国内氢能的主要运输方式。常用的高压管式拖车工作压力为 20 兆帕，装氢气量仅为 400 千克左右，而整车重量高达 25 吨左右，输送氢的效率较低，只有 1.8%，且高压运输存在一定的安全风险。在国外普遍采用较为安全的液氢运输模式，目前在国内液氢只应用于军工领域，但随着氢能市场的逐渐发展，液氢技术由军转民已成为趋势。尽管目前氢气液化成本较高，但与气氢拖车相比，液氢运输具有运输效率高、充装时间较短的特性，且随着液化技术的逐渐成熟，液氢运输必将是今后长距离、大规模氢能运输的主要途径。

基于以下几点内容分析，对比了不同运输距离的前提下，气氢和液氢的运输成本：

① 假设液化成本为 20 元/千克。

② 高速费及过路费 1 元/千米。

③ 单台液氢槽车可运载 2700 千克。

④ 单台气氢长管拖车可运载 400 千克。

⑤ 长管拖车价格 100 万元，液氢车 200 万元，报废年限 10 年。气氢车折旧 274 元/天，液氢车折旧 548 元/天。

⑥ 人工成本 300 元/天，单车配 2 名司机。

⑦ 长管拖车百千米油耗 20 升，液氢拖车百千米油耗 30 升，柴油价格 6.5 元/升。

⑧ 长管拖车充装/卸货各 2 小时；液氢充装/卸货各 1 小时。

⑨ 单台车最高时速为 100 千米/小时，当天配送半径为 800 千米。

⑩ 假设氢气需求为 10 吨。

表 26-5　气氢和液氢的运输成本对比　　　　　　　　单位：元/千克

运输距离（千米）	气氢	液氢
100	1.76	20.35
200	3.09	20.59
300	4.59	20.94
400	5.74	21.17
500	7.94	21.64
600	9.09	21.88
800	11.39	22.35
1000	15.87	23.28
1500	21.62	24.46
2000	27.37	25.64

由气氢和液氢的运输成本对比可知，随着运输距离的增加，液氢的运氢成本（含液化成本）基本保持不变，而气氢的运输费用将大幅度提高。基于目前液化成本高达 20 元/千克，氢气需求量为 10 吨时，运输距离高于 1800 千米，采用液氢是较为划算的；低于 1800 千米，采用气氢运输较为经济。

（3）各制氢方式到站价分析

以煤制氢方式，考虑在煤炭富集省份或者海外煤制氢，通过液氢输入浙江。原料煤是煤制氢的主要消耗，约占制氢总成本的一半，当煤价从 400 元/吨到 1000 元/吨时，氢生产价格从 8.81 元/千克到 14.58 元/千克。按 500 千米的液氢运输车程距离计算，液氢运输综合成本约 21 元/千克，氢气到浙江的到站价为 30.4 元/千克到 36.2 元/千克。

以天然气重整制氢方式，考虑天然气到省内，集中式或分布式制氢，当天然气价从 2.0 元/米³ 到 6.0 元/米³ 时，氢生产价格从 8.66 元/千克到 31.81 元/千克。按 100 千米的气氢运输车程距离计算，气氢运输综合成本约 1.76 元/千克，则氢气到浙江的到站价为 10.4 元/千克到 33.6 元/千克。

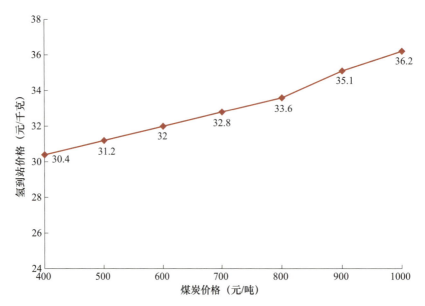

图 26-3　煤制氢到站价随煤价变化情况（500 千米液氢运输）

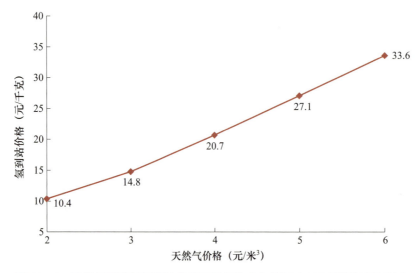

图 26-4　天然气重整制氢到站价随天然气价变化情况（100 千米气氢运输）

（4）各类车辆氢气临界价格分析

选取各类燃油汽车典型油耗，测算氢气临界价格，氢气价格高于临界价格则车用燃料成本将高于燃油。经初步估算，大中型客车、货运车辆等柴油车的氢气临界价格约为

40 元/千克，小型客车等汽油车氢气临界价格约为 55 元/千克。

表 26-6 各类车辆典型油耗及对应氢气临界价格

车辆类型	百千米油耗（升）	油品价格（元/升）	耗氢量（千克）	临界氢气价格（元/千克）
大中型客车	25	浙江 0 号柴油：6.49	4	40
货运车辆	16	浙江 0 号柴油：6.49	2.5	42
小型客车	8	浙江 92 号汽油：6.84	1	55

（二）浙江氢能发展基础

1. 浙江氢气资源禀赋

按照氢制取工艺路径，氢的制取途径主要分为工业副产氢提纯制氢、热化学转化提纯制氢、电解水制氢、生物质制氢、光催化分解水制氢等几种方式，其中煤制氢、天然气重整制氢、电解水制氢的技术已经非常成熟。

（1）工业副产氢提纯制氢

工业副产氢包括丙烷脱氢、乙烷裂解、氯碱化工和焦炉煤气等，其中丙烷脱氢和乙烷裂解可形成规模化副产氢。浙江省目前投运和在建的丙烷脱氢项目 6 个、乙烷裂解项目 1 个。2020 年可产氢气 17.6 万吨（目前燃烧供蒸汽为主，可以考虑置换）。

表 26-7 浙江省丙烷脱氢项目

公司	地点	投产年份	丙烯产能（万吨）	副产氢气（万吨）
浙江卫星石化股份有限公司（一期）	嘉兴	2014	45	1.7
宁波海越新材料有限公司（一期）	宁波	2014	60	2.3
浙江绍兴三锦石化有限公司	绍兴	2014	45	1.7
东华能源（宁波）新材料有限公司（一期）	宁波	2016	66	2.5
浙江卫星石化股份有限公司（二期）	嘉兴	2019	45	1.7
东华能源（宁波）新材料有限公司（二期）	宁波	2019	60	2.3
合计			261	12.2

表 26-8 浙江省乙烷裂解项目

公司	地点	投产年份	乙烯产能（万吨）	副产氢气（万吨）
华泰盛富聚合材料有限公司	宁波	2019	50	5.4

（2）可再生能源发电制氢

"十三五"以来，浙江省可再生能源利用呈现爆炸式增长，截至 2018 年底，全省可再生能源电力装机容量已达到 2616 万千瓦，占全省电力装机总容量的 27.3%。根据近期浙江省电力供需形势，不存在弃风、弃水、弃光现象，因此利用过剩的可再生能源发电制氢现阶段不予考虑。到远期可考虑规模化远海风电制氢，预测 2035 年装机容量 300 万千瓦，2060 年装机容量 800 万千瓦，按 3000 小时计，发电量分别为 90 亿千瓦·时和 240 亿千瓦·时。按 5 千瓦·时电量制取 1 米³ 氢气计算，远海风电在 2035 年和 2060 年制氢潜力为 16 万吨和 42.9 万吨。

（3）海外或省外煤制氢

在海外或省外布局煤制氢和氢气液化项目，同时利用浙江省众多港口岸线、发达的铁路和公路交通优势，在浙江省建立液氢接收站。将液氢技术同民用 LNG 储运与供应技术相结合，建设基于液氢技术的能源输入与供应体系。

（4）天然气重整制氢

当天然气气源供应充足、价格合理的情况下，可考虑天然气重整制氢，1 米³ 天然气约产 2.5 米³ 氢气。

2. 浙江氢能产业发展基础

（1）技术研发方面

目前，浙江省的氢能产业核心技术研发重点依托浙江大学。浙江大学在氢能储输装备及安全研究中取得了多项原创性成果，多项产品技术性能达到国际领先水平，成功研制了国际首台 98 兆帕全多层高压储氢容器，并且制定了多项氢能储输和安全国家标准。此外，浙江大学在氢气液化领域也开展了大量的前沿研究，相继承担了国家自然科学基金重大项目、国家重大基础研究计划（973 计划）、国家高技术研究发展计划（863 计划）等，取得了多项处于国内领先和国际先进水平的研究成果。

（2）装备制造方面

浙江省氢燃料电池汽车产业发展起步较晚，目前在电堆、发动机、系统集成等核心部件及配套环节初步形成了一定的产业基础。**整车环节**：青年汽车在江苏如皋建成国内最大的燃料电池生产线，有 9 个车型通过车辆公告目录，并在公交大巴开始试运营。吉利汽车计划在 2025 年推出氢燃料电池量产车型，长城汽车拟在平湖建叉车生产线。杭州叉车厂与美国布拉格公司正在开展合作洽谈。**电堆环节**：嘉善爱德曼氢能源装备有限公司在国内建造了第一条金属电极板燃料电池生产线，具备双极板、膜电极、系统及核心零部件的设计、开发和生产能力，为东风汽车配套的 7.5 吨物流车和冷藏车已通过国家机动车强制检测。燃料电池电力解决方案公司 Nuvera 已与杭州市富阳区政府签署了一项燃料电池电堆生产协议，协议将允许其合作伙伴浙江润丰氢发动机有限公司在 2019 年开始在富阳本地化生产 Nuvera 燃料电池电堆，将为新能源重型车辆（运货车和公交车）提供动力。**系统集成环节：**嘉兴德燃动力系统有限公司具备 10～60 千瓦燃料电池系统、空压机、回氢组件等关键零部件生产能力，为江淮汽车、奇瑞汽车、一汽红旗、中国中车、中国重汽等企业配套。**质子交换膜环节：**浙江汉丞科技致力于质子交换膜和储能电池膜等技术的开发和生产，拥有 2 项美国发明专利授权，目前生产线已基本建成，正在优化调试工艺及试生产。此外，超威集团、浙江氢谷、湖州中兴等企业也纷纷启动布局燃料电池整车及燃料电池等领域。

（三）浙江氢能需求研究

氢能作为能源属性的应用主要包括储能应用和绿色交通领域应用两大场景。

1. 储能应用场景

氢储能具备能源来源丰富、存储时间长、扩容能力强、几乎无污染排放等优点，其最合适的应用场景为大规模消纳具有较强波动性的可再生能源，减少电网应对风/光电的调峰、消纳负荷问题。

但目前浙江省的可再生能源几乎全部用于上网发电，而且目前抽水蓄能发展较好，因此短期内，氢储能较适合在园区综合能源系统内作为灵活的储能单元，整体系统与外界不进行氢的输入与输出，实现系统内平衡。未来，随着省内可再生能源比例的不断增高，氢储能的发展潜力巨大。

2. 绿色交通领域应用场景

氢在用能场景中，主要面向交通领域，较传统燃油车具有清洁、零排放等优势，与电动汽车比较又具备续航里程长、加氢时间短等特点，未来氢燃料电池车和电动车将互补发展，逐步替代燃油车。

2017 年浙江省汽车保有量为 1397 万辆，预计到 2025 年、2035 年和 2060 年分别达到 2250 万、2800 万、3100 万辆。根据氢燃料电池车的特点，随着加氢设施逐步布局，优先发展公交车、物流车、市政环卫、工程用车等，逐步向社会和家用车辆普及。

表 26-9 各类氢燃料电池车行驶特性

车辆类型	百千米氢耗（千克）	年均里程（千米）	年均需氢量（吨）	数量占比
大中型客车	4	30 000	1.5	1%
货运车辆	2.5	40 000	2	10%
小型客车	1	15 000	0.225	89%

氢燃料电池车发展，按基准方案和高发展方案进行预测。

基准方案：到 2025 年，氢燃料电池车保有量达到 1 万辆；到 2035 年，氢燃料电池车占比为 3%，约 85 万辆；到 2060 年，氢燃料电池车占比为 20%，约 620 万辆。

高发展方案：到 2025 年，氢燃料电池车保有量达到 1.5 万辆；到 2035 年，氢燃料电池车占比为 5%，约 140 万辆；到 2060 年，氢燃料电池车占比为 30%，约 930 万辆。

表 26-10　2025 年、2035 年和 2060 年氢燃料电池车发展　　单位：万辆

汽车保有量		2025 年	2035 年	2060 年
		2250	2800	3100
基准方案	新能源车	112（5%）	500（18%）	1550（50%）
	氢燃料电池车	1	85（3%）	620（20%）
高发展方案	新能源车	225（10%）	840（30%）	2325（75%）
	氢燃料电池车	1.5	140（5%）	930（30%）

根据各类氢燃料电池车行驶特性，计算基准方案和高发展方案下，氢燃料电池车对氢能的需求量。

2025 年，氢燃料电池车保有量 1 万~1.5 万辆，氢能需求量 1 万~1.5 万吨，需布局加氢站 60~80 座。

2035 年，氢燃料电池车保有量 85 万~140 万辆，氢能需求量 80 万~110 万吨，需布局加氢站 750~1050 座。

2060 年，氢燃料电池车保有量 620 万~930 万辆，氢能需求量 250 万~340 万吨，需布局加氢站 2400~3200 座。

表 26-11　2025 年、2035 年和 2060 年氢燃料电池车耗氢量

方案	类型	氢能燃料电池车（万辆）	氢能需求量（万吨）	加氢站
基准方案 2025 年	大中型客车	0.4	0.48	60 座以上（单座日加注能力 0.5 吨）
	货运车辆	0.5	0.5	
	小型客车	0.1	0.015	
	合计	1	0.995	

续表

方案		类型	氢能燃料电池车（万辆）	氢能需求量（万吨）	加氢站
基准方案	2035年	大中型客车	20	24	750座以上（单座日加注能力3吨）
		货运车辆	55	55	
		小型客车	10	1.5	
		合计	85	80.5	
	2060年	大中型客车	30	36	2400座以上（单座日加注能力3吨）
		货运车辆	150	150	
		小型客车	440	66	
		合计	620	252	
高发展方案	2025年	大中型客车	0.5	0.6	80座以上（单座日加注能力0.5吨）
		货运车辆	0.8	0.8	
		小型客车	0.2	0.03	
		合计	1.5	1.43	
	2035年	大中型客车	25	30	1050座以上（单座日加注能力3吨）
		货运车辆	75	75	
		小型客车	40	6	
		合计	140	111	
	2060年	大中型客车	30	36	3200座以上（单座日加注能力3吨）
		货运车辆	200	200	
		小型客车	700	105	
		合计	930	341	

3. 重点领域制氢能耗预测分析

根据氢来源分析，2025年工业副产氢可基本满足氢燃料电池用氢需求。2035年和2060年仅依靠工业副产氢将出现重大的用氢缺口，则需考虑其他氢来源方式。制氢主要途径有煤制氢、天然气重整制氢和电解水制氢。

为满足氢燃料电池车用氢，初步估算得到：

采用煤制氢，2035年和2060年分别需消耗原煤560万～770万吨和1750万～2380万吨。可考虑在煤炭富集省份或者海外煤制氢，通过液氢输入浙江。

采用天然气重整制氢，2035年和2060年分别需消耗天然气35亿～50亿米³和110亿～150亿米³。可考虑天然气到省内，集中式或分布式制氢，尽量减少运输环节成本。

采用电解水制氢，2035年和2060年分别需消耗电量450亿～600亿千瓦·时和1400亿～1900亿千瓦·时。电解水制氢能耗极高，且浙江不存在弃风、弃光、弃水等应用场景，不具备大规模化开展电解水制氢的条件。

表26-12　2025年、2035年和2060年各制氢方式消耗分析

氢来源	年份	氢燃料电池车保有量（万辆）	需氢量（万吨）	消耗量	消耗品种属性
煤制氢	2035	85～140	80～110	560万～770万吨原煤	原料
	2060	620～930	250～340	1750万～2380万吨原煤	
天然气重整制氢	2035	85～140	80～110	35亿～50亿米³天然气	原料
	2060	620～930	250～340	110亿～150亿米³天然气	
电解水制氢	2035	85～140	80～110	450亿～600亿千瓦·时电量	能源
	2060	620～930	250～340	1400亿～1900亿千瓦·时电量	

（四）浙江氢能发展路线与目标

浙江应紧跟全球氢能产业发展前沿，以技术突破和产业培育为主线，按照试点示范促设施建设、设施建设促推广应用、推广应用促产业发展的路径，加快推动氢能产业发展壮大。积极布局氢燃料电池及整车产业，拓展延伸氢能产业链，推进创新研发、装备制造、设施建设、推广应用、标准规范协同发展。

到2025年，基本建立氢能装备和核心零部件产业体系，氢能发展走在全国前列。产业发展方面，氢燃料电池整车、系统集成及核心零部件等产业快速发展，氢燃料电池电堆、关键材料、零部件和动力系统集成核心技术接近国际先进水平，氢能产业总产值超过100亿元。推广应用方面，推广氢燃料电池在公交、物流、船舶等重点领域的应用，并形成一定规模，全省氢燃料电池车保有量1万～1.5万辆。加氢设施方面，在现有加油（气）站以及综合供能服务站内布局加氢站，力争建设加氢站60～80座，试点区域氢气供应网络初步建成。

	2025年	2035年	2050年
产值目标	100亿元以上	1000亿元	力争10 000亿元
产业目标	氢燃料电池整车、系统集成及核心零部件等产业链全面形成，产业体系基本建立	形成完备的氢能装备和核心零部件产业体系	氢能将成为电力以外的第二大终端能源，形成成熟的氢能装备产业体系
推广应用	推广氢燃料电池在公交、物流、船舶等重点领域的应用并形成一定规模，在杭州、宁波、嘉兴、舟山四地开展应用试点示范，全省氢燃料电池车保有量1万～1.5万辆	实现氢能规模化推广应用，氢燃料电池车保有量85万～140万辆。脱产延伸氢能产业链，因地制宜开展氢能在储能、综合能源、用户侧热电联供中的应用	氢能与电能共同支撑绿色交通发展，氢燃料电池车保有量占全省汽车总量的20%～30%。在储能、综合能源、用户侧热电联供中形成成熟的应用模式
加氢设施	力争建设加氢站60~80座，试点区域氢气供应网络初步建成	形成较为完善的加氢设施网络，全省布局加氢站750～1050座	形成便捷全覆盖的加氢设置网络，全省布局加氢站超过2400座
氢的来源	以省内工业副产氢为主	在国外或省外煤炭富产地区布局煤制氢产业，通过液氢输入浙江	区外液氢输入与可再生能源制氢相结合

图 26-5 浙江省氢能发展路线

到 **2035** 年，通过技术创新、产业发展和规模应用，氢能技术和产业发展达到国际先进水平。产业发展方面，形成完备的氢能装备和核心零部件产业体系，氢能产业总产值超过 1000 亿元。推广应用方面，实现氢能在汽车、船舶、综合能源等领域的规模化应用，氢燃料电池车保有量 85 万～140 万辆。加氢设施方面，形成较为完善的加氢设施网络，全省布局加氢站 750～1050 座。

到 **2060** 年，氢能将成为电力以外的第二大终端能源。产业发展方面，形成成熟的氢能装备产业体系，氢能产业总产值突破 10 000 亿元。推广应用方面，氢能与电能共同支撑绿色交通发展，氢燃料电池车保有量占全省汽车总量的 20%～30%。加氢设施方面，形成便捷全覆盖的加氢设置网络，全省布局加氢站超过 2400 座。

（五）浙江省氢能发展路径

1. 健全氢能供应体系

制氢方面，基于浙江省能源禀赋情况，以及煤制氢、天然气制氢在环保和资源方面的约束，短期考虑通过省内工业副产气提纯制氢来满足燃料电池汽车的发展需求，中远期随着用氢规模的增加，浙江省氢能资源将无法满足需求，应尽早在内蒙古、山西、陕西等煤炭资源较为丰富的省份以及具备低廉氢源的国家例如文莱、印度尼西亚等布局煤制氢产业，以液氢形式输入浙江。**储运方面**，考虑浙江省氢气以外来输入为主，应加快推进氢气液化及相关储运技术，将液氢技术同 LNG 储运与供应技术相结合，在省内沿海地区例如宁波、台州等地建设 LNG/液氢合建登陆站或独立的液氢接收站，研究开发低温液体罐式储运装备，实现公路、铁路和水运联运，建设省内液氢能源供应体系，将浙江省打造成为长三角地区液氢供应枢纽。

2. 加强氢能装备制造

积极推动氢燃料电池整车集成以及高效燃料电池动力系统技术创新。每年组织实施一批氢燃料电池重大科技攻关项目，着力突破高比功率车用氢燃料电池电堆、质子交换膜、集电器、车载供氢系统等核心器件相关技术。积极开展高效低成本制氢、安全可靠的氢储运技术和装备开发，力争在高压储运氢设备轻量化、高效液氢制备和储运、金属氢化物储氢、高容量固态储运氢、氢能安全利用、氢燃料发电站和分布式能源应用等方面技术研究取得突破。

3. 搭建产业创新平台

依托浙江大学、清华长三角研究院、中科院宁波材料技术与工程研究所等高校、科研机构及行业龙头企业，搭建氢燃料电池技术工程中心。引导有关重点实验室、工程研究中心开展氢能核心技术攻关。推动氢燃料电池企业与氢能领域国内外知名院校和研究机构开展合作，构建产学研用协同机制。

4. 推广绿色交通应用

交通领域是氢能应用的重要场景，重点发展氢燃料电池整车，支持省内整车生产企业开发氢燃料电池汽车，积极引进具备国际先进水平的氢燃料电池整车企业，推动氢燃料电池汽车在城市公交、市政环卫、工程物流等领域的应用。加速和优化氢能基础设施布局建设，在杭州、宁波、嘉兴、湖州等示范区域完善加氢站的规划与建设，破解燃料电池汽车示范运行瓶颈。结合浙江省发布的《浙江省综合供能服务站与配套储运设施建设规划》中提出的2020年新建700座综合供能服务站的规划，可依托综合供能服务站加氢功能的建设，在氢燃料电池/汽车产业集聚区域尽快建成加氢功能示范站，逐步形成加氢基础网络。

5. 探索氢能综合应用

针对电力供应和储能调峰、通信基站、应急救灾及城市大型综合、未来社区等需求领域，探索发展相关氢燃料电池发电装备；开展风电、光伏电力等可再生能源制氢示范和电网谷段"浅绿"电力制氢示范，拓展多元化氢源渠道；推动氢储能技术与产业发展，开展氢燃料电池发电示范，提升应急保供、应急调峰能力；推进氢能在综合能源中的应用示范，推动燃料电池热电联供系统在用户侧的应用。

二十七、储能发展战略研究

（一）国内外发展基础

1. 全球储能发展概况

根据中国能源研究会储能专委会不完全统计，截至 2020 年底，全球已投运储能项目累计装机规模为 191.1 吉瓦，同比增长 3.4%。抽水蓄能项目的累计装机规模最大，为 172.5 吉瓦，占比为 90.3%；电化学储能技术的累计装机规模为 14.25 吉瓦，年增长率为 49.7%，继续保持高速增长，电化学储能成为新增储能项目中的主流技术，驱动着整个储能产业的快速发展。

从技术分布来看，截至 2020 年底，在各类电化学储能技术中，锂离子电池的累计装机规模最大，为 13.1 吉瓦，占比 92%，其中 2020 年新增电化学储能项目几乎全部应用锂电池；其次是钠硫电池和铅酸电池，占比分别为 3.6%和 3.5%。从装机分布来看，2020 年全球新增装机规模排名前五位的分别是中国 33%、美国 30%、欧洲 23%、日韩 6%、澳大利亚 3%。美国在 2020 年实现了电网侧储能新增投运规模的突破，欧洲则集中在电网侧和家用储能方面，其中德国已安装了 30 多万套家用电池储能系统。从市场应用分布来看，在全球投运的电化学储能项目中，应用分布趋于平衡，用户侧储能占 28%，辅助服务占 32%，集中可再生能源并网占 22%，电网侧占 19%。

从商业模式发展来看，全球储能产业已经由早期示范应用向商业初级化阶段过渡，储能技术的快速发展及光伏发电、电动汽车、能源互联网的不断普及催生一批储能用户，让承受高价的工商业和居民用户对分布式储能产生需求。在美国和德国等分布式和微网储能市场发展较为迅速的国家，Green Charge Networks 公司、Solarcity 公司和 Sonnenbatterie 公司在开拓用户侧储能商业模式上已做出了许多有效尝试和示范，综合来看其应用模式和赢利点有以下几个方向：

① 为用户安装储能系统，提供电力能效协议，调整用电负荷曲线，利用峰谷电价差节省用户电费开支，为用户节省需量电费；

② 为光伏用户安装储能系统，构建用户侧"虚拟电网"，提高自发自用比例，节省电费开支；

③ 为电动汽车充电站配套安装储能系统，调整用电负荷，节省高峰电费；

④ 与车企合作，开展动力电池梯次利用项目；

⑤ 争取政府对储能设施建设的直接补贴、间接补贴（光伏＋储能补贴）及税收优惠；

⑥ 在政策允许的条件下参与需求响应项目，获得补贴。

2. 国内储能发展概况

（1）国内储能产业规模

截至 2020 年底，中国已投运储能项目累计装机规模为 35.6 吉瓦，同比增长 9.8%，占全球市场总规模的 18.6%。其中，抽水蓄能项目的累计装机规模为 31.79 吉瓦，占比 89.3%，同比增长 4.9%；电化学储能的累计装机规模为 3269.2 兆瓦，占比为 3.2%，同比增长 91.2%，在全球电化学储能市场的份额持续提升至 23%，引领全球市场的发展。其中，2018 年中国电化学储能呈现爆发式增长，新增电化学储能装机规模高达 612.8 兆瓦，同比增长 316%。

从技术分布来看，截至 2020 年底，在各类电化学储能技术中，锂离子电池的累计装机规模最大，为 2902.4 兆瓦，占比 88.8%，其次是铅酸蓄电池，装机比例占 3.5%；2020 年，中国新增投运的电化学储能项目规模为 1559.6 兆瓦，新增投运规模首次突破吉瓦大关。从市场应用分布来看，在国内累计投运的电化学储能项目中，用户侧储能应用占比最高，为 37%；其次是可再生能源并网领域，占比为 29%；辅助服务领域占比 16%，电网侧应用占比 18%。从新增装机来看，国内新增电化学储能装机结构经历从以用户侧装机为主转变为以新能源发电侧为主。从装机地域分布来看，西北地区累计装机规模最大，风光资源丰富的甘肃、新疆、青海等地主要以可再生能源并网为主，电网辅助服务主要分布在需求较为迫切的山西、广东、内蒙古等地区，用户侧应用（包括削峰填谷和需求侧响应）主要集中在工商业发达的江苏、广东、山东、北京等地区，华东、华南、华北的工商业园区及西北偏远无电地区还分布了大量的分布式发电及微网领域项目。

（2）国内储能发展阶段

国内的储能应用发展大体可分为四个阶段：第一阶段为 2010 年前的技术验证阶段，第二阶段为 2011—2015 年的示范应用阶段，第三阶段为 2016—2020 年的商业化初期阶段，第四阶段为 2021—2025 年的形成产业化体系阶段。国家从"十二五"末期起对储能产业的发展予以关注，一系列的政策支持推进储能产业快速发展，"十三五"期间，储能商业模式初步建立，装机规模不断扩大，未来五年，预计储能产业体系将得到进一步完善和发展，与世界储能产业发展接轨，形成标准、规范的产业化体系。

（3）国内储能产业支持政策

储能政策最早可追溯到 2010 年出台修正的《中华人民共和国可再生能源法》，但实际上，进入"十三五"初期，才首次出台与储能政策相关的直接政策，并从明确储能身份、纳入示范项目管理、确定应用价值三方面支持了产业的发展。2016 年，在《中华人民共和国国民经济和社会发展第十三个五年规划纲要》中，储能被列入"十三五"国家战略百大项目工程。2016 年末，《能源发展"十三五"规划》正式发布，首次明确提出了发展储能的政策向导，

图 27-1　国内储能产业发展阶段

在加强电力系统调峰能力建设、实施能源需求响应能力提升工程、实施电能替代工程和实施科技创新示范工程四项工作任务中提出了储能技术支撑作用，并以大容量、高效率和综合性为发展方向，对储能应用进行了定位，使其完整地纳入国家整体综合规划。《国家电力示范项目管理办法》首次将储能纳入电力示范项目管理，使储能可以作为重点发展对象，纳入国家能源行业规划，享受政策资金支持。2017 年，国家能源局印发《关于促进储能技术与产业发展的指导意见》，首次明确了储能在我国能源产业中的战略定位，并提出了储能发展目标和重点任务。2019 年 1 月 30 日，南方电网公司发布了《关于促进电化学储能发展的指导意见（征求意见稿）》。2019 年 2 月 18 日，国家电网公司发布了《关于促进电化学储能健康有序发展的指导意见》，积极支持服务储能发展，并首次明确了电源侧储能和独立的纯调峰调频储能的接入参照常规电源接入管理办法执行，用户侧储能的接入参照分布式电源管理办法执行。2019 年 6 月 25 日，四部委印发《贯彻落实〈关于促进储能技术与产业发展的指导意见〉2019—2020 年行动计划》，要求在电源侧研究采用响应速度快、稳定性高、具备随时启动能力的储能系统；组织首批储能示范项目；推进储能项目示范和应用，推进储能与分布式发电、集中式新能源发电联合应用；开展储能保障电力系统安全示范工程建设；推动储能设施参与电力辅助服务市场。2020 年，国家发展改革委、国家能源局《关于做好 2020 年能源安全保障工作的指导意见》明确推动储能技术应用，鼓励电源侧、电网侧和用户侧储能应用，鼓励多元化的社会资源投资储能建设。2021 年 4 月 21 日，国家发展改革委、国家能源局发布了《关于加快推动新型储能发展的指导意见（征求意见稿）》，对储能发展的系列问题提出了整体思路，首次明确储能产业发展目标，到 2025 年，实现新型储能装机规模达到 3000 万千瓦（30 吉瓦）以上，为储能行业从商业化初期向规模化发展定下基调。此外，在能源规划、能源装备、电力体制改革、新能源发展、能源互联网、电动汽车等相关政策中也从不同角度对储能提出了相关支持。

2020 年 9 月 22 日，习近平主席在第 75 届联合国大会上表示，中国将力争 2030 年前实现碳排放达峰，2060 年前实现碳中和；为实现碳达峰碳中和目标，各省市陆续出台了新能源＋储能配套的鼓励政策，主要包括优先支持新能源配置储能项目、划定储能配置比例（大致范围为 5%～20%）、给予储能补贴。

表 27-1　各省新能源＋储能主要支持政策

省份/城市	发布时间	政策名称	政策内容
辽宁	2020/5/13	辽宁省风电项目建设方案	优先考虑附带储能、有利于调峰的风电项目
吉林	2020/4/27	吉林省 2020 年风电和光伏发电项目申报指导方案	大力支持储能、氢能等有带动作用的项目
河南	2020/4/7	关于组织开展 2020 年风电、光伏发电项目建设的通知	优先支持配置储能的新增平价项目
	2020/4/21	关于 2020 年申报平价风电和光伏发电项目电网消纳能力的报告	新增风电光伏应配置足够储能
湖南	2020/4/8	关于组织申报 2020 年光伏发电平价上网项目的通知	新建平价光伏项目鼓励配套储能
湖北	2020/6/8	关于开展 2020 年平价风电和平价光伏发电项目竞争配置工作的通知	优先支持风储一体化，风电不低于 10% 配储能
内蒙古	2020/3/26	2020 年光伏发电项目竞争配置工作方案	优先支持光伏＋储能项目建设，配置 5% 储能
新疆	2020/3/25	新疆电网发电侧储能管理办法	补偿标准 0.55 元/（千瓦·时），鼓励发电侧储能设施建设
江西	2020/1/13	江西省新能源产业高质量跨越式发展行动方案（2020—2023 年）	培育与分布式能源应用的储能市场
安徽	2020/1/16	安徽省实施长江三角洲区域一体化发展规划纲要行动计划	开展风光储一体化等新能源微电网技术研发
山东	2020/6/5	关于 2020 年拟申报竞价光伏项目意见的函	2020 年申报竞价光伏项目要求配 20% 储能
	2021/2/19	2021 年全省能源工作指导意见	建立独立储能共享和储能优先参与调峰调度机制，新能源场站原则上配置不低于 10% 储能设施，全省新型储能设施规模达到 20 万千瓦左右
山西	2020/6/5	关于 2020 年拟新建光伏发电项目的消纳意见	建议新增光伏发电项目配备 15%～20% 储能

续表

省份/城市	发布时间	政策名称	政策内容
江苏南通	2020/5/29	南通市打造风电产业之都三年行动方案（2020—2022年）	开展海上风电＋储能试点项目建设
河北	2020/9/25	关于推进风电、光伏发电科学有序发展的实施方案（征求意见稿）	支持风电光伏按10%配置储能
贵州	2020/11/20	关于上报2021年光伏发电项目计划的通知	2021年消纳受限区域光伏需配备10%储能
福建	2020/7/15	"电动福建"建设三年行动计划（2020—2022年）	鼓励风力、光伏电站等配备储能设备，提升电能质量
广东	2020/9/29	广东省培育新能源战略性新兴产业集群行动计划（2021—2025年）	推进"可再生能源＋储能"发电系统建设
青海	2021/1/18	关于印发支持储能产业发展若干措施（试行）的通知	鼓励新能源发电企业配储，支持配储新能源优先消纳及储能交易，2021—2022年补贴储能项目/利用本省产储能电池60%的项目0.1/0.15元/（瓦·时）

（二）储能技术概述

通常所说的与电力系统相关的储能技术，主要是电能存储，按技术原理分为物理形式和化学形式，物理形式又分为机械储能和电磁储能。

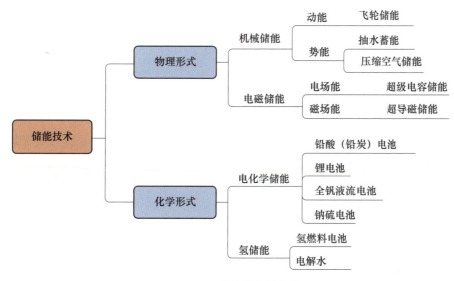

图 27-2　储能技术的分类

1. 各类储能技术比较

由于不同储能技术的工作原理和成熟度存在差异，因此在性能特点、经济成本和场地要求等方面各有优缺点，目前尚无某一储能技术能独占所有优点满足全部应用需求。

表 27-2 不同储能技术优缺点综合比较

技术路线		工作原理	优点	缺点
机械储能	抽水蓄能	电网低谷时利用过剩电力将水从低的水库抽到高的水库，电网峰荷时高水库中的水回流到低水库推动水轮机发电	技术成熟，储能容量大	选址困难，投资周期长
	压缩空气储能	在负荷低谷时利用电力将空气高压密封在地下结构内，在需要时释放压缩的空气推动燃气轮机发电	储能容量大	建站地点严苛，效率低
	飞轮储能	电能用于将放在真空外壳内的转子即一个大质量的由固体材料制成的圆柱体加速，从而将电能以动能形式储存起来	无污染，比功率大	能量密度低，放电时间短
电化学储能	锂电池	使用锂合金金属氧化物为正极材料、石墨为负极材料、使用非水电解质的电池	能量密度高，环境友好	成本较高，需要充电保护
	铅酸电池	电极主要由铅及其氧化物制成，电解液是硫酸溶液的蓄电池	成本低，技术成熟	能量密度低，寿命短
	液流电池	一种活性物质呈循环流动液态的氧化还原电池，电解液由硫酸和钒混合而成	运行稳定，深度放电	占用空间大，系统复杂，成本高
	钠硫电池	一种以金属钠为负极、硫为正极、陶瓷管为电解质隔膜的二次电池	能量密度高，循环寿命长	安全性差，需维持高温条件
热储能	熔融盐储能	将热能储存在隔热容器的媒质中，需要时可再转化回电能，也可直接利用而不再转化回电能	能量密度高	应用场所受限，效率低，转化速度慢
电磁储能	超级电容储能	利用活性炭多孔电极和电解质组成的双电层结构获得超大容量的储能装置，电荷以静电方式存储在电极和电解质之间的双电层界面上	比功率高	成本高，能量密度极低，自放电严重
	超导磁储能	利用超导体的电阻为零特性储存电能	比功率高	系统复杂，成本高
化学储能	氢储能	通过电解水获得氢，之后可直接用氢作为能量载体	用途多样	全周期效率低

各类储能技术成熟度有以下特点：

① 抽水蓄能和传统压缩空气储能技术最为成熟，适合百兆瓦及以上规模的储能，并已实现商业化应用；

② 铅酸电池因其性能稳定、成本低廉，已经有数十年成熟应用历史，有大量应用案例，

技术成熟度高；

③ 锂电池由于电动汽车行业的快速发展，技术性能提升迅速，规模化成本效应日益显现，由于其在能量密度、响应速度等方面的综合优势，已成为应用领域最为关注的一种储能电池技术，无论是示范项目还是商业化项目中均有广泛应用；

④ 液流电池和钠硫电池是大容量电化学储能技术之一，在示范性项目上有应用，在国内尚未有大规模商业化推广；

⑤ 超级电容储能和高速飞轮储能在电力系统中通常与能量型储能技术配合使用，以发挥其功率性能优势；

⑥ 超导磁储能技术距离规模化应用仍需要一定的时间。

2. 储能技术适用场景分析

根据各类储能技术成熟度和性能参数，以及储能在电力系统各环节中承担的角色要求，不同储能技术适用于不同场景。

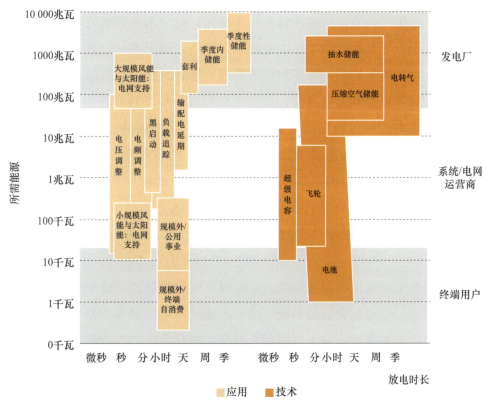

图 27-3 不同储能技术的适用场景

大规模储能。抽水蓄能、压缩空气储能适用于规模大于 100 兆瓦的应用场合，能够提供小时到周级别的电能输出，在负荷跟踪调节、削峰填谷等方面能够发挥重要作用。电化学储能系统适用于 10~100 兆瓦规模的应用场合，同样在调频调峰、新能源发电、负载跟踪调节等方面有着重要作用。

电能质量调节。部分电池储能、飞轮储能及电磁储能的响应时间快，有的可接近毫秒级别，能提供短时的功率输出，且拥有较高的转换效率，可用于需要快速响应的应用，改善电能质量，如调频、抑制电压跌落等。典型应用功率低于 1 兆瓦。

备用电源。电化学电池储能不仅具有快速响应的特点，还能有较长的持续放电时间，适用于作为各种系统的备用电源使用。

3. 储能应用领域分析

储能在电力系统中可以作用于发、输、配、用各个环节，根据配置位置的不同，储能可在不同层面发挥重要作用。

电源侧。风电、光伏等新能源发电通过配套建设储能，可有效平滑出力的随机性、波动性、间歇性，赋予新能源和常规电源稳定、可控的特性，促进新能源电站根据电力需求特性、市场价格信号等优化生产运营，切实降低弃风、弃光，提升本地和就近消纳水平，减少外送需求，特别是对于集中开发新能源项目，可降低配套外送通道设计容量、提高输电通道的利用率。常规火电机组加装储能后，可实现快速响应、精确跟踪，显著提升调频质量，同时降低火电机组本身的设备磨损和运行风险，改善系统运行的经济性和稳定性。

电网侧。建设集中式储能电站，主要是从电网调度运行的角度发挥其削峰填谷、负荷跟踪、调频调压、热备用、电能质量提升等功能，改进电力调度方式，加强区域资源调剂优化，有利于新能源与电网的协调优化运行。电网侧储能设施更着重于保障电网供电安全，紧急故障状态下，电储能可通过快速吸收或释放功率支撑节点电压、平抑系统频率波动，提升电网地域突发性事件和故障的能力，避免大范围连锁故障的发生，提高电网供电可靠性。

用户侧。安装在工业园区、商业建筑、居民用户侧的电储能设施与分布式发电、信息和智能控制技术相结合，形成综合能源系统，推动形成局域电能服务的新模式、新业态，能够显著提高用户侧的供电可靠性，减少电网配套投资，提高系统的综合利用效率。电储能与分布式光伏、分散式风电结合，可提高可再生能源的就地消纳比例，减少配电网的增容改造需求，对用户而言节省容量电费和电量电费，降低负荷对大电网供电的依赖性。电储能与信息和控制技术相结合，形成规模后发挥虚拟电厂效应，可有效增强负荷柔性，实现需求侧灵活响应，通过参与电力现货市场交易，配合风电、光伏等可再生能源出力特性，开展负荷水平控制和负荷转移，提升整个大电网的安全运行水平和新能源消纳能力。

表 27-3　储能技术电力行业应用领域分类

类型	名称		作用
电源侧	可再生能源大规模接入	电量转移，削峰填谷	解决可再生能源发电的间歇性问题，促进清洁能源并网；降低火电调峰成本
		爬坡率控制	解决可再生能源发电的波动性问题，提高供电质量和可靠性
	传统火电机组	辅助动态运行	通过储能系统快速响应速度，在进行辅助动态运行时提高火电机组效率，避免动态运行对机组寿命的损害
		取代或延缓新建机组	降低或延缓新建机组投资
电网侧	无功支持		提高供电质量
	缓解线路阻塞		提高供电质量，延缓电网建设性投资
	延缓输配电扩容升级		延缓电网建设性投资
	变电站直流电源		变电站储能设备可用于开关元件、通信基站、控制设备的备用电源，直接为直流负荷供电
	调频		稳定输出，降低火电机组调频压力，提高经济性
	电压支持		提高电能质量，降低火电机组提供无功补偿的压力，提高经济性
	调峰		削峰填谷，稳定输出，备用容量更可控
	备用容量		提高供电可靠性
用户侧	分时电价管理		通过削峰填谷降低用户用电成本
	容量电费管理		利用储能设备放电降低用户最高负荷，达到减少容量电费的目的
	需求侧响应		发挥虚拟电厂效应，可有效增强负荷柔性，实现需求侧灵活响应
	电能质量管理		可作为备用电源，提高供电可靠性

（三）浙江储能发展基础与趋势

1. 浙江储能发展基础

浙江省内工商业用电峰谷电价差较小，发展纯储能项目盈利空间较小，且由于浙江省电网架构较为发达，电力消纳情况较好，用于可再生能源并网的储能项目缺少发展空间，省内储能产业发展起步较晚。近年来，随着《浙江省能源发展"十三五"规划》、国家《关于促进储能技术与产业发展的指导意见》、国家电网《关于促进电化学储能健康有序发展的指导意见》等规划政策的出台，储能产业不断发展，适应于综合能源、可再生能源并网、新能源汽车发展的新技术、新模式和新业态不断兴起，吸引了大量知名电池生产商在浙江省建立宁波、湖州储能与动力电池产业基地，一系列示范项目投资运行。2019 年，浙江启动电网侧储能一期，在宁波、杭州、湖州、衢州建设四个项目，总规模达到 16.03 兆瓦/45.65 兆瓦·时。

2. 浙江主要储能示范和产业项目介绍

（1）湖州 750 兆瓦/8400 兆瓦·时储能电站

2018 年 7 月，易事特成功交付了浙江湖州 750 兆瓦/8400 兆瓦·时储能电站，该电站占地面积 160 米^2，主要用于工业园区削峰填谷，节省用户用电容量，采用"两充两放"模式，每年可为用户节省电费约 140 万元。此外，该项目具备并网与离网平滑切换功能，在迎峰度夏的压力下，当电网出现缺口或异常时，储能电站可以充当应急电源，为厂区负荷提供稳定可靠的供电。

（2）长兴新能源小镇

长兴新能源小镇位于画溪街道，规划总面积 3.3 平方千米，投资规模 65.3 亿元，入驻企业 34 家，其中重点建设区域 1.2 平方千米，重点聚焦新型电池、新能源汽车（含关键零部件）、太阳能光热光伏等新能源产业，于 2018 年底建成总容量为 10 兆瓦的分布式光伏发电系统，覆盖 2.4 米^2 的冷热能源站，10 台 60 千伏直流充电站和容量为 0.25 兆瓦/1.2 兆瓦·时的储能电站，打造以"多能互补联供、源网荷储协调"为特色的综合能源供给体系和智慧能源互联网运营模式，成为浙江首个近零碳排放试点园区，有效促进新能源产业发展。

（3）杭州未来科技城储能电站

浙江省首个投运的电网侧储能电站，位于杭州余杭区，采用磷酸铁锂电池系统，规模为 2 兆瓦/4 兆瓦·时，电站设置了 2 台 1250 千伏·安双分裂变压器，接入杭州余杭区 110 千伏油车变电站并网。该储能电站接受市调，主要提供电网调峰服务，为周边未来科技城用户提供用电保障和削峰服务。

（4）浙江电网侧储能一期

宁波 110 千伏越瓷变电站储能项目。这个项目主要为了解决大规模分布式光伏杭州湾新区面临消纳的问题，通过建设储能电站达到提高可再生能源消纳的能力，减少其波动，一期建设规模为 6 兆瓦/8.4 兆瓦·时。

杭州 110 千伏江虹变电站储能项目。目标主要是实现削峰平谷、调峰调频以及无功补偿的作用，一期建设规模为 4 兆瓦/12.8 兆瓦·时。

湖州 110 千瓦金陵变电站储能项目。为了提高电网的调峰调压能力，提高系统灵活性、稳定性，调节主变的负载率，降低线路损耗，提供末端电源的供电可靠性，为今后电网安全稳定运行提供更丰富的调节手段。一期建设规模为 6 兆瓦/24 兆瓦·时。

衢州灰坪乡大麦源村的储能项目。作为紧急电源，提高供电可靠性，建设规模为 30 千瓦/450 千瓦·时。

（5）长兴经济技术开发区铅蓄电池产业基地

长兴蓄电池产业起步于 20 世纪 70 年代，蓄电池品牌占据了全国动力电池的半壁江山。其中，国内电动助力车蓄电池 65%的极板企业、75%的组装企业出自长兴，尤其是天能、超威两家企业产品定价对全国市场同类产品的价格有巨大的影响。随着该产业正式成为国家新型工业化产业示范基地，新一轮的产业升级正在长兴大地逐步推开。

3. 储能发展判断与趋势分析

（1）技术创新不断突破

在所有储能技术中，除了抽水蓄能，综合考虑寿命周期、成本水平、转换效率和安全性等因素，电化学储能是发展最快、条件最为成熟的技术，其技术经济性将在近年内具备商业化拐点，浙江省未来储能产业的发展主要集中于电化学储能领域。预计 2025 年甚至更长一段时间，锂离子电池仍将是主流发展技术。随着工艺提升和技术创新，锂离子电池将呈现成本持续下降、能量密度持续提高的趋势。近期含硅负极和高比能高压正极的锂离子电池（250～300 瓦·时/千克）研发将取得较大进展，正极材料占电池成本的 40%，其质量也直接影响着锂离子电池的性能。一旦正极材料实现技术上的突破，高性能锂离子电池的发展有望得到质的飞跃。而远期来看，"固态"锂电池可能会有较大发展，目前全固态锂电池研发可提供的能量密度基本可达 300～400 瓦·时/千克，成为储能电池技术的重要发展方向。液流电池具备循环寿命长、电池一致性好、深度充放电等优势，目前已处于早期商业化阶段，到 2025 年或许能够实现商业运行。从更加长远来看，未来储能技术材料的优化是一个发展方向，如锂离子电池的电解液、液流电池的膜技术的创新；另一个发展方向则是新体系的储能技术的成熟，如金属空气电池、液态金属电池、水系锌离子储能电池、石墨烯基超级电容等，可能影响 2035 年甚至 2060 年的储能产业格局。

（2）成本不断下降

储能要实现在电力系统的大规模应用，期望储能效率应大于 95%，充放电循环寿命超过 10 000 次，储能系统规模可达到 10 兆瓦·时以上。根据中关村储能协会的判断，无论何种电化学储能技术，要实现规模化的应用，度电储能成本必须降至 0.2～0.3 元/（千瓦·时），预计 2025 年左右将有部分电池（锂电池及铅碳电池）具备商业化的潜力，成本甚至将接近 0.2 元/（千瓦·时），甚至低于 0.2 元/（千瓦·时）。液流电池和钠硫电池的发展将受集中式可再生能源场站配储能政策的影响，若有利好政策，应用规模加大，成本也将实现较快下降。

（3）应用场景不断拓展

电源侧、电网侧、用户侧等储能应用都将在未来浙江省储能产业中发挥积极作用。一是电源侧，通过储能系统削峰填谷，达到辅助火电机组动态运行、火储联合调频、降低调峰容量需求的目的，同时为可再生能源大规模接入提供电量削峰填谷、平滑功率波动、跟踪计划出力等作用。二是电网侧，通过配置储能为系统提供调频、调峰、电压支持和备用容量等服务，达到延缓线路阻塞和输配电扩容改造、提高全社会电能质量等目的。三是用户侧，以分时电价、容量电费管理、电能质量管理、双向充（放）电动汽车等途径，降低用户用能成本，提高用能质量。

（4）商业模式不断创新

一是利用峰谷电价差盈利的用户侧储能。广东、江苏等省已出现的用户侧规模化储能商业示范项目主要基于峰谷电价差较大的实际，目前在浙江省不具备良好的经济效益。二是通过独立身份参与电力辅助服务市场的电源侧储能。电源侧基于现有电价机制和政策环境，无法量化储能系统参与电网辅助服务的收益，经济效益无法考证，未来此类商业模式若要发展，实现储能对于调峰、调频、调相的真正价值，还需要有一个比较健全的辅助服务市场和辅助服务的付费补偿模式。三是基于市场考核的可再生能源储能。目前西北区域已出台两个细则，未来浙江市场对于可再生能源并网的考核机制将决定此类储能模式的发展。四是分布式发电和微网领域的商业化应用。通过需求侧管理，辅以创新的金融模式和先进的智能能源管理系统，推动清洁能源实现就地收集和就地使用，从而节省电费支出、参与需求响应、延缓输配电网升级改造。五是电动汽车储能应用领域。通过车电互联使电动汽车具备可控负荷、分布式储能设备的双重身份；通过电动汽车动力电池的梯级利用，用于电力储能和电力服务。

（四）战略定位与发展目标

储能是指通过介质或设备把能量存储起来，在需要时再释放出来的过程。储能技术是解决可再生能源大规模接入和弃风、弃光问题的关键技术；是综合能源、智能电网、能源互联网发展的必备技术；也是解决常规电力削峰填谷，提高常规能源发电与输电效率、安全性和经济性的重要支撑技术。随着浙江省经济持续快速发展，浙江省也将面临用电负荷持续增长、调峰能力不足、电源结构不合理等电力运行问题以及更高的节能减排要求。推进储能应用，将储能与传统发电设施、新能源发电、交通出行等结合起来，是有效解决能源和环境问题的重要手段，也可推动浙江省储能产业链的整体发展。

到 2025 年，**电池技术方面**，"固态"锂电池、石墨烯电池、锂空气电池的商用将在新能源产业中起到关键作用。关键材料方面，正极材料占电池成本比重最高，有望在技术上取得重大突破，高性能锂离子电池发展有望得到质的飞跃。**成本方面**，锂电单体成本约为 0.5 元/

（瓦·时），系统成本降低到 1.0 元/（瓦·时）。**应用场景方面**，在分布式发电领域及微网领域由示范向商业化过渡，应用于管理工商业用户需量电费、保障孤岛供电可靠性等问题。储能与燃煤火电机组联合运营参与调频辅助市场及储能电站参与调峰项目由示范向商业化过渡。光储一体化电动汽车充电站示范应用，车电互联技术初步应用。

到 2035 年，**电池技术方面**，锂电池完善电池组的安全性、一致性，实现高性能、长寿命动力锂电池的规模化生产，兆瓦级别的应用达到成熟水平。全固态锂电池等新型锂电池以及各类新体系电池进入示范项目阶段。**成本方面**，锂电单体成本约为 0.4 元/（瓦·时），系统成本降低到 0.8 元/（瓦·时）。**应用场景方面**，储能与光伏系统结合的模式在用户侧普及，多个用户系统构成的区域系统参与电力需求侧管理、电费管理等，储能成为未来社区的重要组成。辅助服务市场形成一定规模，储能作为独立电力资源参与市场，获取收益。电动汽车充电基础网络基本成形，动力电池梯次利用及 V2G 模式进入商业化推广。

到 2060 年，**电池技术方面**，高能量/高功率密度新型动力锂电池（如全固态锂电池）实现规模化量产及百兆瓦级商业化应用，超级电容器突破新体系大功率模块化技术，实现百千瓦至兆瓦级的商业化应用。**应用场景方面**，储能将在能源互联网的各个环节发挥重要作用，将电力系统与天然气系统、供热系统等各系统连接，成为多网融合的纽带，并成为综合能源系统中不可或缺的组成部分。

（五）战略路径

1. 加强技术创新和全产业链发展，加快储能示范项目布局

加大具有重大应用前景的储能技术开发，依托清华长三角研究院、浙江大学以及周边省份高能级科研机构，发挥科研院所在固态锂电池、大容量镍氢电池、燃料电池等方面的优势，通过技术开发、技术转让、合作共建等方式开展关键技术研发的协同创新。针对不同储能技术的特点和所适用的应用场景，引导社会资本参与产业化项目，分领域、有重点地部署储能示范项目。如以风光电等间歇性能源为主的微网系统中布置电化学储能为主的储能设施；在离网户用系统中，使用安全、便捷、成本较低的铅酸电池和锂电池储能项目；在大规模风光电并网储能项目中，探索以储能为核心的虚拟电厂（VVP）方案、光–储一体方案、风–光互补方案等。

2. 探索建立储能产业市场机制和价格机制

将储能的发展与电力体制改革、能源互联网产业发展相结合，尽快明晰电力现货市场中辅助服务交易机制的设定原则，逐步向用户侧传导可持续的市场长效机制。一是建立价格支持政策，建议建立调频辅助服务调节里程加调节性能计算补偿的模式，对电源侧储能电站予以类似于两部制电价的支持政策。二是深化电力辅助服务市场改革。充分发挥火储调峰项目、

新能源+储能等联合体电站以及独立储能电站的优越性，鼓励其参与电力市场交易和辅助服务，明确储能服务电价，给予合理补偿。

3. 完善峰谷电价形成机制，加大峰谷电价的实施力度

运用价格信号引导电力削峰填谷，进一步扩大峰谷电价政策执行范围，通过扩大高峰、低谷电价价差和浮动幅度，结合产业基础动态调整峰谷时段，引导用户错峰用电，增加低谷用电，减少高峰用电，提高整个电网系统运行效率，降低电力系统运行成本和用户平均用能成本，促进储能、新能源汽车、数字经济等相关产业发展。

4. 创新储能商业模式，助推产业规模化发展

以用户侧需求管理为中心，多元化成本构成，充分发挥储能设备厂商、用户和第三方等各方技术、资本优势，探索用户直接投资、设备厂商与用户联合投资、租赁模式、众筹模式等适用于浙江市场的商业化推广模式；依托未来社区建设，探索 V2G 应用参与社区能源管理系统等场景；尽早布局动力电池梯次利用模式，建立动力电池回收、拆解、重组等标准体系，对相关技术研发和模式创新予以支持。

二十八、综合能源服务发展战略研究

（一）综合能源服务国内外发展现状

1. 国外典型国家发展现状

传统能源服务产生于 20 世纪 70 年代中期的美国，主要针对已建项目的节能改造、节能设备推广等，合同能源管理是其主要商业模式。基于分布式能源的能源服务，产生于 20 世纪 70 年代末期的美国，以新建项目居多，推广热电联供、光伏、热泵、生物质等可再生能源，其融资额度更大，商业模式更加灵活。现如今，互联网、大数据、云计算等技术出现，融合清洁能源与可再生能源的区域微网技术的新型综合能源服务模式开始诞生，构建区域综合能源系统并提供集成式服务成为新趋势。综合能源服务对提升能源利用效率和实现可再生能源规模化开发具有重要支撑作用。因此，进入 21 世纪，综合能源系统研究在多国兴起，世界各国根据自身需求制定了适合自身发展的综合能源发展战略。以下主要介绍欧洲主要国家，以及美国和日本的发展情况。

（1）欧洲

欧洲是最早提出综合能源系统概念并最早付诸实施的地区，其投入大，发展也最为迅速。早在欧盟第五框架计划（FP5）中，尽管综合能源系统概念尚未被完整提出，但有关能源协同优化的研究被放在显著位置，如 DG TREN（Distributed Generation Transport and Energy）项目将可再生能源综合开发与交通运输清洁化协调考虑；ENERGIE 项目寻求多种能源（传统能源和可再生能源）协同优化与互补，以实现未来替代或减少核能使用；Microgrid 项目研究用户侧综合能源系统（其概念与美国和加拿大所提的 IES 和 ICES 类似），目的是实现可再生能源在用户侧的友好开发。在后续第六框架计划（FP6）和第七框架计划（FP7）中，能源协同优化和综合能源系统的相关研究被进一步深化，Microgrids and More Microgrids（FP6）、Trans–European Networks（FP7）、Intelligent Energy（FP7）等一大批具有国际影响的重要项目相继实施。欧盟在综合能源上的研究与当地的新能源发展息息相关。欧洲新能源、可再生能源、微电网等类型相对较多，因此欧盟的综合能源服务主要在于研究多能互补、可再生能源开发、微电网中信息与各类能源的配合等。

欧洲已经涌现出上千家能源服务公司。对于欧洲很多国家而言，其能源系统间的耦合和互动急剧增强，英国与德国就是典型案例。

英国的企业注重能源系统间能量流的集成。英国作为一个岛国，与欧洲大陆的电力和燃气网络仅通过相对小容量的高压直流线路和燃气管道相连。英国政府和企业长期以来一直致力于建立一个安全和可持续发展的能源系统。除了国家层面的集成电力燃气系统以外，社区层面的分布式综合能源系统的研究和应用在英国也得到了巨大的支持。例如英国的能源与气候变化部 DECC 和英国的创新代理机构 Innovate UK（以前称为 TSB）与企业合作资助了大量区域综合能源系统的研究和应用。2015 年 4 月创新英国在伯明翰成立"能源系统弹射器"（Energy Systems Catapult），每年投入 3000 万英镑，用于支持英国的企业重点研究和开发综合能源系统。

与英国相比，德国的企业更侧重于能源系统和通信信息系统间的集成，其中 E-Energy 是一个标志性项目，并在 2008 年选择了 6 个试点地区，进行为期 4 年的 E-Energy 技术创新促进计划，包括智能发电、智能电网、智能消费和智能储能四个方面。该项目旨在推动其他企业和地区积极参与建立以新型信息通信技术（ICT）、通信设备和系统为基础的高效能源系统，以最先进的调控手段来应付日益增多的分布式电源与各种复杂的用户终端负荷。通过智能区域用能管理系统、智能家居、储能设备、售电网络平台等多种形式开展试点，E-Energy 最大负荷和用电量均减少了 10%～20%。此外，在 E-Energy 项目实施以后，德国政府还推进了 IRENE、Peer Energy Cloud、ZESMIT 和 Future Energy Grid 等项目。从 2011 年起，德国从能源全供应链和全产业链的角度出发，将工作重点放在可再生能源发展、能源效率提升、多能源有机协调等方面。

（2）美国

美国综合能源服务方面的技术研发与欧洲有所不同。美国能源并不缺乏，对环保的需求迫切性与执政党有较大关系。美国综合能源服务的侧重点在于信息化与自动化。

在管理机制上，美国能源部（DOE）作为各类能源资源最高主管部门，负责相关能源政策的制定，而美国能源监管机构则主要负责政府能源政策的落实，抑制能源价格的无序波动。在此管理机制下，美国各类能源系统间实现了较好的协调配合，同时美国的综合能源供应商得到了较好发展，如美国太平洋煤气电力公司、爱迪生电力公司等均属于典型的综合能源供应商。

在技术上，美国非常注重综合能源相关理论技术的研发。美国能源部在 2001 年即提出了综合能源系统（Integrated Energy System，IES）发展计划，目标是通过信息手段提高清洁能源供应与利用比重，进一步提高社会供能系统的可靠性和经济性，而重点是促进对分布式能源（DER）和冷热电联供（CCHP）技术的进步和推广应用。

2007 年 12 月美国颁布能源独立和安全法（EISA），明确要求社会主要供用能环节必须开展综合能源规划（Integrated Resource Planning，IRP），并在 2007—2012 财年追加 6.5 亿美元专项经费支持 IRP 的研究和实施；奥巴马总统在第一任期，就将智能电网列入美国国家战略，以期在电网基础上，构建一个高效能、低投资、安全可靠、灵活应变的综合能源系统，以保证美国在未来引领世界能源领域的技术创新与革命。在需求侧管理技术上，美国包括加州、纽约州在内的许多地区在新一轮电力改革中，明确把需求侧管理和提高电力系统灵活性作为重要方向。

（3）日本

日本的能源严重依赖进口，因此日本成为最早开展综合能源系统研究的亚洲国家。2009年9月，日本政府公布了其2020年、2030年和2050年温室气体的减排目标，并认为构建覆盖全国的综合能源系统，实现能源结构优化和能效提升，同时促进可再生能源规模化开发，是实现这一目标的必由之路。在日本政府的大力推动下，日本主要的能源研究机构都开展了此类研究，并形成了不同的研究方案，如由NEDO于2010年4月发起成立的JSCA（Japan Smart Community Alliance），主要致力于智能社区技术的研究与示范。该智慧社区是在社区综合能源系统（包括电力、燃气、热力、可再生能源等）基础上，实现与交通、供水、信息和医疗系统的一体化集成。Tokyo Gas公司则提出更为超前的综合能源系统解决方案，在传统综合供能（电力、燃气、热力）系统基础上，还将建设覆盖全社会的氢能供应网络，同时在能源网络的终端，不同的能源使用设备、能源转换和存储单元共同构成了终端综合能源系统。

2. 国外综合能源服务典型案例

（1）德国RegModHarz项目

RegModHarz项目开展于德国的哈兹山区，主要包括2个光伏电站、2个风电场、1个生物质发电厂，装机容量共86兆瓦。RegModHarz项目的目标是对分散风力、太阳能、生物质等可再生能源发电设备与抽水蓄能水电站进行协调，使可再生能源联合循环利用达到最优。其核心示范内容是在用电侧整合了储能设施、电动汽车、可再生能源和智能家用电器的虚拟电站，包含了诸多更贴近现实生活的能源需求元。RegModHarz项目主要措施有：

① 建立家庭能源管理系统。家电能够"即插即用"到此系统上，系统根据电价决策家电的运行状态，根据用户的负荷也可以追踪可再生能源的发电量变化，实现负荷与新能源发电的双向互动。

② 配电网中安装了10个电源管理单元，用以监测关键节点的电压和频率等运行指标，定位电网的薄弱环节。

③ 光伏、风机、生物质发电、电动汽车和储能装置共同构成了虚拟电厂，参与电力市场交易。

RegModHarz项目的典型成果包含以下3个方面：

① 开发设计了基于Java的开源软件平台OGEMA，对外接的电气设备实行标准化的数据结构和设备服务，可独立于生产商支持建筑自动化和能效管理，能够实现负荷设备在信息

传输方面的"即插即用"的 OGEMA 软件架构。

② 虚拟电厂直接参与电力交易，丰富了配电网系统的调节控制手段，为分布式能源系统参与市场调节提供了参考。

③ 基于哈慈地区的水电和储能设备调节，很好地平抑了风机、光伏等功率输出的波动性和不稳定性，有效论证了对于可再生能源较为丰富的特区，在区域电力市场范围内实现100%的清洁能源供能是完全可能实现的。

（2）美国 OPower 能源管理公司经营模式

OPower 公司通过自己的软件，对公用事业企业的能源数据以及其他各类第三方数据进行深入分析和挖掘，进而为用户提供一整套适合于其生活方式的节能建议。截至 2015 年 10 月，根据 OPower 网站上的动态信息，其已累计帮助用户节省了 82.1 亿千瓦·时的电量，节省电费 10.3 亿美元，减排二氧化碳 121.1 亿磅。随着用户规模逐渐增大，这些数据均加速增长。

1）提供个性化的账单服务，清晰显示电量情况

OPower 公司利用云平台，结合大数据和行为科学分析，对电力账单的功能进一步拓展。一方面，具体针对用户家中制冷、采暖、基础负荷、其他各类用能等用电情况进行分类列示，通过柱状图实现电量信息当月与前期对比，用电信息一目了然；另一方面，提供相近区域用户耗能横向比较，对比相近区域内最节能的 20%用户耗能数据，即开展邻里能耗比较。此外，OPower 的账单改变了普通账单以往单调、刻板的风格，在与用户沟通界面上印上"笑脸"或"愁容"的图标，对于有效节能的行为给出鼓励的态度。其与用户沟通的方式也十分丰富，从最传统的纸质邮件，到短消息、电子邮件、在线平台等，加强与用户的交流反馈。

2）基于大数据与云平台，提供节能方案

OPower 基于可扩展的 Hadoop 大数据分析平台搭建其家庭能耗数据分析平台，通过云计算技术，实现对用户各类用电及相关信息的分析，建立每个家庭的能耗档案，并在与用户邻里进行比较的基础上，形成用户个性化的节能建议。这种邻里能耗比较，充分借鉴了行为科学相关理论，将电力账单引入社交元素，与"微信运动"的模式十分类似，为用户提供了直观、冲击感较强的节能动力。

3）构建各方共赢的商业模式

虽然 OPower 的目标是为用户节电，但其自我定位是一家"公用事业云计算软件提供商"，其运营模式并不是 B2C 模式（企业对终端消费者），而是 B2B 模式（企业对企业）。电力企业选择 OPower，购买相关软件，并免费提供给其用户使用。OPower 为用户提供个性化节能建议，同时也为公用电力公司提供了需求侧数据，帮助电力公司分析用户电力消费行为，为

电力公司改善营销服务提供决策依据等。

（3）日本东京电力公司经营模式

1）根据用户类型制定差异化的服务策略

将用户分为大客户和居民客户两类。针对大客户，服务内容包括：为客户提供各种电价方案和电气设备方案的优化组合；向客户提供电力、燃气、燃油最佳能源组合方案；提供全方位的节能协助服务，帮助客户改进设备，实现节能目标；兼顾包括通信在内的建筑物设备设计、施工、维护等全方位设计服务。针对居民客户，东京电力公司将其需求定位为：舒适性、节能、环保、安全、经济。为此，东京电力公司确定了对居民客户的营销策略，即推广IH炊具（一种高效的用电炊具）、节能热水器等高效电气产品构成的"全电气化住宅"。

2）利用多种手段帮助用户节能

一方面，为用户提供节能服务，提供包括节能诊断、解决方案、维护设备及运营管理等服务；另一方面，通过智能电表、通信网络与服务器建立智能用电系统，引导用户错峰用电。

3）注重技术研发，提高能源效率

公司设有技术开发研究所，对智能家居、建筑节能、电动汽车等开展研究。如在智能家居方面，东京电力公司研究将电动汽车接入智能家居控制系统，根据系统供电负荷情况以及预设方案进行充电或放电。此外，还利用地源热泵、太阳能发电等技术，并通过储能和监控设备对室内环境温度进行调节，电器用电情况及环境状态也将被纳入统一监控，以此实现家居用能的集中调节及优化。

3. 国内综合能源服务概况

我国作为能源消费大国，能源高消费带来的经济增长方式已经不能满足我国可持续发展的要求。为了响应国家"节约、清洁、安全"能源发展战略要求，开展综合能源服务迫在眉睫。目前，我国综合能源服务尚处于起步阶段，但已通过973、863研究计划，启动了多项与综合能源技术相关的科技研发项目。相关推进综合能源供应体系的指导性文件也在不断出台，包括《关于进一步深化电力体制改革的若干意见》《关于深化石油天然气体制改革的若干意见》《关于推进"互联网＋"智慧能源发展的指导意见》等。2012年，国家电网节能服务公司作为综合能源服务业务的龙头，将能源综合开发利用、节能服务、电能替代、国际能源开发四大板块业务进行融合。2016年，国家能源局更是连续发起了"多能互补集成优化项目示范工程"申报以及"互联网＋智慧能源（能源互联网）示范项目"申报工作，对综合能源供应体系相关的技术应用、运营管理和市场化机制进行探索和实践。2019年初，国家电网公司下发《推进综合能源服务业务发展2019—2020年行动计划》，要求在未来两年抓住新一轮能源技术革命、信息技术革命和产业融合发展的新机遇，构建开放、合作、共赢的能源服务平台。

紧跟着综合能源供应体系迅猛发展的契机，我国传统的能源企业也积极适应，纷纷向综合能源服务商战略转型，开展能源服务的企业主要包括售电公司、服务公司和技术公司等。社会资本也在综合能源供应体系发展的大潮中寻找新的切入点，寻求投资机会。用能企业则拓宽自身事业，寻求综合能源解决方案，改变传统的割裂局面。可以预见，我国的综合能源供应体系将保持稳定发展，在绿色、高效、经济、安全等各维度上不断提升。

国内对综合能源服务相关的支持政策主要包括输配分离、多能互补、终端市场化及技术创新等方面。

表 28-1　国内综合能源服务相关支持政策

文件名称	文号	发布部门	发布时间
《关于进一步深化电力体制改革的若干意见》	中发〔2015〕9号	中共中央、国务院	2015/3/15
《配电网建设改造行动计划（2015—2020年）》	国能电力〔2015〕290号	国家能源局	2015/7/31
《关于煤炭行业化解过剩产能实现脱困发展的意见》	国发〔2016〕7号	国务院	2016/2/1
《关于推进"互联网＋"智慧能源发展的指导意见》	发改能源〔2016〕392号	国家发展改革委、国家能源局、工业和信息化部	2016/2/24
《能源技术革命创新行动计划（2016—2030年）》	发改能源〔2016〕513号	国家发展改革委、国家能源局	2016/4/7
《关于推进多能互补集成优化示范工程建设的实施意见》	发改能源〔2016〕1430号	国家发展改革委、国家能源局	2016/7/4
《售电公司准入与退出管理办法》	发改经体〔2016〕2120号	国家发展改革委、国家能源局	2016/10/8
《有序放开配电网业务管理办法》	发改经体〔2016〕2120号	国家发展改革委、国家能源局	2016/10/8
《关于规范开展增量配电业务改革试点的通知》	发改经体〔2016〕2480号	国家发展改革委、国家能源局	2016/11/27
《能源发展"十三五"规划》	发改能源〔2016〕2744号	国家发展改革委、国家能源局	2016/12/26
《关于深化石油天然气体制改革的若干意见》	中发〔2017〕15号	中共中央、国务院	2017/5
《关于促进储能技术与产业发展的指导意见》	发改能源〔2017〕1701号	国家发展改革委、财政部、科学技术部、工业和信息化部、国家能源局	2017/9/22
《关于开展分布式发电市场化交易试点的通知》	发改能源〔2017〕1901号	国家发展改革委、国家能源局	2017/10/31

文件名称	文号	发布部门	发布时间
《关于规范开展第二批增量配电业务改革试点的通知》	发改经体〔2017〕2010 号	国家发展改革委、国家能源局	2017/11/21
《关于制定地方电网和增量配电网配电价格的指导意见》	发改价格规〔2017〕2269 号	国家发展改革委	2017/12/29
《增量配电业务配电区域划分实施办法（试行）》	发改能源规〔2018〕424 号	国家发展改革委、国家能源局	2018/3/13
《关于规范开展第三批增量配电业务改革试点的通知》	发改经体〔2018〕604 号	国家发展改革委、国家能源局	2018/4/18
《关于 2018 年光伏发电有关事项的通知》	发改能源〔2018〕823 号	国家发展改革委、财政部、国家能源局	2018/5/31
《关于积极推进电力市场化交易进一步完善交易机制的通知》	发改运行〔2018〕1027 号	国家发展改革委、国家能源局	2018/7/16
《关于进一步推进增量配电业务改革的通知》	发改经体〔2019〕27 号	国家发展改革委、国家能源局	2019/1/5
《关于建立健全可再生能源电力消纳保障机制的通知》	发改能源〔2019〕807 号	国家发展改革委、国家能源局	2019/5/10
《贯彻落实〈关于促进储能技术与产业发展的指导意见〉2019—2020 年行动计划》	发改办能源〔2019〕725 号	国家发展改革委办公厅、科技部办公厅、工业和信息化部办公厅、能源局综合司	2019/6/25
《关于引导加大金融支持力度　促进风电和光伏发电等行业健康有序发展的通知》	发改运行〔2021〕266 号	国家发展改革委、财政部、中国人民银行、银保监会、国家能源局	2021/2/24
《关于推进电力源网荷储一体化和多能互补发展的指导意见》	发改能源规〔2021〕280 号	国家发展改革委、国家能源局	2021/2/25

（二）综合能源系统概述

1. 综合能源理念

综合能源系统是互联网、大数据、人工智能、区块链等数字化技术与能源、资源、建筑等领域技术深度融合而形成的以"互联网＋"为特征的能源革命实践形态。综合能源服务是基于全社会日趋多样化的能源服务需求，综合投入人力、物力、财力等资源，集成采用能源、信息及通信等技术和管理手段，为用户提供个性化、差异化的能源服务。分布式能源、能源互联网、信息通信技术以及能源管理科学的快速发展与广泛应用，使得综合能源服务衍生出了全新的价值流。综合能源服务与国家及政府的能源方针政策密切相关，能源管理、能源技术、能源经济和能源市场都旨在为用户提供全方位的能源服务。

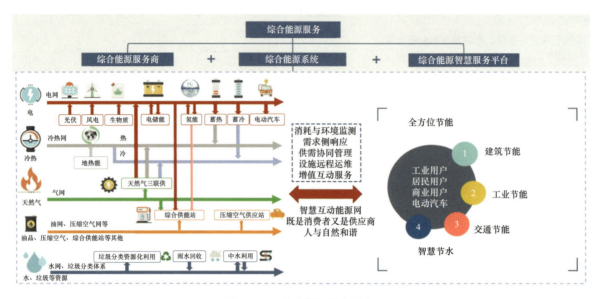

图 28-1 综合能源服务示意

建设多能协同供应、全方位智慧节能、供应侧和需求侧智慧互动的综合能源系统，实现横向"电热冷气水"多类能源互补、纵向"源网荷储调"多种供应环节的生产协同、管廊协同、需求协同以及生产和消费间的智慧互动，大幅提高可再生能源比重和能源利用效率，逐渐摆脱以往大量生产、大量消费和大量废弃的能源资源运行模式，构建结构优化、循环利用、节能高效、智慧互动的能源循环体系，形成健康、节约、低碳的生活方式和消费模式。

随着能源革命的不断深入，综合能源发展深入推进，能源结构由高碳变为低碳；能源利用效率由低效变为高效；能源布局由集中能源变为分布式能源与集中能源合理互动的体系；能源服务由单向供给变为智慧互动，最终取得绿色高效、智慧互动、舒适健康的能源革命实践成果，向零碳社会不断迈进。

2. 综合能源特征

一是数字化＋能源技术的深度融合。 将互联网应用中的大数据、云计算、物联网、移动互联等技术与传统能源技术相结合，实现能源网络和信息网络的互联互通，实现不同能源类型、不同信息系统的协同管理和智慧融合。

二是多元协同的能源供应。 构建以热电联产、燃气三联供、光伏风电等可再生能源、地源热泵、储能、双向充（放）电电动汽车等多元协同能源供应系统，同时预留氢能和燃料电池等未来能源接口，实现多位一体的能源供应保障。

三是共享智慧的供需互动。 通过互联网＋的智慧能源网络，实现电、冷、热、气等多种能源的自由双向传输与储存，负荷即插即用，源端自如开放对等接入，打破传统产销界限，实现网内成员既是能源消费者也是能源生产者。

四是高效节能的能源消费。全方位一体化的节能增效，节能理念贯穿规划、设计、建造和运营，节能终端全面普及，通过智慧管理平台，开展能耗分析、节能诊断及用能优化。

五是提供"以用户为核心的一站式解决方案"的综合能源服务。服务贯穿规划、设计、建设、投融资、运维、咨询服务等全过程，提供电、热、冷、气、水等全方位能源资源，开展多元化能源套餐定制、全生命周期运维、差异化节能方案等定制化服务。

图 28-2　综合能源五大特征

3. 综合能源架构体系

在综合能源架构体系构建中，可分设施互联层、智慧互动层和目标效益层三个方面。

第一层是设施互联层。构建多元协同的能源供应系统、全方位智慧节约的能源消费系统、智慧电网、智慧水网、智慧热网、智慧气网、水资源利用系统、固体废弃物处理设施、充电储能设施、信息通信网络和智能采集终端等万物互联模式，实现各种能源和资源的互联互通、高效利用，这是综合能源体系的重要基础。

第二层是智慧互动层。统一建设综合能源资源智慧服务平台，实现高效智慧、供需互动。通过智慧平台实现对能源资源的信息采集、实时计量、分析和控制，对能源资源的利用情况、消费行为、用能特性等开展分析，引导用户进行负荷管理和技术改造，使用能负荷平均化，提高终端能源使用效率；能源资源设施协调优化运行，实现能源供需高效匹配、运营集约高效；根据各类用户用能设备的控制属性，分析并评估用能设备能效情况；电网、热网、气网和水网建设同步安装智能监测设备，实现实时监测、分段控制、精准调度、故障诊断和状态检修；利用智慧终端对环境进行采集、监控，分析污染源；实现多种能源的智能定制、主动推送和资源优化组合，并为能效管理和其他辅助服务等新业务提供增值服务。

第三层是目标效益层。 建设绿色高效、智慧互动、舒适健康的综合能源系统，人们对能源资源利用与生态环境协调发展，能源资源利用效率达到国际先进，能源资源清洁化利用，能源资源价格有所下降，能源资源供应侧与消费侧智慧互动，力争实现近零排放的目标，实现全社会绿色低碳发展，提高人民生活质量和居住舒适度。

（三）发展目标

在能源互联网和综合能源系统的转型背景下，通过区块链、泛在电力物联网等数字化技术与能源等领域技术的深度融合，推动能源资源供给侧、需求侧统筹创新，建设多元协同供应、源网荷储高度融合、全方位智慧节能、供应侧和需求侧智慧互动的综合能源系统，构建智慧电网、气网、水网和热网等输配网络，统一建设综合能源资源智慧服务平台，创新引入综合能源资源服务商，发展主体多元化、领域多样化、服务专业化的综合能源服务产业，力争取得绿色高效、智慧互动、舒适健康的实践成果，节约能源资源消耗，降低能源资源消耗成本，提高能源资源利用效率和基础设施利用率，保护生态环境，实现能源资源系统的绿色化、低碳化和智慧化，促进生态文明建设，助力浙江省的绿色发展。

"十四五"时期（2021—2025 年），分场景推广综合能源系统，针对不同应用场景，形成一套绿色高效和节约智慧的解决方案、一个智慧互动的综合能源管理平台、一套创新适用的综合能源服务商的商业模式，形成可复制、可推广的场景建设和运营模式，强化源网荷储各环节间的协调互动，打造绿色低碳的综合能源服务场景，能源资源利用效率和可再生能源利用比例达到国内领先，供应消费智慧互动初步建立。

中长期阶段（2026—2035 年），随着全省综合能源体系建设的推进，全面开展绿色高效、智慧互动、舒适健康的综合能源建设，进一步加强源网荷储多向互动，形成区域综合能源服务运营的成熟商业模式，有效带动关联产业的成长和发展，打造低碳的综合能源产业服务场景和零碳的综合能源城市生活服务场景，能源资源利用效率和可再生能源利用比例达到国际先进，供应消费智慧互动逐步成熟。

远景展望阶段（2036—2060 年），综合能源资源系统将进一步提升，给人们生产生活方式带来持续变革，不断满足高品质产业发展和多元化的居民生活需求，力争实现零碳的综合能源服务场景，供应消费智慧互动实现人工智能。

（四）实施路径

1. 分场景推进综合能源系统布局

一是以现有集中式能源供应设施为基础，推进源网荷储一体化和多能互补发展，开展辐射周边产业的综合能源服务。如热电联产、燃气三联供、可再生能源等，通过引导产业集聚，统筹周边电、热、冷、气，污水和废弃物处理等多元需求，开展多元供能和智慧化建设，建立综合能源系统。

二是以产业为导向，聚焦氢能技术、太阳能利用和智慧综合能源供应等先进技术，在产业集聚区新建综合能源系统，开展综合能源服务。在满足产业多元需求基础上，优先采用可再生能源，其次考虑天然气三联供等清洁能源，远期可预留氢能及燃料电池应用接口。

三是面向城市生活的综合能源服务，统筹规划布局，围绕社区、商业、大型公共建筑等打造综合能源系统。依托光伏发电、并网型微电网和充电基础设施等，开展分布式发电与电动汽车（用户储能）灵活充放电相结合的源网荷储一体化建设，引入光伏建筑一体化+储能的可再生能源供电，高效热泵+储冷蓄热的集中供热供冷等多能协同的能源供应技术，以及超低能耗建筑、近零能耗建筑、零能耗建筑等全方位节能的能源消费技术，通过综合能源智慧管理平台实现能源供需互动、高效利用。

"十四五"时期，在综合能源服务发展方面，调研评估现有集中式能源供应设施周边产业集聚和用能需求情况，选取条件较为成熟的厂址打造改造型的综合能源产业服务场景试点；排摸现有集中式能源供应设施未覆盖的产业区，选取产业集聚性较好的区域打造新建型的综合能源产业服务场景试点；针对城市型综合能源系统，配合浙江省未来社区建设打造综合能源城市生活服务场景试点。在源网荷储一体化和多能互补发展方面，分类开展源网荷储一体化试点，创建一批县级、园区级和社区级源网荷储一体化试点，支持分布式电源开发建设和就近接入消纳，保障地区清洁可靠用能；分类实施多能互补试点，谋划一批风光储、风光水（储）、风光火（储）一体化试点，结合水电出力特性、新能源特性、系统消纳空间，优化配套储能规模，提升调节消纳能力。

中长期阶段，综合能源系统在各场景内规模化推广，统筹规划产业布局，充分利用既有集中式能源公用设施开展综合能源服务，同时配合城市和产业发展按需新建综合能源系统。同时，综合能源系统通过智慧化的不断提升、可再生能源的高比例应用，以及氢能等未来能源的引入，向更低碳、更高效、更智慧迈进。

2. **智慧互动的综合能源智慧管理平台**

建设以多能融合、开放共享、双向通信和智能调控为特征的综合能源智慧管理平台。通过网络监控和管理户用光、电、热、气、水、储、氢等各类设备。根据用户各类用能负荷曲线，进行用户端负荷大数据分析，开展需求侧管理，增强各类负荷响应能力，引导用户错峰用能，在满足使用需求的前提下，实现最大节能效果和最高效的利用。

"十四五"时期，综合能源智慧管理平台将结合用户需求开发五大类应用功能：一是**消耗与环境舒适度监测与分析**，使用智能终端高级量测系统及其配套设备，实现电能、热力、制冷、水、天然气等能源资源消费的实时计量、信息交互与分析报表，监测用户环境舒适度指标。**二是需求侧响应**，分析园区、工业企业、住宅、办公、学校、商业、宾馆、医院等不同类型用户能源资源消费行为，根据外部环境、能源市场价格、系统整体运行情况及用户用能习惯，引导用户进行负荷管理和技术改造，使用能负荷平均化，提高终端能源使用效率。**三是供需协同管理**，通过热电联产、气电三联供、可再生能源发电、储能系统、电网和电力用户，地源热泵、冰蓄冷、电蓄热和热（冷）负荷的协调优化运行，实现能源供需高效匹配、运营集约高效。**四是设施运维与调度**，对能源资源设施的运行管理进行精准调度、故障诊断和状态检修，减少人力成本。**五是缴费、交易和增值服务**，能源资源多表合一远程抄表和线上缴费。逐步建设以分布式储能、绿色证书、新能源配额、电动汽车等为标的物的多元交易体系，提供差异化的能源商品，实现多种能源的智能定制、主动推送和资源优化组合，并为能效管理等新业务提供增值服务。

中长期阶段，随着人工智能、大数据等信息技术的进一步发展，以及在能源领域的不断融合创新，商业模式逐渐成熟，能源智慧管理平台的互动范围将逐步拓展，真正实现源网荷储配的万物互联；同时，随着分布式储能和用户氢能等技术的应用普及，用户既可作为消费端也可作为供应端，能源资源系统将更为复杂，需要通过平台按需智慧的协调优化，能源资源智慧管理平台作为大脑的作用和重要性将进一步提升。

3. 综合能源服务商的创新商业模式

综合能源的规划、设计、建设和运营宜采用综合能源资源服务商的创新商业模式，通过设立特许经营权等方式引进综合能源资源服务商，由其统一管理所辖区域范围内各类能源资源，提供"以用户为核心的一站式解决方案"服务。综合能源服务可从供能侧和用能侧出发，通过能源输送网络、信息物理系统、综合能源管理平台以及信息和增值服务，实现能源流、信息流、价值流的交换与互动。

综合能源服务商应根据各应用场景的特点，负责统筹规划、设计和建设所辖区域内综合能源系统，如燃气三联供、光伏系统、热泵系统、储能、双向充电、综合管廊等设施，以及搭建智慧输配管网和智慧管理平台。运营期间，应具备为各类用户提供供给保障、工程服务、结算服务、能效服务、金融服务以及相关能源资源的增值服务等综合服务能力。综合能源服务商应以客户效益为中心，立足于区域内用户的用能需求和服务体验，提供标准化、规范化、套餐化和现代化的综合能源供应服务，提升客户用能体验，做客户真正的能源管家。

"十四五"时期，开展综合能源产业服务场景和综合能源城市生活服务场景的综合能源服务商试点，初步形成一套具备实用性、前瞻性，同时规范化、可复制的商业模式。

中长期阶段，全面推广综合能源服务商的商业模式，结合应用情况和各场景不同需求，开展精细化、再创新的模式完善工作。

（五）有关问题和建议

1. 强化顶层规划协调

综合能源服务产业经过近年来的快速发展，已具备庞大的产业规模和丰富的业态内涵，但同时仍存在发展不聚焦、方向不明确的问题。当前的综合能源服务市场是一个行业自发、自下而上发展的市场，尚没有国家层面的顶层设计及明确政策。仅从城市规划体系来看，基于园区的综合能源规划尚未有明确的定位和清晰的导则，需进一步加强综合能源服务体系的顶层规划和市场协调工作，促进综合能源服务的科学可持续发展。

2. 努力消除行业壁垒

综合能源服务点多面广，涵盖专业技术领域众多，产业链条及服务周期长。中小型能源服务商难以具备全技术、全环节服务能力，不敢轻易触碰综合能源服务领域。大型能源服务商则聚焦自身发展，利用自身客户、技术、资金等优势，试图贯通自身全技术、全环节服务能力，导致行业壁垒难以打破，制约综合能源服务质量进一步提升。因此，综合能源服务市场内行业壁垒的破除，需进一步有效处理好与传统电力、燃气、供冷供热、供水等市政公用企业的关系。同时，产业生态的深度和广度还有待进一步提高，当前各类专业服务商和企业之间尚未有效地统筹和整合资源，未能发挥多样化技术种类的综合协同效应。

3. 深入探索盈利模式

中国已有的大量工业/企业园区、大型公共建筑等高能耗用户，其内部能效改造提升潜力空间巨大；新增园区、公共建筑也是能效提升的重点领域。然而，园区、大型公共建筑的能效提升项目一般属于重资产投资，具有初始投资大、回收周期长、投资回报不高等特点。因此，需进一步探索和研究综合能源服务商的盈利模式。综合能源服务商内涵广泛，利益主体和投资方式多样，目前许多试点项目集中在模式创新的探索阶段，还需要通过量化的经济分析和运营评估来明确服务效果及收益水平，实现真正可持续的市场化商业模式。在能源转型的大环境下，通过市场化的手段挖掘用户痛点，并发掘新的盈利点，帮助传统供能公司拓展服务范围和模式，从而更好地服务用户。

二十九、主网架发展战略研究

（一）电网发展基础

1. 发展成就

（1）电网建设稳步推进

"十三五"时期，浙江电网稳步推进主网架建设，新增500千伏及以上变电站（换流站）14座、变电容量4560万千伏·安、线路长度1426千米，500千伏及以上变电容量与线路总规模分别较"十二五"末增长41%和14%。全省基本形成以"两交两直"特高压为核心、以"东西互供、南北贯通"500千伏双环网为骨干、以西部外来电和东部沿海电源群为支撑的坚强主网架格局，电网供电能力持续提升，有效满足了浙江省"十三五"电力、电量年均增长8.1%和 6.3%的发展需求，为浙江经济社会的持续健康发展提供了安全可靠、清洁高效的电力保障。

表 29-1　浙江省"十三五"电网发展情况

指标名称	单位	2015 年	2020 年	
			实际值	年均增速
特高压交流变电站	座	3	3	—
特高压交流变电容量	万千伏·安	1800	1800	—
特高压交流线路长度	千米	1185	1185	—
特高压直流换流站	座	1	2	—
特高压直流换流容量	万千瓦	800	1600	—
特高压直流线路长度	千米	412	526	—
500 千伏变电站	座	39	52	5.9%
500 千伏变电容量	万千伏·安	8505	12 265	7.6%
500 千伏线路长度	千米	8364	9676	3.0%

（2）安全保供水平不断提高

配合特高压落点优化输电通道建设，确保特高压送电受得进、送得出、散得开、供得上。建成投运舟山 500 千伏联网输变电工程，打通舟山与大陆直通输电的"高速公路"，为舟山新区建设和舟山绿色石化基地建设提供强大动能。在杭州城市核心区落点 500 千伏崀山输变电工程，支撑大湾区核心区域经济快速发展，为 2022 年亚运会提供强有力的能源保障。实施金华换流站增设调相机、线路加装串联电抗器等工程，提升电网故障主动防御能力。

（3）资源配置能力持续提升

建成投运宁夏灵州—绍兴±800 千伏特高压直流输电工程，与溪浙、浙福、淮上共同构成浙江"两交两直"特高压骨干网架。全省共通过 6 回 1000 千伏线路和 9 回 500 千伏线路融入华东主网架，通过溪洛渡—金华、灵州—绍兴 2 回±800 千伏直流接受四川、宁夏电力，外受电能力提升到 3400 万千瓦。2020 年，浙江外购电力、电量分别达到 3364 万千瓦、1787 亿千瓦·时，分别占全省最高负荷及用电量的 36.3%和 37.0%。

2．存在问题

（1）电网面临"三高"挑战

一是浙江外来电占比持续高于 35%，"十四五"期间白鹤滩直流投产后，特高压"强直弱交"将愈加明显，多回直流连锁故障风险加大；二是在碳达峰碳中和目标下新能源倍速增长，与直流跨区输电接入一同导致设备高度电力电子化，伴随的系统转动惯量下降致使电网抗故障冲击能力大幅降低，对网源协调提出更高要求；三是随着浙江省产业结构的优化升级和城镇化水平的持续提升，第三产业和居民生活用电比例不断提高，峰谷差率持续大于 35%，系统调峰容量不足。

（2）电网安全稳定问题不断显现

浙江地域面积小、负荷密度大、电网联系相对紧密，导致浙江电网短路电流水平一直偏高，随着"十四五"浙江电网规模的进一步扩大，枢纽变电站短路电流控制问题将更加严峻。同时，由于负荷和电源的逆向分布、原规划电源取消或缓建等因素，浙江电网在钱塘江过江、舟山跨海、浙西南送出等关键输电断面出现瓶颈。网源不协调还导致部分地区电网存在电压稳定风险。

（3）区域性、时段性供需矛盾逐渐凸显

受电网发展不平衡、不充分问题影响，部分地区部分时段高峰电力供应短缺问题仍然存在。特别是近年来受经济快速增长、大范围强降温、风电光伏发电出力不稳定等非正常因素减供叠加，冬季电力保供压力巨大，电力供需平衡十分脆弱。同时，随着煤电机组加速淘汰关停，部分城市核心和负荷中心区域电源"空心化"问题严重，需要及时配套布点变电站和加强电网建设改造。

（4）电网建设环境日益严苛

随着浙江城乡建设水平不断提高，土地和物权保护措施更为严格，浙江电网变电站所址和高压线路走廊的选择和建设越来越困难，政策处理难度不断加大，输变电工程的实施周期日益拉长，在杭宁温等城市的核心区域部分项目难以落地，在沿海局部区域电网防汛抗台能力还有待提升。

（二）面临形势

1. 落实"重要窗口"新使命需要电网发挥先行官作用

"十四五"时期是浙江迈入奋力打造"重要窗口"、争创社会主义现代化先行省新征程的关键期，浙江省将聚焦高质量发展，奋力建成大循环支点、双循环枢纽，推进长三角一体化、"四大建设"、山海协作取得实效，推动碳达峰与碳中和，对电网发展和运营、电力供应与服务提出了新的更高要求。电网发展需要以先行官的定位，主动配合地方重大发展战略、发展项目、重点企业，推动电网率先发展，在支撑服务地方经济高质量发展上发挥更大作用。

2. 贯彻能源发展新战略需要电网引领高质量发展

"四个革命、一个合作"能源安全新战略，为我国能源发展提供了根本遵循。新时代背景下习近平总书记提出碳达峰碳中和目标，要求以更加安全、高效、清洁、智慧的方式满足能源需求，其中安全是前提，高效是关键，清洁是硬要求，智慧是新特点。同时，浙江省正在开展清洁能源示范省创建，需要电网积极发挥能源转换利用与优化配置的枢纽和平台作用，加快形成"西电东送、海电西送、传统电源、分布式新能源"的电力供应格局，实现能源和电力的高质量发展。

3. 人民美好生活需要电网创新发展

新时代人民用电已不在局限于安全可靠供应，更呈现出多元化、个性化、智能化的需求特征，迫切需要深入思考和重新定位电网的服务功能。需要浙江电网加快向能源互联网转型，通过建设能源互联网形态下多元融合高弹性电网，应对高比例外来电、高比例新能源等问题，实现内外资源极大调动、调节模式极大优化，更好地适应各类能源互联互通互济，大幅提高能源资源广域优化配置能力和社会综合能效，实现保障能源安全、推动低碳发展、降低用能成本的"三重目标"。

（三）总体要求

1. 发展思路

一是贯彻落实国家和省委省政府重大发展战略。深入贯彻国家能源安全新战略和长三角一体化发展战略，充分发挥电网在电力资源优化配置方面的枢纽作用，构建长三角区域坚强智能电网。落实浙江省创建清洁能源示范省部署，加快构建满足全面消纳各类清洁能源的大电网，先行探索构建以新能源为主体的新型电力系统。

二是优化电力系统发展方向和整体布局。科学研判全省供需形势，降备用减需求，按照

10%备用、95%尖峰负荷参与平衡，更加注重电量平衡。提升省内电力保障能力，按照就地就近平衡的原则，推动布点基础性、保障性清洁高效煤电；推动加快建设省内抽水蓄能电站，解决峰谷差日益增大问题。

三是从规划源头防控大电网安全风险。以本质安全为重心，贯彻新版电力系统安全稳定导则、电力系统技术导则，衔接运行需求，完善"三道防线"。加快构建"一环四直"特高压骨干网架，优化完善 500 千伏坚强骨干网，为安全受入外来电创造条件。

四是促进新能源健康可持续发展。衔接国家碳达峰碳中和目标，解决浙西南新能源送出、宾金直流及福建来电抢通道问题，全面加强电网结构，破解清洁电力外送难题。优化沿海电网结构，满足海上风电发展需求。

五是增强电网系统性调节能力。推动加快建设省内长龙山、宁海、缙云、衢江、磐安等抽水蓄能电站，开展电网侧储能规划研究，开展源网荷储协调控制体系研究与建设，全面提升电网调节和控制能力。

六是推进多元融合的高弹性电网建设。全局统筹谋划高弹性电网发展，积极提高电网资源配置能力、安全保障能力和灵活互动能力，发挥电网在能源资源配置中的核心平台作用，优化引导电源布局，聚焦电网高质量发展，增强电网抗扰能力和安全稳定水平。

2. 基本原则

一是目标导向。以保障浙江两个高水平发展，服务大湾区、大花园、大通道、大都市区，建设具有中国特色国际领先能源互联网为目标，打造以特高压交流环网为目标的骨干网架，释放改革红利，提升浙江省电力保障能力、电网发展水平，为经济社会发展和人民美好生活提供优质电力保障，不断提升人民群众的满意度和获得感。

二是安全可靠。树立底线思维，夯实本质安全基础。严格贯彻新版电力系统安全稳定导则、电力系统技术导则，完善"三道防线"，开展差异化规划设计，提高电网抵御自然灾害的能力。以本质安全为重心，以规划导则为依据，衔接运行需求，打造以特高压电网为核心，以 500 千伏为骨干，以输配协调发展、运行安全灵活、网源荷储友好互动为特征的坚强智能电网。

三是经济高效。规划阶段充分考虑需求侧响应、备用共享、省间互济等措施。结合区域定位、地域特点、负荷特性，科学规划各地区电网。坚持科学投资、稳健投资、精准投资，将电网投资向保政策、保安全、保增长倾斜。大力挖潜增效、降本节支，着力提升电网运行效率，构建能力充足、运营高效的省级能源优化配置平台和枢纽平台，统筹推进源网荷储高质量发展，不断提高发展质量和效益。

四是绿色智慧。适应新能源大规模发展需要，加强电力系统调节能力建设，促进省内清洁能源全消纳。将现代信息技术与先进能源电力技术融合发展，持续提升电网自动化、数字化、信息化、智慧化水平，推动电网与其他能源系统广泛互联、互通互济，实现传统电网向更高阶段的能源互联网演进。

3. 建设目标

切实发挥大电网资源配置的枢纽平台作用，引导浙江省电源结构和布局优化，支撑清洁能源协调发展和全额消纳，助力碳电协同优化和碳达峰碳中和目标实现。

加快构建"一环四直"特高压电网。加快建成白鹤滩—浙江特高压直流工程，落实长三角一体化发展战略，推动省内特高压交流环网纳入国家规划，构筑长三角电力支撑中枢，促进跨区电力互通、备用共享、运行联动，畅通省内"东西互供、南北贯通"电力配置格局，为第四回特高压直流受入以及大规模新能源送出创造条件。

优化完善"强臂强环"500千伏电网。紧紧围绕特高压交流电网布局，科学制定目标网架，以控制主网短路电流水平、提升电网利用效率为导向，合理划分供电区域，供区间精简电网联络、供区内强化电网结构。浙北电网重点结合特高压直流工程，落实省外来电疏散与消纳；中部电网重点调整完善结构，解决通道重载问题；沿海电网重点结合新增电源时序，优化送出通道。浙西南电网重点打通输电瓶颈，确保福建来电受入。

（四）中长期建设重点

1. 特高压交流环网工程

浙江电网在"十四五"期间将面临短路电流、重要断面潮流超限，负荷中心供电能力、区域电网稳定水平、第四回特高压直流接纳能力不足，长三角核心区支撑通道缺乏等问题。通过分析对比华东、广东等典型受端区域的骨干网架构建思路和技术发展路线，结合华东电网整体定位，浙江电网明确以区域特高压和500千伏交流共同构成主网架的发展思路和技术路线。

特高压交流环网工程包括新建宁绍、台温特高压交流站，建设吴江—宁绍—台温—莲都特高压交流通道。远期可进一步环入福建电网。

2. 500千伏电网建设方案

容量安排上，为满足负荷增长需求，强化城市核心区适度提前布点，适应大湾区发展及重大活动保供电、新能源送出、电厂关停等需求，建设杭州江南变电站、建德变电站、临平变电站、宁波杭湾变电站、丽水丽西变电站、台州滨海变电站、金华潘村变电站、湖州长兴变电站、嘉兴秀北变电站、温州瑞安变电站等10座变电站新建工程，建设妙西等20座变电站主变扩建工程。

网架调整上，浙北电网重点结合白鹤滩接入，优化完善网架并控制短路电流，确保外来电受入、疏散和消纳。浙中电网重点结合特高压交流环网宁绍站和沿海电源建设，优化宁波电网，适时开断沿海通道；理顺绍兴中北部电网，解决绍兴换流站送出不均衡问题；满足宁台舟沿海电源接入需求，缓解舟山联网北通道海缆和宁海—天一通道输送压力。**浙西南电网**重点建设丽西、浙西南网架优化加强工程，满足浙西南新能源发展送出、消除福建电力输浙瓶颈；优化抽水蓄能电站接入，确保发挥其作用。**浙东南电网**重点结合特高压环网和沿海电源建设，解决台温电网送受电限制和暂稳问题；结合滨海变电站新建工程，进一步加强台温沿海环网。

三十、配电网发展战略研究

配电网是国民经济和社会发展的重要公共基础设施。建设安全可靠、清洁低碳、经济高效、智能开放的配电网，是贯彻习近平新时代中国特色社会主义思想，践行"四个革命、一个合作"能源安全新战略的具体体现，也是保障浙江经济社会高质量发展、率先实现碳达峰目标的必然要求。

（一）发展概况

1. 配电网发展成就

"十三五"时期，浙江坚决贯彻习近平总书记重要指示精神和党中央决策部署，忠实践行"八八战略"，奋力打造"重要窗口"，聚焦能源转型和低碳发展，加快配电网转型升级力度，提出能源互联网形态下多元融合高弹性电网，开辟了干在实处、走在前列、勇立潮头的新局面。

供电能力稳步提升。"十三五"期间，全省110千伏新增变电容量3604万千伏·安，新建及改造线路6142千米；35千伏新增变电容量68万千伏·安，新建及改造线路923千米；10千伏新增配变容量2336万千伏·安，新建及改造线路8.8万千米。110千伏电网基本形成以链式及双辐射结构为主的坚强主干网；35千伏电网逐步弱化，电压序列进一步优化；城市中压配电网逐步打造环网及自动化全覆盖的高可靠网架，乡村建设多分段适度联络为主的标准化网架，并逐步向目标网架演进。各电压等级协调发展，电网结构持续优化，供电能力稳步提升。

表 30-1 浙江省 2020 年配电网现状

项目			数值
供电人口（万人）			6457
全社会用电量（万千瓦·时）			4830
全社会最大负荷（万千瓦）			9268
配电网规模	110千伏	变电站座数（座）	1495
		主变台数（台）	3102
		变电容量（万千伏·安）	15 137
		线路长度（千米）	32 456

项目			数值
配电网规模	35 千伏	变电站座数（座）	520
		主变台数（台）	1017
		变电容量（万千伏·安）	1320
		线路长度（千米）	22 853
	10（20）千伏	配变台数（台）	340 416
		配变容量（万千伏·安）	16 003
		线路长度（千米）	225 765
配电网指标	城网供电可靠率		99.975 6%
	农网供电可靠率		99.954 2%
	城网综合电压合格率		99.999%
	农网综合电压合格率		99.975%
	农村户均配变容量（千伏·安/户）		5.11

乡村电气化持续深入。以"两山"理念为指引，践行"电力+生态"理念，持续推进美丽乡村电网建设，全力服务新时代乡村振兴。因地制宜差异化选择接线模式，标准化建设主干网架。通过增加电源点、缩小供电半径、优化网络架构等措施，提升中压线路供电能力，重点解决了农村供电设施"季节性"重过载引起的供电"卡脖子"问题。"十三五"期间，小城镇（中心村）电网改造升级专项工程新增 35 千伏变电容量 8 万千伏·安，新建和改造 35 千伏线路 129 千米；新增 10 千伏配变容量 89 万千伏·安，新建和改造 10 千伏线路 1304 千米；新建和改造低压线路 3401 千米，新增户表 28 万只。

装备水平明显升级。"十三五"期间，新型城镇化和美丽乡村建设中，同步开展电网改造提升工程，电网装备整体水平明显升级。考虑供电区域、城市定位、景观要求、通道条件等因素，科学合理选择电缆线路及敷设型式，充分利用城市综合管廊等设施，提高城市中压线路电缆化率。加大节能型配变推广力度，改造和更换老旧、高损耗配变，降低电网损耗。自然灾害频发地区，差异化提高电网建设标准，因地制宜采用防腐、防风、防雷、防覆冰等设计，提升电网防灾抗灾能力。加快通信、自动化和感知终端的部署，依托统一的信息化云平台实现数据融合、信息共享，配电网感知和"自愈"能力大幅提升。2020 年，公用电网设备中，中压线路电缆化率达到 33%，架空线路绝缘化率达到 73%，非晶合金节能型配变台数占比达到 16%，配电自动化覆盖率达到 100%，配变智能终端覆盖率达到 12%。

低碳发展成效显著。"十三五"期间，配电网发展满足了分布式新能源安全接网和全额消纳，高效服务了浙江清洁能源示范省建设，配电网层面累计接入光伏发电1484万千瓦和风力发电141万千瓦。积极推进清洁替代和电能替代，新能源占发电总装机比重从12.5%提高到19.2%。充电基础设施网络建设快速推进，建成主要城市城区三公里充电服务圈，累计完成超4万根公共充电桩、超200座高速公路城际快充站的布局，新建综合供能服务站中超过半数具备充电功能。

创新发展走在前列。为解构能源电力发展的"安全、清洁、经济"三元矛盾，创新性地提出建设多元融合高弹性电网推动能源互联网的省域领先实践，打造能源互联新形态，构建能源互联网生态圈，创造能源互联网省域实践的浙江经验、浙江样本。"十三五"末，多元融合高弹性电网建设已纳入新基建三年行动计划，并在杭州、宁波、嘉兴启动了综合示范区建设。

2. 配电网存在问题

在取得成绩的同时，配电网发展不平衡不充分的问题仍然存在，电网承载力、智能化水平、价值创造等领域仍存在短板弱项，高质量发展的任务仍然艰巨。

配电网发展不平衡不充分的问题仍然存在。供电保障方面，城市中心区新增布点困难，局部地区供电紧张；山区、海岛等自然条件恶劣，电网抵御自然灾害能力仍有待提升。网架结构方面，偏远乡村网架接线不标准、分段不合理、无效联络多等问题仍然存在。配电自动化方面，农村地区规模效应尚未充分体现，实用化水平有待提升。

配电网承载能力和互动能力尚需提高。分布式光伏的大规模接入，储能、微电网技术的快速发展，综合能源的逐步兴起，新能源为主体的新型电力系统构建，都要求配电网具备足够的承载能力以满足源网荷储的接入和综合能源的深度融合。以新基建负荷、储能、充电桩为代表的双向负荷，以智能楼宇、智能家居为代表的柔性负荷等逐步增多，呈现双向性、互动性特征，都需要配电网灵活接纳并高效互动。

配电网信息化和自动化水平有待提升。全息感知方面，采集终端覆盖不足，信息安全问题相对突出，数据交换实时性难以保障。信息通信方面，终端数量的指数式增长、分散式布局导致通信网链接困难，打通"最后一公里"势在必行。自动化控制方面，量测范围以网侧设备为主，用户侧信息交互不畅，应用系统间缺乏互联互通和数据共享。

配电网价值创造能力需进一步挖掘。配电网承担普遍服务的社会职能，保障了所有用户用上电、用好电，但为了满足短时尖峰负荷、偏远地区供电以及电能质量等要求，部分时段部分电网低效运行、部分设备冗余空载的情况存在，自身的提质增效仍需深入。能源革命的新形势下，配电网作为连接能源生产、转换、消费的关键环节，作为能源互联网、智慧城市等的支撑平台，在价值创造、模式创新等方面应进一步延展。

（二）面临形势

"十四五"是两个一百年奋斗目标的历史交汇期，习近平总书记提出我国力争 2030 年前碳达峰、2060 年前碳中和的目标。国务院发布《新时代的中国能源发展》白皮书，绘就了能源发展美好蓝图。浙江省委省政府抢抓"一带一路"及"长三角一体化"国家战略落地带来的机遇，提出到 2025 年基本构建起清洁低碳、安全高效的现代能源体系。配电网发展既面临加快转型升级的重大机遇，又面临安全、清洁和经济三重目标协同的重大挑战，要深刻把握新时代新特征新要求，抢占先机，开创高质量发展新格局。

1. 双碳目标对配电网转型升级提出新要求

在清洁低碳发展的新要求下，配电网需灵活接入各类分布式能源，并通过电、气、冷、热间能量流的交互，实现多种能源形式的互联互通互补。未来区域能源互联网的所有要素，包括智能楼宇、智能园区、智慧工厂、智慧城市等都需要配电网进行接纳。清洁能源产业持续快速发展，要求配电网转型升级，以促进清洁能源大规模开发利用和大范围的优化配置。

2. 乡村振兴对配电网发展建设提出新挑战

新型城镇化和乡村振兴进程中，伴随现代农业、基础设施、生活方式、交通环保和清洁能源利用等新发展模式出现，不同发展类型区域的负荷密度、用电需求、电能质量、新能源接入、基础设施布局和供电模式等都对配电网建设提出了更高要求。根据中央部署，支持浙江高质量发展建设共同富裕示范区、电力需求的刚性增长和低碳趋势，都要求配电网逐步向高标准的供电基础设施、高效能的资源配置平台、高品质的电力服务窗口转变。

3. 新技术为配电网高质量发展提供新动力

面对电动汽车、储能、分布式发电等多元主体的接入，终端用户对能源市场价值拓展的要求逐步提高，必须借助先进的信息通信技术、控制技术和能源技术，支持终端设备的智能互动、高效配合。综合能源服务、需求侧响应和基于数字技术的"虚拟电厂"等新业态都在呼唤着更加智慧、灵活的高弹性配电网。数字新基建、电动汽车充电、电能清洁替代等带来用电需求骤增的同时，对供电质量的要求也越来越高，迫切需要高承载、高自愈、高互动、高效能的配电网进行接纳。

4. 体制改革为配电网主动革新营造新环境

"十三五"以来，市场化改革的基础正在逐步夯实，市场化交易电量逐步攀升，增量配电改革试点陆续铺开，竞争有序的电力市场体系正在逐步完善。伴随《电力中长期交易基本规则》（发改能源规〔2020〕889 号）的重新修订，能源重点领域和关键环节改革进一步深化，电力市场化交易规模将不断扩大，交易品种逐步多样化，参与主体逐步多元化，资源配置范围也将越来越大。可以预见，"十四五"期间，电力体制改革将持续深化，对增加配电网市场竞争活力、提高运营效率提供了新的机遇。

（三）总体要求

主动适应清洁低碳的发展要求，坚持以构建新能源为主体的新型电力系统为**总体目标**，着力配电网自身局限和多元发展矛盾**两个突破**，加快配电网形态、技术、功能和价值**四个转变**，实现安全可靠、清洁低碳、经济高效、智能开放**四个领先**。

——**一个目标**。构建安全可靠灵活供电为前提、经济高效节约优质为基础、绿色节能清洁低碳为核心、技术革新业态创新为动力的以新能源为主体的新型电力系统。

——**两个突破**。一是突破配电网自身局限，由传统的电力传输媒介转变为多元参与、多态转换、多能融合、多方共赢的能源生态载体；二是破解多元发展矛盾，实现安全可靠、清洁低碳、经济高效的高质量发展。

——**四个转变**。一是推动配电网形态由传统树状网络向泛在集群、多态网格"生命体"转变；二是推动配电网技术由保护控制向全域感知智能控制转变；三是推动配电网功能由高可靠性供电网络向低碳能源网络转变；四是推动配电网价值由单一供电向价值创造中枢转变。

——**四个领先**。安全可靠方面，系统预防抵御事故风险能力和自愈能力显著增强；清洁低碳方面，电能占终端能源消费比重持续增长；经济高效方面，综合能效显著提升；智能开放方面，各类主体友好互动，新业务、新业态蓬勃发展。

（四）中长期发展主要任务

1. 着力普遍服务，保障和促进民生改善

坚定不移以用户为中心，坚持农业农村优先发展，把农村电网升级改造作为重中之重，统筹推进城乡配电网融合发展，推动新型城镇化实施和乡村振兴战略落地，保障和促进民生改善。

（1）加快配电网建设改造，推进新型城镇化实施

坚持电网与社会协调发展的思路，科学定位城镇化发展阶段，多措并举差异化开展配电网建设改造，实现大中小城市和小城镇配电网协调发展，服务新型城镇化发展大局。在城市，提高配电网资源配置和安全保障能力，加快杭州、宁波国际领先城市能源互联网建设。在嘉善主城区和先行启动区按设区市高标准建设配电网，专项开展跨区配网互联互通工程，支持长三角一体化发展。在城镇和乡村，解决用电安全隐患，推进生态文明示范，着力做好"两新一重"配套电网建设。

（2）统筹城乡配电网发展，助力乡村振兴

紧扣发展不平衡不充分的矛盾，以小城镇电网提档升级、乡村电网电气化再提升为方向，

构建城乡电网统筹协调的发展格局。因地制宜开展供电设施升级改造，清单式、项目化推进农村电网巩固升级，加快清洁低碳、经济高效、坚固耐用的现代农村电网建设，推动浙江高质量发展建设共同富裕示范区。推广建设智能物联低压精品台区，新增 30 个"乡村振兴·电力先行"示范区，加快形成以电为中心，多种能源互联互通、互济互补的现代化乡村能源体系。

（3）提升获得电力服务水平，持续优化营商环境

推广居民和小微企业低压用电报装投资到红线，优化接入容量标准，精简用电报装环节，降低企业用电报装成本，全面推广"三零""三省"服务。2022 年底前，实现居民和低压用户"三零"服务全覆盖，其中非居民用户办电时间减至 15 个工作日内。加快配电网设施布局规划研究，成果纳入国土空间规划"一张图"，支撑"多规合一"。拓展能源服务领域，促进"用好电"向"用好能"升级，实现电力普遍服务均等、普惠、便捷，电力增值服务精准、专业、高效。

2. 着力固本强基，筑牢配电网安全底线

坚持本质安全理念，持续建设安全可靠的坚强网架，着力解决电网薄弱问题，因地制宜构建坚强局部电网，从源头保证电网安全和能源供应安全。

（1）持续建设安全可靠的配电网架

科学制定目标网架，合理安排过渡方案，用好变电站出线间隔和廊道资源，打造供电可靠、结构坚强的配电网络，高效保障杭州亚运、舟山新区、轨道交通发展等用电需求。持续推进网架提升工作，110、35 千伏电网加快落实高压变电站站址和线路廊道，形成双侧电源链式（双辐射）结构，中压配电网加强负荷转移通道建设，合理分段、适度联络，构建电缆单（双）环网和架空多分段适度联络的标准网架。积极利用智能终端、储能、蓄能等技术，努力提高电力供应保障水平。

（2）着力解决电网薄弱问题

深入排查电网安全事故隐患，加强老旧设备改造，提高设备健康水平。高质量完成跨区联络线建设、大分支治理、复杂联络线整治等专项工程，重点解决季节性重过载、低电压及"卡脖子"等薄弱问题。通过增加电源点、缩短供电半径、末端联络等措施提升中压线路供电能力和转供能力；通过移动储能车、调容变等新手段解决部分台区短时过载问题；通过加强同期线损实时监测，治理中压线路高损问题。

（3）因地制宜建设坚强局部电网

差异化构建坚强局部电网，提升重要负荷中心的应急保障能力，提升电网本质安全水平。加强抵御自然灾害和事故风险能力建设，保障重要用户保安负荷在严重自然灾害等情况下不停电，特级重要用户非保安负荷停电时间不超过 0.5 小时，一级重要用户和部分二级重要用户非保安负荷停电时间力争不超过 2 小时。在沿海地区打造"不怕台风电网",在山区建设"风雨无忧电网",增强电网防灾抗灾能力和故障自愈能力。

3. 着力绿色清洁,促进能源的低碳发展

坚持能源低碳发展的道路,提高电网优化能源资源配置能力,加快形成以电为中心,多种能源互联互通、互济互补的现代能源体系,推动能源生产清洁化、能源消费电气化、能源利用高效化。

(1)支持新能源、储能等多元主体接入和消纳

围绕碳达峰碳中和目标,发挥"源网荷储"协同运行潜力,充分挖掘用户和储能侧资源的调节能力,利用储能提升新能源消纳能力。结合地区资源禀赋、电网消纳能力,合理分解新能源接入和消纳任务。科学测算接入位置、负荷特性和负荷分布等多重场景约束下的分布式电源接入容量限额,优化布局"新能源插座"。加快技术创新,突破分布式电源、储能、微电网等多元主体"即插即用"及灵活控制技术。推动模式创新,聚焦储能载体与电网耦合发展,创新"新能源+储能"联合运营和收益机制,引导储能产业健康有序发展。

(2)拓展电能替代和综合能源服务

推进终端用能领域以电代煤、以电代油,加快工业、建筑、交通等重点行业电能替代。支持新能源汽车、热泵、电窑炉等新型用能方式接网,保障电动汽车、港口岸电、纯电动船等用电需求。推进电供冷热,实施绿色建筑电能替代;推进分布式可再生能源发展,推行终端用能领域多能协同和能源综合梯级利用。"十四五"末,电能占终端能源消费比重达 40%以上,居民人均生活用电量达到 1300 千瓦·时以上。

(3)加快充电网络及平台建设

统筹规划适度超前布局多层次充电网络,推进充电基础设施物联网建设和互联互通,提升充电设施信息化和体系化水平。加快智慧车联网平台建设,实施智能服务和自用充电桩智能有序充电。试点电动汽车充放电可调资源池建设,拓展"车—桩—网"双向互动 V2G 技术应用,提高充电桩群体协调互动水平,发挥电动汽车动态储能和削峰填谷的特性。到 2025年,全省建成公共领域充(换)电站 6000 座以上,公共充电桩 8 万个以上(其中智能公用充电桩 5 万个以上)、自用充电桩 35 万个以上。

4. 着力创新驱动,推动配电网形态升级

围绕能源数字化和标准化建设,加快打造多元融合高弹性配电网,深化智能化、数字化升级,释放配电网效益空间,推动配电网形态升级。

(1)全面推进高弹性配电网建设

以供电网格为基础,重点加强智能化应用、全息感知、柔性控制、灵活调节、协调互动

能力建设，推动配电网由传统单一供电网络向能源资源配置平台、数字生态平台和价值创造平台转型升级。支撑大规模新能源消纳和用户侧综合能效提升，发挥配电网在推动区域能源互联网建设、加速能源转型等方面的引领作用。加快省市县高弹性配电网规划全覆盖，推进30个示范区高弹性配电网建设，规划先行、示范引领，推动高弹性配电网全面落地。到2022年，初步建成高弹性配电网；到2025年，基本建成能源互联网形态下的高弹性配电网。

（2）加快配电网智能化、数字化升级

推动"大云物移智链"等新技术与电网技术深度融合，提升电网全息感知能力、灵活控制能力、系统平衡能力。推进数字技术应用，加大营配融合，强化业务赋能，促进数据管理与业务应用有机融合、相辅相成。推进坚强智能网架和信息支撑平台建设，加快智能终端部署和配电通信网覆盖，构建深度感知、全域互联、开放共享、智能高效的感知体系，实现能源电力生产、传输、消费的状态全感知、业务全穿透，支撑源网荷储协同互动、风光水火互补互济、能源结构低碳转型。到2025年，电网智能化、数字化水平达到国际领先。

（3）全面提升配电网价值创造能力

诊断电网设备，挖掘运行潜力，统筹冗余资源，提升运行效率。探索配网资源商业化运营，拓展"多杆合一、多站合一"等资源融合新业态，着力打造共建共治共享的能源互联网生态圈。以工业园区、大型公共建筑等为重点，深入开展"供电＋能效服务"，积极拓展用能诊断、能效提升、多能供应等综合能源服务，打造可复制、可推广的能效提升案例。建设线上线下一体化客户服务平台，提供个性化的用能解决方案，引导用户主动节能。

5. 着力深化改革，激活发展动力和活力

全面深化电力体制改革，持续推进增量配电网业务改革试点，鼓励电力需求侧响应，构建新能源为主体的新型电力系统，激活行业发展的动力和活力。

（1）稳步推进增量配电改革

遵循改革发展客观规律，加快配电网发展方式和管理机制的变革，持续深化增量配电业务改革。增量配电网公司要切实履行电网企业职责，提供保底供电和社会普遍服务，保障安全、可靠供电。增量配电网公司要切实执行国家能源政策和电力体制改革要求，支持可再生能源、分布式能源、储能、微电网等的发展。落实输配电价制度，推进分布式发电市场化交易等改革。

（2）积极开展需求侧管理和能效管理

实施"百万用户、百万千瓦"行动，广泛发动各类用户优化用电方式，充分参与需求侧响应。深化可调节负荷应用，激发高能耗负荷、电动汽车、中央空调、电锅炉等需求响应潜力，建立友好互动的可调节负荷资源库。逐级建立负荷资源映射关系拓扑，满足需求响应启动、监测、评估和补贴计算等功能需求，构建互利共赢的市场化合作模式。

（3）支持新型电力系统构建

电源侧，深化能源供给侧结构性改革，促进新能源开发利用，确立新能源的主体地位，推动能源生产清洁化。电网侧，加快配电网形态升级，适应新能源的大规模接入，借助智能化、数字化技术革新，实现能源转换和传输的协同高效、智能互动。负荷侧，推动电能替代，引导能效提升，保障多样化的用电需求和用能需求，实现能源消费低碳化。